L'ART DE SE LANCER 2.0

Livres de Guy Kawasaki parus en français :
Guy Kawasaki, Peg Fitzpatrick, *L'Art des médias sociaux*, Diateino, 2015.
Guy Kawasaki, *Google+ pour nous autres*, Diateino, 2012.
Guy Kawasaki, *Le Style Macintosh*, Diateino, 2012.
Guy Kawasaki, *L'Art de l'enchantement*, Diateino, 2011.
Guy Kawasaki, *La Réalité de l'entrepreneuriat*, Diateino, 2009.
Guy Kawasaki, *L'Art de se lancer*, 1re édition, Diateino, 2006.
Guy Kawasaki, *Affolez vos concurrents*, First, 1996.

Catalogage : entrepreneuriat

Éditrice : Dominique Gibert
Assistante éditoriale : Louise Baudrillart

Tous droits de traduction et d'adaptation réservés pour tous pays.

Titre original : *The Art of the Start 2.0 – The Time-Tested, Battle-Hardened Guide for Anyone Starting Anything*
Édition originale : Portfolio, Penguin Publishing Group, 2015
Copyright © 2015 Guy Kawasaki

Édition française 2015 : Les Éditions Diateino
Copyright © 2015 Les Éditions Diateino
ISBN : 978-2-35456-186-4
Édition révisée et augmentée de *L'Art de se lancer* (Les Éditions Diateino, 2006).

Les Éditions Diateino remercient Noémie Marmara et David Sannier pour leur relecture avisée de l'édition française de ce livre.

Crédits photos et illustrations : page 17 : McDonald's Corporation ; page 21 : Dereck Silvers ; page 60 : AP Photo / Paul Sakuma ; page 77 : © Beech-Nut Nutrition Company 2014 ; page 85 : Stephen Brashear ; page 143 : avec l'aimable autorisation de Herman Miller, Inc ; page 150 : IndieGogo ; page 214 : U.S. Air Force ; page 225 : avec l'aimable autorisation de Guy Kawasaki ; page : 275 : Google Inc ; page 276 : Adam Lee, AirAsia ; page 278 : avec l'aimable autorisation de Guy Kawasaki ; page 289 : avec l'aimable autorisation de SCOTTeVEST ; page 293 : avec l'aimable autorisation de Guy Kawasaki ; page 308 : Profil Cadbury sur Google+ ; page 340 : Peggy Fitzpatrick ; page 387 : avec l'aimable autorisation de Guy Kawasaki ; page 390 : Jayme Burrows / Stocksy ; page 412 : photographie par Jason Roberts, utilisée avec la permission de Lewis Pugh ; page 416 : avec l'aimable autorisation de Guy Kawasaki.

Retrouvez-nous sur :
http://diateino.com
http://twitter.com/diateino
http://facebook.com/diateino

Guy Kawasaki

L'ART DE SE LANCER 2.0

LE GUIDE TOUT-TERRAIN POUR TOUT ENTREPRENEUR

Préface à l'édition française : Marylène Delbourg-Delphis
Traduction : Marylène Delbourg-Delphis

diateino

Il y a bien des années, Rudyard Kipling fit un discours à l'université McGill de Montréal. Mettant en garde les étudiants contre une préoccupation excessive pour l'argent, le statut social ou la gloire, il tint ces propos qui méritent d'être retenus : « Un jour, vous rencontrerez un homme qui n'a rien à faire de tout cela. Alors vous saurez à quel point vous êtes pauvre. »

Halford E. Luccock

Pour mes enfants : Nic, Noah, Nohemi et Gustavo.
Un enfant est la start-up suprême ; j'en ai quatre.

Remerciements

*Lorsque tu donnes des conseils,
cherche à aider ton ami, pas à lui faire plaisir.*

Solon

VERSION 2.0

Tous mes remerciements aux lecteurs des ébauches : Ankit Agarwal, Biji Anchery, Christopher Batts, Mark Bavisotto, Stephen Brand, Dr. Julie Connor, David Eyes, Gergely Csapó, David Giacomini, Oskar Glauser, Allan Isfan, David F. Leopold, Eligio Merino, David Newberger, Greta Newborn, Mike Sax, Derek Sivers, Dale Sizemore, Eleanor Starr, Steven Stralser, Leslie Tiongco, Julius Vincze et Maruf Yusupov. Ils m'ont suggéré des centaines de modifications, ce qui a rendu le livre plus intéressant et plus utile.

Remerciements tout particuliers à ceux qui ont fait plus que le nécessaire : Raymond Camden, Mark Coopersmith, Andy Dahlen, Peg Fitzpatrick, Michael Hall, Chelsea Hunersen, Mohanjit Jolly, Bill Joos, Doug Leone, Bill Reichert, Beryl Reid, Peter Relan, Mike Scanlin, Ian Sobieski, Stacy Teet et Hung Tran.

Ma reconnaissance à l'équipe de Portfolio : Rick Kot, Will Weisser, Adrian Zackheim et Diego Nunez. C'était merveilleux de travailler avec vous à nouveau. J'espère que je ne vous ai pas rendus fous. Et finalement, merci à vous Sloan « Hitman » Harris. Je suis heureux que vous soyez à mes côtés.

Préface à l'édition française

Il y a maintenant plus de dix ans, Mike Moritz, un éminent capital-risqueur, écrivait à propos de la première version de *L'Art de se lancer* (parue en 2005) : « Pour réussir, un entrepreneur a besoin de trois choses : un garage, une idée, et ce livre. » Il pourrait dire la même chose aujourd'hui de la version 2.0 de cet ouvrage.

Le monde technologique a considérablement évolué depuis dix ans. En 2004, Apple commençait le développement de l'iPhone. Andy Rubin, Rich Miner, Nick Sears et Chris White venaient de créer Android (racheté en 2005 par Google). Le standard Bluetooth n'était encore que du « futur ». 2004, c'est aussi l'année du lancement de Facebook – mais qui n'est alors utilisé que par des étudiants de Harvard. Autant de références qui ne pouvaient pas apparaître dans *L'Art de se lancer* version 1.0, mais qui font aujourd'hui irréversiblement partie de notre paysage mental.

Les recommandations de base de Guy Kawasaki sont les mêmes, parce que quelle que soit l'époque, l'art d'être un entrepreneur, comme l'art de présenter son histoire, ont quelque chose de relativement intemporel. Mais le contexte importe et les avancées technologiques rendent plus facile que jamais la décision de se lancer.

Bootstrapper une start-up est plus facile de nos jours qu'à aucun autre moment de l'histoire, notamment en high-tech, en particulier grâce aux outils d'open source dont l'utilisation a explosé au cours des dix dernières années, mais aussi aux services dans le cloud : les Amazon Web Services n'ont été officiellement lancés qu'en 2006. Et puis, évidemment, les médias sociaux ont complètement bouleversé le marketing, l'art d'orchestrer la visibilité d'une société, de communiquer avec ses clients et ses partenaires, voire celui d'interagir et de comprendre ses employés ou ses collègues. Comme le dit Guy, « nous vivons dans un monde merveilleux » !

Les lecteurs de la première version de *L'Art de se lancer* retrouveront dans cette édition ce qu'ils ont aimé à l'époque, et pourront mesurer si ou comment ils ont mis ses conseils en pratique. D'aucuns regretteront peut-être aussi de n'avoir pas suffisamment écouté ou compris la portée de certaines recommandations. Mais quand on est entrepreneur, l'appel de l'avenir est plus fort que le poids du passé. La version 2.0 de l'ouvrage sera de toute façon pour eux plus qu'un simple rafraîchissement. Sérieusement remanié, très étoffé, il s'enrichit aussi des recherches et enseignements de Guy Kawasaki, exprimés dans des ouvrages parus entre-temps, notamment *L'Art de l'enchantement* et, très récemment, *L'Art des médias sociaux*.

La version 2.0, comme la version 1.0, s'adresse aux créateurs et créatrices d'entreprises en tout genre et ira certainement droit au cœur des fondateurs et employés d'entreprises innovantes. Selon Jean-Louis Missika, adjoint à la mairie de Paris, en 2014, « les start-up parisiennes ont [à elles seules] créé plus de 4 000 emplois, levé 50 millions d'euros et généré 450 millions d'euros de chiffre d'affaires ». « 1000Startups », prévu pour 2016 et financé par Xavier Niel, pourrait être le plus grand incubateur du monde. Des start-up se créent partout en France, pas seulement à Paris. *Le*

Préface à l'édition française

Guide des Startups High-Tech en France d'Olivier Ezratty, donne une idée de l'étonnant foisonnement auquel on a assisté au cours des dix dernières années et des ressources qui sont désormais accessibles.

Il y a la France des moroses... et puis la France de ceux et celles, toujours plus nombreux, qui veulent changer le monde... et la France. Ce livre s'adresse évidemment à ceux-là, les optimistes. Beaucoup parlent l'anglais, mais il est souvent plus facile de penser et imaginer dans sa langue maternelle, même si le français de l'entrepreneur s'est sensiblement anglicisé. C'est avec grand plaisir que j'ai traduit ce livre pour vous. L'entrepreneuriat occupe la majeure partie de ma vie. J'ai attrapé le virus à un moment où il était assez singulier pour une femme de démarrer une société d'édition de logiciels – d'abord en France en 1984 puis dans la Silicon Valley en 1987, avec Guy Kawasaki.

Comme le disait Eleanor Roosevelt, avec autant d'éloquence que de simplicité, « l'avenir appartient à ceux qui croient à la beauté de leurs rêves ».

Marylène Delbourg-Delphis
Menlo Park, mai 2015

Sommaire

Écrivez sur ce que vous connaissez.
Cela devrait vous laisser beaucoup de temps libre.

Howard Nemerov

Remerciements 1
Préface à l'édition française 3
Avant-propos 9

LA CONCEPTION

CHAPITRE 1 L'art de se lancer 15

L'ACTIVATION

CHAPITRE 2 L'art de lancer un produit 51
CHAPITRE 3 L'art de diriger 99
CHAPITRE 4 L'art de bootstrapper 125
CHAPITRE 5 L'art de lever des fonds 147
CHAPITRE 6 L'art de faire un pitch 199

LA PROLIFÉRATION

CHAPITRE 7 L'art de construire une équipe 245
CHAPITRE 8 L'art d'évangéliser 269
CHAPITRE 9 L'art d'être connecté 303
CHAPITRE 10 L'art de faire des miracles 343
CHAPITRE 11 L'art des partenariats 363
CHAPITRE 12 L'art de l'endurance 379

L'OBLIGATION

CHAPITRE 13 L'art d'être un mensch 405

Postface 411
Post Postface 415

Avant-propos

*Je n'ai jamais pensé à écrire pour ma réputation et pour la gloire.
Ce que j'ai dans le cœur doit sortir.
C'est pour cette raison que je compose.*

Ludwig van Beethoven

« **S**i j'avais su ce que je sais maintenant. » C'est ce que disent la plupart des entrepreneurs expérimentés à un moment ou un autre. Mon but est que, grâce à la lecture de ce livre, vous ne le disiez jamais plus.

J'ai créé trois sociétés, investi dans dix entreprises, conseillé des organisations aussi importantes que Google, mais aussi des petites structures n'étant composées parfois que de deux employés. J'ai travaillé à deux reprises chez Apple et je suis l'évangéliste en chef d'une start-up qui s'appelle Canva. Des centaines d'entrepreneurs m'ont fait leur pitch, au point de faire bourdonner mon oreille droite[1].

J'en connais un rayon sur les start-up. Maintenant que mon savoir s'est enrichi, je fais ce que les geek appellent un « *core dump*[2] », c'est-à-dire une sauvegarde de ce que j'ai en mémoire. En d'autres termes, vous allez profiter de mon expérience.

Mon objectif est simple : je veux vous rendre l'entrepreneuriat plus facile. À ma mort, j'ai envie que les gens disent : « Guy m'a

---

1. Guy Kawasaki souffre d'acouphènes (NDT).
2. Un core dump est une sauvegarde de la mémoire vive et des registres d'un processeur, permettant d'obtenir un instantané de l'état d'un système (Source : Wikipédia).

donné les moyens de faire ce que je fais. » Je voudrais que des *quantités* de gens le disent et c'est pourquoi ce livre s'adresse au plus grand nombre :

1. Les garçons et les filles dans des garages, des dortoirs et des bureaux préparant la prochaine grande tendance.

2. Les âmes courageuses travaillant dans des sociétés établies et lançant de nouveaux produits sur le marché.

3. Les entrepreneurs sociaux dans les organisations à but non lucratif qui rendent le monde meilleur.

Des entreprises, des départements, des écoles, des églises superbes. De superbes organisations à but non lucratif. Des entrepreneurs superbes. Voilà le plan. Quelques détails avant de commencer :

- Mon intention de départ était de faire simplement une mise à jour du livre *L'Art de se lancer*. Mais je n'en finissais pas d'ajouter, de modifier et de supprimer du texte, si bien qu'il ne s'agissait plus d'une révision dans le genre « 1.1 » mais d'une version « 2.0 » à part entière. Quand mon éditeur chez Penguin m'a demandé d'utiliser Word en mode correction pour se faciliter la relecture, j'ai rigolé. La version 2.0 est plus longue de 64 % que la version 1.0 !

- Pour faire court et parce qu'il y a plus de similitudes entre les entrepreneurs qu'il n'y a de différences, j'utilise le terme « start-up » pour désigner n'importe quel type d'initiative – à but lucratif ou non lucratif – et le terme « produit » pour désigner tout nouveau produit, service ou idée. Vous pouvez appliquer les conseils de ce livre pour démarrer à peu près n'importe quoi, donc ne faites pas de fixation sur des questions de sémantique.

- Toutes les recommandations ont leur exception et je peux aussi avoir tort. L'apprentissage par l'anecdote a ses risques, mais attendre des preuves scientifiques est aussi risqué. Gardez en tête qu'en matière d'entrepreneuriat, peu de choses sont vraies ou fausses. Il y a simplement ce qui marche et ce qui ne marche pas.

Je pars du principe que votre objectif est de changer le monde, non de l'étudier. Entreprendre c'est faire, et non apprendre à faire. Si votre état d'esprit est « arrêtons de rigoler, avançons », vous êtes en train de lire le bon livre. Il n'y a plus qu'à démarrer...

Guy Kawasaki
Silicon Valley, Californie
GuyKawasaki@gmail.com

LA CONCEPTION

CHAPITRE 1

L'art de se lancer

En science, la formule la plus excitante que l'on puisse entendre, celle qui annonce de nouvelles découvertes, n'est pas « Eureka ! » (J'ai trouvé !), mais « C'est marrant… »

Isaac Asimov

L'ESSENTIEL

Il est plus facile de bien faire les choses dès le départ que de commencer en se disant qu'on corrigera les problèmes. À ce stade, vous mettez en place l'ADN de votre start-up et ce code génétique sera permanent. En étant attentif à quelques points importants, vous pouvez construire les bonnes bases solides et vous libérer l'esprit pour vous concentrer sur les vrais défis. Ce chapitre explique comment lancer son entreprise.

Répondez à des questions simples

Prétendre que des ambitions grandioses sont à l'origine des entreprises qui marchent relève du mythe. Cela impliquerait que les entrepreneurs doivent avoir au démarrage des objectifs mégalomaniaques pour réussir. Au contraire. Mon constat est que les grandes entreprises ont démarré en se posant des questions très simples comme :

- **ET ALORS ?** C'est la question que vous vous posez quand vous identifiez ou prédisez une tendance. Vous vous interrogez sur les conséquences. Le raisonnement est le suivant : « Tout le monde aura un smartphone avec un appareil photo et un accès Internet. » Et alors ? « Les gens pourront prendre des photos. » Et alors ? « Nous devrions faire une app qui leur permette de télécharger leurs photos, évaluer les photos des autres et laisser des commentaires. » Et voilà, c'est Instagram.

- **N'EST-CE PAS INTÉRESSANT ?** La curiosité intellectuelle ou une découverte accidentelle sous-tendent cette approche. Spencer Silver[1] essayait de faire de la colle quand il a découvert une substance permettant une faible adhérence entre deux feuilles de papier. Cette bizarrerie a conduit aux notes adhésives Post-it®. Ray Kroc était un commercial en appareils électroménagers quand il a remarqué qu'un petit restaurant au milieu de nulle part avait commandé huit mixers. Il s'y est rendu par curiosité et a été impressionné par son succès. Il a pitché l'idée à Dick et Mac McDonald. La suite, on la connaît[2].

- **N'Y A-T-IL PAS UN MEILLEUR MOYEN DE FAIRE ?** La frustration mène souvent à une idée. Ferdinand Porsche a dit un jour : « J'ai commencé par regarder autour de moi et, ne trouvant pas la voiture de mes rêves, j'ai décidé d'en construire une moi-même. » Steve Wozniak a créé l'Apple I parce qu'il pensait qu'il existait un meilleur moyen d'accéder

---

1. Spencer Silver est un chimiste américain (NDT).
2. En 1961, Ray Kroc est devenu le milliardaire du hamburger en rachetant à 58 ans la chaîne McDonald's (Source : Wikipédia) (NDT).

aux ordinateurs qu'en travaillant pour l'État, une université, ou une grande entreprise. Larry Page et Sergueï Brin trouvaient que mesurer les liens de renvoi était une meilleure méthode pour hiérarchiser les résultats de recherche et c'est comme cela que Google est né.

- **POURQUOI NOTRE ENTREPRISE NE FAIT-ELLE PAS CELA ?** Dans ce cas, la frustration, celle qui naît de l'indifférence de votre employeur, est la force accélératrice. Vous connaissez les clients sur un marché donné et leurs besoins. Vous dites à vos supérieurs que l'entreprise devrait faire un produit parce que les clients en ont besoin, mais personne ne saisit la perche. Finalement, vous le faites vous-même.

- **POURQUOI NE PAS LE FAIRE PUISQUE C'EST POSSIBLE ?** Quand il s'agit de grandes innovations, les marchés sont

> « À l'origine des entreprises formidables, il y a la volonté de répondre à des questions simples, et non le désir de s'enrichir. »

rarement validés d'avance. Donc la question « Pourquoi donc ? » indique que vous êtes sur la bonne voie. Par exemple, dans les années 1970, l'idée d'un téléphone portable était incompréhensible pour la plupart des gens lorsque Motorola s'en est saisie. À l'époque, les téléphones étaient liés à des lieux, non à des gens. Mais Martin Cooper et les ingénieurs de Motorola ont fait ce pari et la suite appartient à l'histoire.

Ne laissez personne vous dire que la théorie « Si nous le faisons, les gens suivront » ne marche pas.

- **OÙ SE TROUVE LA FAIBLESSE DU LEADER DU MARCHÉ ?** Trois facteurs rendent un leader vulnérable sur le marché. Premièrement, quand le leader est attaché à une façon de faire du business. Par exemple, IBM distribuait ses ordinateurs par l'intermédiaire de revendeurs, ce qui a permis à Dell d'innover en faisant de la vente directe. Deuxièmement, quand les clients du leader sont mécontents. Par exemple, la nécessité de se rendre dans les boutiques Blockbuster pour louer des vidéos a ouvert la voie à Netflix. Troisièmement, quand le leader du marché se contente de traire sa vache à lait et cesse d'innover. C'est ce qui a rendu Microsoft Office vulnérable face à Google Docs.

« Comment pouvons-nous gagner un paquet d'argent ? » ne figure pas dans les questions. Prenez-moi pour un idéaliste, mais à l'origine des entreprises formidables, il y a la volonté de répondre à des questions simples, et non le désir de s'enrichir.

> **EXERCICE**
>
> Complétez cette phrase : Si ma start-up n'existait pas, le monde s'en porterait moins bien parce que _____
> _____.

Trouvez votre créneau

Une fois que vous avez la réponse à une question simple, l'étape suivante est de trouver un créneau viable sur le marché. Mark Coopersmith, co-auteur de *The Other « F » Word*[1] et membre de la Haas School of Business[2], aide les entrepreneurs à le déterminer par un diagramme de Venn en prenant en compte trois facteurs :

- **L'EXPERTISE.** C'est la somme de ce que vous et les fondateurs savez faire. Même si vous n'avez pas encore une équipe complète, il vous faut des connaissances de base et la capacité à créer quelque chose de manière à ce que votre start-up puisse bel et bien démarrer.

- **L'OPPORTUNITÉ.** Il y a deux sortes d'opportunités : un marché existant et un marché potentiel. Les deux sont bons, mais évaluez la réalité de la taille de ces marchés pour les années suivantes. Il y a une raison pour laquelle certaines personnes volent les banques et non pas les

---

1. Mark Coopersmith, John Danner, *The Other « F » Word: Failure-Wise Lessons for Breakthrough Innovation and Growth*, Wiley, 2015. « L'autre mot commençant par "F" : Faillite. Leçons de sagesse pour percer et croître ». Non disponible en français (NDT).
2. La Haas School of Business se trouve à Berkeley en Californie (NDT).

friperies. Parfois, cependant, il n'y a pas de moyen de prouver qu'une opportunité existe et il faut juste y croire.

- **LA PASSION.** Le sujet est délicat parce qu'il est difficile de dire si c'est la passion qui génère le succès ou l'inverse. Tout le monde suppose que c'est la première hypothèse qui est vraie, mais soyons honnête : il est facile d'être enthousiaste au démarrage d'un business, donc l'inverse pourrait être vrai aussi. Cela dit, le succès peut prendre du temps, donc il est préférable de ne pas détester ce que l'on fait.

Ne croyez pas que ces trois éléments soient indispensables ou même évidents dès le début. Si vous avez au moins deux d'entre eux, vous pouvez souvent développer le troisième au prix d'un minimum d'efforts.

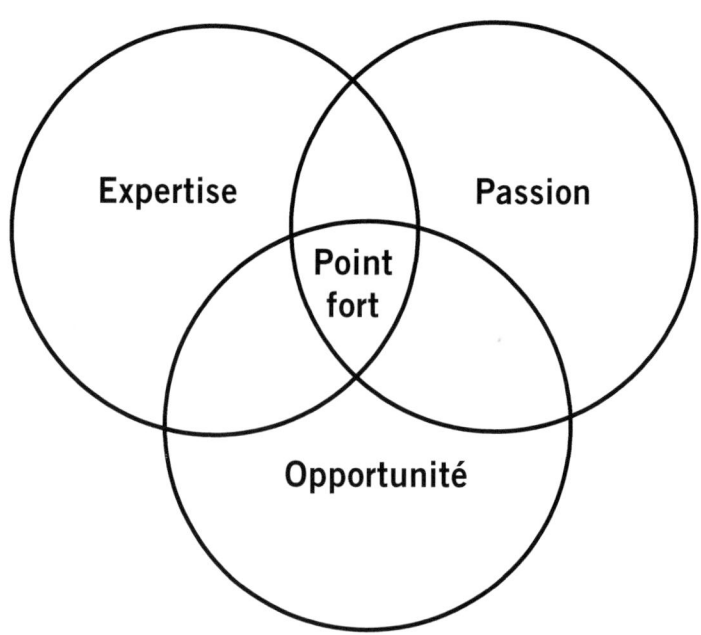

Trouvez des âmes sœurs

La prochaine étape consiste à trouver des âmes sœurs avec qui partager l'aventure – pensez à Bilbon Sacquet dans le film *La Communauté de l'anneau*. Les gens chérissent l'idée de l'inventeur unique : Thomas Edison (l'ampoule électrique), Steve Jobs (Macintosh), Henry Ford (Model T), Anita Roddick (The Body Shop), Richard Branson (Virgin Airlines). Ils ont tort.

Les sociétés qui ont du succès ont souvent commencé et réussi grâce aux contributions d'au moins deux âmes sœurs. Après coup, il se peut qu'on reconnaisse un fondateur comme étant l'innovateur, mais il faut une équipe pour faire marcher une nouvelle entreprise.

‘Le premier suiveur est celui qui transforme un cinglé isolé en leader.’

Pour illustrer cette idée, Derek Sivers, le fondateur de CD Baby, a présenté une vidéo lors de la conférence TED 2010. La vidéo commence avec une personne dansant seule dans un champ. Une seconde personne la rejoint, puis une troisième, et la foule transforme l'affaire en un festival de danse à grande échelle.

Selon Sivers, le premier suiveur joue un rôle essentiel en apportant la crédibilité au leader. Les autres suiveurs imitent le premier suiveur et pas seulement le leader. Pour reprendre son expression, « le premier suiveur est celui qui transforme un cinglé isolé en leader », et dans une start-up, ce premier suiveur est habituellement un co-fondateur.

Il faut que les co-fondateurs aient à la fois des points communs et des différences. Les principaux points communs sont les suivants :

- **LA VISION.** Même si le terme a été galvaudé, dans le cas d'âmes sœurs, cela veut dire que les fondateurs ont une intuition semblable sur l'évolution de la start-up et du marché. Si, par exemple, l'un des fondateurs pense que les ordinateurs vont rester l'outil de travail des grandes entreprises et que l'autre considère que l'avenir est aux petits ordinateurs personnels bon marché et faciles à utiliser, ça ne collera pas entre eux.

- **LA TAILLE.** Tout le monde ne souhaite pas forcément construire un empire. Tout le monde ne souhaite pas non plus se contenter d'une petite entreprise. Il n'y a pas de bonnes ou mauvaises attentes ; il y a seulement des attentes qui sont en adéquation ou pas. Cela ne veut pas dire que les fondateurs doivent savoir ce qu'ils veulent dès le départ, mais il est préférable qu'ils soient au moins sur la même longueur d'onde.

- **L'IMPLICATION.** Le niveau d'engagement des fondateurs doit être le même. Qu'est-ce qui importe le plus ? La start-up, la famille, un mode de vie équilibré ? Il est difficile de faire fonctionner une start-up si les fondateurs ont des priorités différentes. Si l'un des fondateurs ne veut travailler que deux ans et vendre rapidement l'entreprise et que l'autre veut créer une société qui perdurera pendant des décennies, cela engendrera des problèmes. Dans l'idéal, les fondateurs se mettent d'accord pour s'engager au moins dix ans.

Les différences souhaitables incluent :

- **L'EXPERTISE.** Il faut au moins une personne pour faire le produit (Steve Wozniak) et une autre pour le commercialiser (Steve Jobs). Une complémentarité entre les fondateurs est indispensable pour la construction d'une belle organisation.

- **L'ORIENTATION.** Certains aiment les détails. D'autres les ignorent et s'intéressent aux grandes questions. Une start-up a besoin de ces deux types de profils pour réussir.

- **LA PERSPECTIVE.** Plus il y a de perspectives, mieux c'est. Cela peut inclure celles des jeunes comme celles des vieux, des riches comme des pauvres, des hommes comme des femmes, des citadins comme des ruraux, des ingénieurs comme des commerciaux, des fanatiques de technologie comme des plus réticents, des musulmans comme des chrétiens, des hétéros comme des gays.

Enfin, voici quelques conseils de sage pour les co-fondateurs :

- **PAS DE PRÉCIPITATION.** Il se peut que des co-fondateurs travaillent ensemble pendant des décennies. Donc sélectionnez-les comme on choisit un conjoint – à supposer que vous ne fassiez pas dans le divorce en série. Il vaut mieux avoir trop peu de fondateurs que d'en avoir trop. Rompre avec les fondateurs c'est comme n'importe quelle rupture : difficile à faire.

- **PAS D'ASSOCIATION POUR AUGMENTER LES CHANCES DE FINANCEMENT.** La raison pour laquelle on s'adjoint des fondateurs supplémentaires – et tout autre employé mais surtout les fondateurs – est pour renforcer sa start-up et la rendre plus propice au succès. Demandez-vous, « Est-ce que j'embaucherais cette personne si nous n'avions pas besoin de financement ? » Si votre réponse est non, vous seriez fou de l'embaucher.

- **SUPPOSER QUE TOUT IRA TRÈS BIEN MAIS PLANIFIER POUR LE PIRE.** L'implosion d'une équipe de fondateurs est une chose qui arrive tout le temps. Votre start-up est peut-être l'exception, mais au cas où, faites en sorte que tout le monde (y compris vous-même) exerce ses options d'achat d'actions au fil du temps, ce qui évitera que des gens quittant la société avant quatre ans de présence ne possèdent une trop grosse partie du capital.

Créez du sens

Vous avez la réponse à la question simple qui va changer le monde, vous avez votre créneau et vos âmes sœurs, et vous croyez en l'hypothèse que vous allez réussir. Maintenant soumettez-vous à un test supplémentaire : votre start-up crée-t-elle du sens ? Le sens, ce n'est ni l'argent, ni le pouvoir, ni le prestige. Le sens, ce n'est pas créer un bureau sympa avec de la nourriture gratuite et un ping-pong. C'est créer un monde meilleur.

> « Si vous créez du sens, il est probable que vous produisiez aussi de l'argent. »

C'est une question à laquelle il est difficile de répondre quand on est deux dans un garage en train d'élaborer un logiciel ou de fabriquer des gadgets à la main, mais il est également difficile de comprendre comment un gland se transforme en chêne. Si dans vos rêves les plus fous, vous êtes incapable d'imaginer que votre start-up améliorera le monde, c'est peut-être que vous n'êtes pas en train de créer une entreprise qui fera basculer la planète.

Pas de problème. Il n'y a pas beaucoup de sociétés dans ce cas et il y en a encore moins qui sont conçues pour le faire. Mais que diable ! Je veux que vous rêviez en grand. Quand les groupes gigantesques d'aujourd'hui n'avaient qu'un an, peu de gens prévoyaient leur succès et le sens qu'ils créeraient. Croyez-moi, si vous créez du sens, il est probable que vous produisiez aussi de l'argent.

Créez un mantra

L'étape suivante est de créer un mantra en trois ou quatre mots précisant ce que votre start-up cherche à faire. Appliquée à une start-up, la définition suivante du mot « mantra » convient parfaitement :

> « *Syllabe ou phrase sacrée dotée d'un pouvoir spirituel, dans l'hindouisme et le bouddhisme.*[1] »

---
1. Définition du *Petit Larousse*. Guy Kawasaki donne une définition comparable extraite de *The American Heritage Dictionary of the English Language* (NDT).

Voici quelques exemples (certains sont imaginés) illustrant le pouvoir d'un bon mantra pour communiquer la signification d'une entreprise[1] :
- Athlète source d'inspiration (Nike) ;
- La plus joyeuse fête du monde (Disney) ;
- Récompenser les instants de tous les jours (Starbucks) ;
- Démocratiser le commerce (eBay) ;
- Le pouvoir aux artisans (Etsy).

Ces exemples montrent les trois caractéristiques les plus importantes d'un mantra. Un mantra doit être :

- **BREF.** Un mantra est court, joli et mémorisable (le mantra le plus court du monde est le terme hindi : « Aum »). Les « missions » sont longues, insipides et faciles à oublier. Du PDG à la réceptionniste, tout le monde doit connaître le mantra. Comparez l'efficacité du mantra de Starbucks « Récompenser les instants de tous les jours » avec l'énoncé de mission : « Établir Starbucks comme le fournisseur de choix du meilleur café dans le monde sans compromettre nos principes dans notre croissance ». Pas besoin d'en dire plus, n'est-ce pas ?

  > « Athlète source d'inspiration » sonne bien mieux que « Vendre des quantités de chaussures fabriquées en Chine ».

- **POSITIF.** Les mantras inspirent et expliquent comment votre start-up propose des choses qui vont améliorer le monde. « Athlète source d'inspiration » sonne bien

---

1. Voir aussi Scott Bedbury, *A New Brand World: Eight Principles for Achieving Brand Leadership in the Twenty-First Century*, New York, Viking, 2002.

mieux que « Vendre des quantités de chaussures fabriquées en Chine ».

- **TOURNÉ VERS L'EXTÉRIEUR.** Les mantras expriment ce que vous faites pour les clients et la société. Ils ne sont ni égoïstes ni intéressés. « Enrichissez-vous » est l'antithèse d'un mantra. Les clients veulent que vous « démocratisiez le commerce », et se fichent de vous rendre riches, vous et vos actionnaires.

EXERCICE

Écrivez votre mantra sur cette ligne : _____

EXERCICE

Demandez-vous comment vous servez vos clients. Quel sens crée votre start-up ?

EXERCICE

Si quelqu'un demande à vos parents ou à votre réceptionniste ce que fait votre start-up, quelle sera leur réponse ?

Choisissez un business model

Il est probable que vous changerez de business model plusieurs fois. Donc vous n'avez pas à prendre la bonne décision dès le départ. Cela dit, il est important de commencer à en parler parce que cela met tout le monde d'accord sur le fait qu'il faut gagner de l'argent. Tous les employés doivent comprendre que soit une start-up produit de l'argent, soit elle meurt.

Un bon business model vous oblige à répondre à deux questions :

- Qui a votre argent dans ses poches ?

- Qu'allez-vous faire pour le mettre dans *votre* poche ?

Ces questions manquent de subtilité, mais produire de l'argent n'est pas un processus subtil. Plus élégamment, la première question concerne l'identification de votre client et de son besoin, la seconde a trait au mécanisme commercial qui assure que vos revenus seront supérieurs à vos coûts.

La meilleure liste de business models que j'ai trouvée est celle d'Adrian Slywotzky dans son livre *The Art of Profitability*[1]. Voici mes points préférés :

- **SOLUTION INDIVIDUALISÉE.** Cela suppose une véritable immersion dans les problèmes du client et que vous fassiez ce qu'il faut pour les résoudre. Au cours du temps, une start-up peut développer des relations profondes avec d'autres entités pour atteindre un montant significatif de ventes, mais l'obtention de tout nouveau client nécessite un combat à mains nues (Adrian Slywotzky appelle cela « la solution client »).

---

1. Adrian Slywotzky, *The Art of Profitability*, Warner Books, 2002.

- **COMPOSANTS MULTIPLES.** Selon Slywotzky, Coca-Cola incarne ce modèle. Coca-Cola vend par l'intermédiaire des supermarchés, des supérettes, des restaurants et des distributeurs automatiques. Le même produit est vendu dans des contextes différents et à des prix différents.

- **LEADER DU MARCHÉ.** Apple incarne le modèle du leader du marché. Le leader crée les produits les plus sympathiques et les plus innovants. Quand une start-up atteint cette position, elle peut faire payer ses produits plus cher, mais on n'en arrive là et on ne maintient cet avantage qu'au prix d'un travail acharné.

- **COMPOSANTS PRÉCIEUX.** Intel et Dolby ne vendent pas directement aux consommateurs, mais leurs produits sont des composants précieux dans les appareils qu'ils utilisent. Intel fournit des puces à de nombreux fabricants de matériel ; Dolby fournit les technologies de compression audio et de réduction de bruit à bon nombre de constructeurs d'appareils audio et vidéo.

- **TABLEAUX DE CONTRÔLE.** Slywotzky utilise ce terme pour décrire un organisme comme De Beers, qui contrôle l'approvisionnement en diamants. Ce business model présente plusieurs challenges : parvenir à ce contrôle et convaincre les gens qu'il est souhaitable et ne contrevient pas aux lois antitrust.

- **IMPRIMANTES-TONERS.** Ce business model concerne les produits qu'il faut recharger. Qu'il s'agisse d'une imprimante HP, d'une cafetière Keurig ou d'une machine à soda Sodastream, une vente n'est pas un événement ponctuel mais le point de départ d'un flux de revenus au cours du cycle de vie du produit. Ceci vaut aussi pour une start-up qui vend des logiciels et fait payer les mises à jour, le service et le support. Slywotzky appelle cela « le modèle après-vente ».

Voici quelques business models supplémentaires très attractifs :

> *Ma fille a un jour acheté l'équivalent de $2 000 de « trésors » pour un jeu iPhone, donc je sais que cela peut fonctionner.*

- **FREEMIUM.** Ce modèle est associé à une offre gratuite jusqu'à un certain point : si les clients veulent plus de fonctionnalités, une capacité supérieure ou veulent éliminer la publicité, ils doivent alors payer. Par exemple, Evernote permet aux gens de stocker gratuitement de l'information dans le cloud. Mais s'ils veulent plus d'espace de stockage et plus de fonctionnalités, le tarif est de 60 euros par an.

- **NOMBRE DE VUES.** Ce business model suppose une plateforme qui permet de créer et partager du contenu attirant une audience. Le concept ici est que certaines marques souhaitent joindre cette même audience ; les sociétés peuvent donc vendre de la publicité et proposer des parrainages sur la plateforme. Facebook et le *Huffington Post* illustrent bien ce business model.

- **BIENS VIRTUELS.** Imaginez que vous vendez des codes numériques pour des articles qui ne coûtent presque rien en frais de production et d'inventaire – des choses comme des fleurs virtuelles, des épées et des badges pour les membres d'une communauté. C'est le business des biens numériques. Ma fille a un jour acheté l'équivalent de $2000 de « trésors » pour un jeu iPhone, donc je sais que cela peut fonctionner.

- **ARTISAN.** Le fabricant de meubles Thomas Moser, le genre de start-up dont la priorité est la qualité et la finition haut de gamme, est un bon exemple. Il se peut que cette société ne devienne jamais très grande, mais elle est la meilleure dans son secteur… bien qu'une structure comme Etsy puisse réserver des surprises.

Vous serez amené à affiner constamment votre business model – en fait, il serait inquiétant que vous ne le changiez pas et/ou ne le révisiez pas de façon significative en cours de route. Voici quelques conseils supplémentaires :

- **CIBLEZ UNE NICHE PRÉCISE.** Plus la description de votre client est précise, mieux c'est. Bien des entrepreneurs ont peur d'adopter un ciblage trop étroit et trop spécifique, considérant qu'il peut nuire à leur désir de dominer le monde. Pourtant, la plupart des sociétés qui ont réussi ont commencé par une ou deux cibles et se sont ensuite (souvent de façon inattendue) déployées sur d'autres marchés.

- **RESTEZ SIMPLE.** Si vous ne pouvez pas décrire votre business model en dix mots maximum, vous n'avez pas de business model. Évitez le jargon à la mode (stratégique, système critique, d'envergure internationale, synergie, pionnier, adaptable, classe professionnelle, etc.)[1]. Le verbiage ne fait pas un business model. Pensez au business model d'eBay : une redevance pour être référencé, plus une commission. Un point c'est tout.

- **COPIEZ LES AUTRES.** Le commerce existe depuis toujours, ce qui fait que pratiquement tous les types possibles de business models ont déjà été inventés. Vous pouvez innover en technologie, en marketing et dans la distribution, mais essayer de créer un nouveau business model est un mauvais pari. Vous avez bien d'autres combats à mener. Essayez d'associer votre business model à un modèle qui marche déjà et que les gens comprennent.

- **PRENEZ VOTRE ESSOR.** Les business models qui consistent à créer un plus grand gâteau plutôt qu'à essayer de prendre une part du gâteau existant fonctionnent mieux pour les start-up. La raison en est que les clients veulent des produits qui soient innovants et sympathiques et qu'ils s'intéressent moins aux start-up qui disent « nous aussi » et font la même chose en mieux.

---

1. Inspiré de Michael Shermer, *Why People Believe Weird Things*, New York, A.W.H. Freeman, 2002.

> **EXERCICE**
>
> **Étape 1 :** calculez les coûts mensuels de fonctionnement de votre société.
>
> **Étape 2 :** calculez votre marge brute sur les produits vendus.
>
> **Étape 3 :** divisez le résultat de l'étape 1 par celui de l'étape 2.

Tissez un MATT[1]

Une des définitions de « mat » est : « Feutre de fibres de verre coupées et agglomérées par un liant organique.[2] » Une des fonctions d'un mat, soulignée par *The American Heritage Dictionary of the English Language* est « de ne pas laisser les choses s'éparpiller ». Éviter l'éparpillement est précisément ce à quoi vous devez veiller parce que vous avez beaucoup de tâches à exécuter en même temps. Pour garder la maîtrise de la situation, vous devez tisser un MATT – pour Milestones (« jalons ») Assumptions (« hypothèses »), Tests (« tests ») et Tasks (« tâches »)[3].

- **JALONS.** La nécessité de remplir un grand nombre d'objectifs est inévitable pour toute start-up. Mais certains

---

1. En anglais ; « Milestones, Assumptions, Tests, Tasks » (MATT), en français : « jalons, hypothèses, tests et tâches » (NDT).
2. *Le Petit Larousse* (NDT).
3. Inspiré de Rita Gunther McGrath et Ian C. MacMillan, « Discovery-Driven Planning », *Harvard Business Review*, juillet-août 1995.

objectifs l'emportent sur les autres parce que ce sont des jalons importants sur la route du succès. Voici les cinq jalons les plus importants :
- un prototype opérationnel ;
- un capital initial ;
- une version testable sur le marché ;
- un client qui paie ;
- une trésorerie équilibrée.

D'autres facteurs affectent la survie de votre société, mais aucuns ne sont aussi importants que ces jalons. Leur timing décidera de tout le reste. Donc consacrez-leur 80 % de vos efforts.

- **HYPOTHÈSES.** Il s'agit de la liste des hypothèses majeures que vous pourriez émettre sur votre business.
  - taille du marché ;
  - marge brute ;
  - nombre d'appels par commercial ;
  - coût d'acquisition d'un client ;
  - taux de conversion des prospects en clients ;
  - longueur du cycle de vente ;
  - retour sur investissement pour le client ;
  - nombre d'appels au support technique par unité vendue ;
  - cycles de paiement des créances et des dettes.

Il est important de discuter et documenter ces hypothèses tôt dans le développement de la société car elles permettent d'évaluer la viabilité d'une start-up. Par exemple, si votre hypothèse sur la longueur du cycle de vente était de quatre semaines et que dans les faits ce cycle est d'un an, vous aurez des problèmes de trésorerie.

- **TESTS.** Vos hypothèses peuvent être solides mais tout n'est que théorique jusqu'à ce que vous commenciez à les tester.
  - Est-ce que le coût d'acquisition des clients rend les opérations rentables ?
  - Les gens utiliseront-ils votre produit ?
  - Avez-vous les moyens d'assurer le suivi de vos clients ?
  - Est-ce que le produit résiste à l'utilisation dans le monde réel ?

- **TÂCHES.** Enfin, il y a des tâches nécessaires pour atteindre les jalons et tester les hypothèses. Les activités qui ne contribuent pas à l'un de ces deux objectifs ne sont pas cruciales ni prioritaires. Les tâches essentielles incluent :
  – recruter des employés ;
  – trouver des vendeurs ;
  – mettre en place la comptabilité et la paie ;
  – remplir les documents juridiques.

Le but de cette liste de tâches est de faire comprendre et apprécier la totalité de ce que votre start-up doit accomplir et d'éviter que des sujets importants ne passent à la trappe lors des débuts souvent euphoriques de la société.

Une fois que vous avez les éléments de votre MATT, les étapes suivantes consistent à les communiquer à toute la société, à les réviser, à en commencer l'exécution et à surveiller les résultats. Soyons clair, ce MATT n'est pas quelque chose que vous créez pour ne jamais plus vous y référer. C'est l'exemple même du document à mettre en œuvre et faire évoluer.

Faites propre et simple

Vous serez confronté à des centaines de décisions à prendre dans le processus de construction de votre start-up. Il est tentant de vouloir optimiser chacune d'elles, parfois en innovant. Cela dit, il est préférable de concentrer son énergie et son attention sur les enjeux liés aux jalons. Pour tout le reste, procédez au fil de l'eau, collez-vous à votre MATT en faisant propre et simple. Mon expérience et mon expertise portent sur les sociétés aux États-Unis, mais voici des pratiques généralement acceptées.

"Aux États-Unis, si votre objectif est de créer le prochain Google, vous créez une société anonyme enregistrée dans l'État du Delaware."

- **STRUCTURE JURIDIQUE.** Chaque pays a ses entités juridiques, comme des sociétés anonymes, des sociétés de personnes, des sociétés à responsabilité limitée ou des coopératives. Choisissez un type de structure en fonction de trois critères : une structure familière à vos investisseurs, qui les mette à l'aise ; vendable à d'autres sociétés ou que vous pouvez introduire en bourse ; et capable d'offrir des incitations financières aux employés.

Aux États-Unis, si votre objectif est de créer le prochain Google, vous créez une société anonyme enregistrée dans l'État du Delaware. C'est une entité fiscale qui peut accepter des investissements extérieurs et émettre de multiples catégories d'actions. Ses propriétaires ne sont pas responsables personnellement pour les dettes et autres engagements et les pertes ne sont pas répercutées sur les propriétaires.

Si votre objectif est de créer une petite entreprise qui ne cherchera pas de capital-risque et que vous n'avez pas l'intention de l'introduire en bourse, envisagez une société à responsabilité limitée ou une entreprise en nom propre.

- **PROPRIÉTÉ INTELLECTUELLE.** Une start-up doit avoir une stratégie de propriété intellectuelle sans équivoque ou avoir une licence d'exploitation également sans ambiguïté. Cela veut dire qu'il n'y a pas de possibilités de poursuites judiciaires ni de risques de poursuites par d'anciens employés et que personne ne vous accusera d'empiéter sur ses brevets.

De plus, cette propriété intellectuelle et les licences d'exploitation doivent appartenir à la start-up, et non aux fondateurs, ceci parce que vous ne voulez pas vous trouver dans la situation où un fondateur mécontent quitte la start-up en emportant la propriété intellectuelle, paralysant ainsi la start-up.

- **STRUCTURE DU CAPITAL.** Il s'agit de la propriété de la start-up. Il y a quatre signaux d'alarme qui tous relèvent du Hall of Fame[1] « Si j'avais su ce que je sais maintenant » :

  - Un petit groupe de fondateurs possédant la majorité des actions de la start-up n'est pas désireux d'ouvrir le capital aux autres employés.

  - Un petit groupe d'investisseurs ne veut pas de dilution du contrôle de la société.

---

1. « Temple de la renommée » : pratique nord-américaine qui consiste à honorer des individus ayant réalisé des choses majeures dans leurs domaines respectifs, comme le sport ou la musique (Source : Wikipédia) (NDT).

- Des douzaines de petits investisseurs transforment la gestion des actionnaires en un fardeau et ralentissent la gestion de la société.

- Un prix excessif lors de levées de fonds antérieures rend la société peu attrayante pour de nouveaux investisseurs.

- **ANTÉCÉDENTS DES EMPLOYÉS.** Les zones d'inquiétude concernent deux dirigeants en couple ou qui ont des membres de leur famille dans la société, des amis non qualifiés à des positions de haut niveau, des employés de haut niveau condamnés pénalement... Des problèmes qui peuvent indiquer que la start-up n'est pas une méritocratie.

- **CONFORMITÉ RÉGLEMENTAIRE.** Il s'agit des lois et réglementations régionales ou nationales, du non-paiement des impôts, ou de la sollicitation d'investisseurs non qualifiés. Typiquement, ce genre de problèmes révèle une direction incompétente ou corrompue, ce qui est bien sûr inacceptable et empêchera toute évolution de la société. Certains experts ont écrit des livres entiers sur ces problèmes complexes, donc ne prenez pas de décisions sur la base de cette brève évocation. Il y a des domaines où vous avez simplement besoin de savoir que vous êtes incompétent et pour lesquels vous trouverez un expert.

Faites grincer des dents

> *Si vous n'êtes pas embarrassé par la première version de votre produit, c'est que vous l'avez lancé trop tard.*
>
> Reid Hoffman

Quand je relis mon premier livre, *The Macintosh Way*, ses lacunes me font grincer des dents. Quand vous repensez à la première version de votre produit, vous grincez aussi peut-être des dents. Cela arrive à tout le monde. La première version d'un produit a toujours des défauts, mais la manière dont il évolue est aussi importante que la manière dont il a commencé. Les start-up fortunées sont celles qui continuent à exister parce qu'elles sont parvenues à ajuster leur produit et leur business model, donc soyez tolérant avec vous-même.

Addenda

Mini-chapitre : Comment distinguer ceux qui sont bons de ceux qui prétendent l'être

Il était une fois deux docteurs en ingénierie qui n'avaient aucune idée de la manière de créer une société. Ils ne savaient qu'une chose : coder. Ils avaient tant besoin d'argent et d'encadrement que lorsqu'un professionnel expérimenté a manifesté de l'intérêt pour ce qu'ils faisaient et a levé de l'argent pour les aider, ils l'ont « suivi comme des petits chiens », pour reprendre leur expression.

L'ART DE SE LANCER 2.0

> « Nombreux sont les bons professionnels, expérimentés et brillants venant de groupes qui ne comprennent pas les particularités des start-up et du capital-risque. »

Le problème est que ce professionnel ne connaissait pas grand-chose aux start-up technologiques et leur a fait faire beaucoup d'erreurs en matière juridique et financière. Ils se sont séparés mais au terme d'une sérieuse dégradation de la situation et de coûts juridiques conséquents pour la correction de ces mauvaises décisions.

Cette histoire n'est pas inhabituelle et se comprend. Les entrepreneurs qui créent leur première entreprise font tout ce qu'ils peuvent pour obtenir un retour positif, une validation et des conseils ; ils sautent donc sur la première manifestation d'intérêt. Les besoins en matière d'encadrement par des conseillers, membres du conseil d'administration, sont très supérieurs aux ressources ; il se peut donc que vous preniez un risque quand vous choisissez des gens qui n'ont pas fait leurs preuves dans ces rôles. Bien sûr, si personne ne veut danser avec vous, il est tentant de danser avec la première personne qui vous le propose.

Les gens qui ont lancé leur propre société ou ont travaillé dans une société avant son entrée en bourse peuvent probablement vous donner des conseils judicieux. Ceux qui n'ont pas lancé de société ou ont rejoint une société après son entrée en bourse probablement moins. Nombreux sont les bons professionnels, expérimentés et brillants venant de groupes qui ne comprennent pas les particularités des start-up et du capital-risque. Par exemple, croyez-vous qu'un vice-président principal de Microsoft venant de McKinsey connaisse grand-chose au lancement d'une start-up ? Voici un test de QE (Quotient Entrepreneurial) qui vous permet de distinguer ceux qui sont bons de ceux qui prétendent l'être. Ces questions vous permettront d'identifier les bons conseillers, membres du conseil d'administration et investisseurs (si vous avez le luxe de choisir vos investisseurs).

QUESTIONS	RÉPONSES ATTENDUES SI VOTRE BUT EST DE CRÉER LE PROCHAIN GOOGLE
Quelle structure juridique devrions-nous choisir ?	« Société anonyme. »
Dans quel État devons-nous enregistrer la société ?	« Dans le Delaware. »
Nos investisseurs sont-ils qualifiés ?	« Oui » (« Non » est la réponse qui doit vous faire peur).
Est-ce que deux fondateurs doivent se partager le capital à parts égales (50/50) ?	« Non, vous devriez allouer 25 % pour les futurs employés et 35 % pour les deux premiers tours d'investisseurs. Ce qui laisse 40 % à se partager pour les fondateurs. »
Faut-il vendre des actions ordinaires ou des actions privilégiées aux investisseurs ?	« Privilégiées. »
Tous les employés, y compris les fondateurs, doivent-ils exercer leurs options d'achat sur une période donnée ?	« Oui, tout le monde devrait être dans ce cas parce que vous n'avez pas envie qu'un fondateur parte avec un pourcentage conséquent des parts de la société après quelques mois. »

QUESTIONS	RÉPONSES ATTENDUES SI VOTRE BUT EST DE CRÉER LE PROCHAIN GOOGLE
Devrions-nous payer les consultants en options d'achat d'actions ?	« Non, les options d'achat d'actions sont réservées aux salariés avec une certaine ancienneté, et ne conviennent pas pour des consultants travaillant durant une période limitée. Si vous ne pouvez pas vous offrir des consultants, faites le travail vous-même. »
Pouvons-nous obtenir un prêt bancaire pour lancer notre entreprise ?	« Non, si vous êtes dans la technologie. Les sociétés technologiques ne peuvent pas offrir d'actifs liquides en garantie. »
Devrions-nous utiliser une banque d'investissement, un intermédiaire pour lever du capital d'amorçage ?	« Non, les business angels et les capital-risqueurs n'ont pas d'estime pour les entrepreneurs qui utilisent une banque d'investissement ou des intermédiaires. »
Quelles doivent être nos projections de revenus à cinq ans pour attirer des capital-risqueurs ?	« Aucun investisseur ne croira à vos chiffres de toute façon, mais ils doivent être aussi bons qu'une société comparable déjà cotée en Bourse. De plus, vous ne voulez pas de l'argent d'investisseurs qui croient à vos chiffres parce que cela veut dire qu'ils n'y connaissent pas grand-chose. »

L'art de se lancer

QUESTIONS	RÉPONSES ATTENDUES SI VOTRE BUT EST DE CRÉER LE PROCHAIN GOOGLE
Quelle doit être la longueur de notre business plan ?	« Vous ne devriez pas écrire un business plan. Vous devriez avoir des clients. »
Avez-vous un bon consultant à nous recommander ?	« Oui, mon expertise est limitée, mais laissez-moi établir une liste de possibilités. » La réponse dont vous ne voulez pas est : « Non, vous n'avez besoin de personne ; je sais tout ce que vous avez besoin de savoir. »
Avons-nous besoin d'un vrai PDG ?	« Peut-être, un jour. Mais sans doute pas pour l'instant. Ce dont vous avez besoin pour le moment, c'est d'un beau produit. »
Avons-nous besoin d'un chasseur de têtes pour recruter ?	« Non, à ce stade, vous n'avez pas d'argent et vous ne pouvez pas vous permettre de dépenser le peu que vous avez en honoraires de recrutement. »
Que devons-nous répondre aux investisseurs qui demandent quelle est l'évaluation de la société ?	« Essayez de savoir ce que deux ou trois investisseurs estiment juste, et essayez d'avoir plus de prise sur votre marché pour l'améliorer. » Les mauvaises réponses : « Fixez un prix élevé et négociez à la baisse », « Fixez un prix bas et négociez à la hausse ».

L'ART DE SE LANCER 2.0

QUESTIONS	RÉPONSES ATTENDUES SI VOTRE BUT EST DE CRÉER LE PROCHAIN GOOGLE
Quels sont, selon vous, les KPI[1] pour notre business ?	« Ils dépendent de votre secteur et de votre type de business. » La réponse dont vous ne voulez pas : « Qu'est-ce qu'un KPI ? »
Comment faire du buzz ?	« Faites quelque chose de grand et utilisez les réseaux sociaux. »
Quel devrait-être notre budget publicitaire ?	« Aucun budget, utilisez plutôt les réseaux sociaux. »

Une fois de plus, ces questions font sens pour les sociétés américaines qui ont l'ambition de devenir Google, mais le même genre de questions vaut en d'autres circonstances. Fuyez donc quiconque souhaitant vous conseiller mais ne sachant pas répondre à ces questions.

FAQ[2]

Q : Je l'admets : j'ai peur. Je n'ai pas les moyens de laisser tomber mon job actuel. Est-ce le signe que je n'ai pas ce qu'il faut pour réussir ? Ne suis-je pas pourtant vraiment engagé ?

R : Vous devez avoir peur. Si vous n'avez pas peur, c'est qu'il y a quelque chose d'anormal en vous. Vos craintes ne sont pas le signe que vous n'avez pas l'étoffe qu'il

---

1. Les KPI (Key Performance Indicators) sont les indicateurs de mesure de la performance de vos projets (NDT).
2. Guy Kawasaki fait un jeu de mots sur le terme de FAQ, Frequently Asked Questions (« questions fréquemment posées ») et le transforme en Frequently Avoided Questions (« questions fréquemment évitées ») (NDT).

faut. Au début, tout entrepreneur a peur. C'est simplement que certaines personnes se dupent elles-mêmes et que d'autres non. Vous pouvez dissimuler ces craintes en vous jetant à corps perdu dans le travail et en progressant insensiblement chaque jour. Puis, vous vous réveillerez en découvrant que vous n'avez plus peur, ou plutôt que vous avez des craintes toutes différentes. Cela étant, ne dites jamais que vous avez peur aux autres employés. Ne tombez pas non plus dans l'excès inverse en faisant comme si vous n'aviez aucune inquiétude parce qu'alors, ils sauront que vous avez une peur bleue.

Q : Devrais-je partager mes idées personnelles avec quelqu'un d'autre que mon chien ?

R : Il n'y a qu'une chose qui soit pire qu'un entrepreneur paranoïaque, c'est un entrepreneur paranoïaque qui parle à son chien. Il y a plus à gagner qu'à perdre à discuter librement de son idée (*feed-back*, relations, portes ouvertes). Si le seul fait de parler de votre idée la rend difficile à protéger, cela veut dire qu'il n'y a pas grand-chose derrière. (Voir la section FAQ du chapitre 7 pour une analyse détaillée sur les clauses de confidentialité.)

Q : À quel niveau d'avancement de mon projet dois-je commencer à parler aux gens de ce que je fais ?

R : Commencez immédiatement. Vous allez constamment tourner et retourner votre idée dans votre tête. Plus vous parlerez aux gens, plus vous enrichirez votre réflexion.

L'ART DE SE LANCER 2.0

Q : Je pense avoir une idée géniale, mais je n'ai pas de formation d'entrepreneur. Que dois-je faire ?

R : Si votre idée géniale est, par exemple, de créer « un nouveau système d'exploitation rapide, élégant et sans bugs » mais que vous ne pouvez pas le réaliser, vous n'avez rien. C'est pourquoi vous avez besoin avant tout d'un co-fondateur et tant que vous n'avez convaincu personne, vous êtes un cinglé.

Q : Quand dois-je me préoccuper de ressembler à une vraie entreprise avec des cartes de visite, du papier à en-tête et un bureau ?

R : Ce ne sont pas les bonnes priorités. Ce dont vous avez à vous préoccuper, c'est de votre prototype opérationnel. Une vraie affaire est une affaire qui a quelque chose à vendre – non une société où les gens ont des cartes de visite et du papier à en-tête.

Q : Ai-je besoin d'un MBA pour créer une entreprise ?

R : Pas du tout – et je dis ça alors que j'en ai un. Il vous faut un MBA pour satisfaire les attentes d'un employeur. Dans le cas d'une start-up, vous êtes l'employeur. Il vaut mieux passer deux ans dans les tranchées pour extraire le meilleur de soi que de maîtriser les ficelles de la gestion d'une société.

LECTURES RECOMMANDÉES

Warren Berger, *A More Beautiful Question, The Power of Inquiry to Spark Breakthrough Ideas*, New York, Bloomsbury, 2014.

Andrew Hargadon, *How Breakthroughs Happen: The Surprising Truth about How Companies Innovate*, Boston, Harvard Business School Press, 2003.

Jessica Livingston, *Founders at Work: Stories of Startups' Early Days*, Berkeley, Apress, 2008.

Matthew May, *In Pursuit of Elegance: Why the Best Ideas Have Something Missing*, New York, Crown Business, 2009.

Denise Shekerjian, *Uncommon Genius: How Great Ideas Are Born*, New York, Penguin Books, 1990.

Adrian Slywotzky, *The Art of Profitability*, New York, Warner Books, 2002.

Brenda Ueland, *If You Want to Write*, St. Paul, Graywolf Press, 1987.

James M Utterback, *Mastering the Dynamics of Innovation: How Companies Can Seize Opportunities in the Face of Technological Change*, Boston, Harvard Business School Press, 1994.

L'ACTIVATION

CHAPITRE 2

L'art de lancer un produit

> À l'origine des plus belles marques,
> il n'y a jamais l'intention de créer une grande marque.
> Les marques se concentrent sur l'élaboration d'un produit ou
> d'un service remarquable et rentable –
> et sur l'organisation qui peut le soutenir.
>
> Scott Bedbury

L'ESSENTIEL

Le lancement d'un produit est palpitant. Les seuls événements qui le sont davantage sont la naissance d'un enfant ou la finalisation d'une adoption. Je me souviens de l'introduction du Macintosh en 1984 comme si c'était hier. Vous pouvez regarder la vidéo sur Internet si vous n'étiez pas encore né.

Personne n'a jamais réussi à trouver de l'or en *planifiant*. Donc ne testez pas indéfiniment. C'est bon pour les grandes sociétés. Ne cherchez pas la perfection. Faire assez bien est suffisant. Vous aurez le temps d'affiner plus tard. La question n'est pas de démarrer en beauté, mais de finir en beauté. Ce chapitre vous explique comment lancer un produit.

L'ART DE SE LANCER 2.0

Le saut quantique

Au tournant du XIXᵉ siècle, le ramassage de la glace était une industrie prospère en Nouvelle-Angleterre. Cela nécessitait de la main-d'œuvre pour couper des blocs de glace sur des lacs et des étangs gelés, des chevaux et des traîneaux pour transporter ces blocs. Appelez cela « Glace 1.0. ».

Trente ans plus tard, l'eau était gelée dans des fabriques de glace et la livraison de la glace se faisait par camions. Ces entrepreneurs n'avaient pas besoin d'attendre l'hiver ou de vivre dans une ville froide. Ils pouvaient fournir de la glace à tout moment et partout. Appelez cela « Glace 2.0. ».

Des entrepreneurs ont créé le réfrigérateur trente ans après cela. Au lieu d'acheter de la glace à une fabrique, les gens avaient leur fabrique à glace personnelle. Appelez cela « Glace 3.0. ».

"L'entrepreneuriat est à son apogée quand il change l'avenir et il change l'avenir s'il opère un saut quantique."

Aucun des ramasseurs de glace n'a créé une fabrique et aucun fabricant de glace ne s'est transformé en fabricant de réfrigérateurs. Ils avaient défini les termes de leur entreprise sur la base de ce qu'ils faisaient – couper des blocs de glaces, congeler de l'eau de façon centralisée ou fabriquer des outils pour geler de l'eau, au lieu de partir du sens de leur organisation – commodité et propreté. S'ils avaient adopté cette perspective, ils seraient passés directement du ramassage de glace au réfrigérateur.

La notion de saut quantique est un excellent modèle pour les entrepreneurs. L'entrepreneuriat est à son apogée quand il change l'avenir et il change l'avenir s'il opère un saut quantique. C'est la même chose pour :

- le passage de la machine à écrire à l'imprimante à marguerite, à l'imprimante laser et à l'impression 3D ;
- le passage du télégraphe au téléphone, au portable, puis au smartphone ;
- le passage du lecteur de cassettes au Walkman, puis à l'iPod.

EXERCICE

Est-ce que votre produit fait la même chose en mieux, ou s'agit-il d'un saut quantique ?

Un cadre tactique est utile pour opérer ce saut quantique. J'utilise pour cela l'acronyme « DICEE ». Il répond à cette question fondamentale : quelles sont les qualités des produits révolutionnaires ?

- **DENSE.** Un produit qui fait un saut quantique offre des fonctionnalités et des possibilités que les clients pourraient ne pas apprécier au départ ou à côté desquelles ils pourraient passer. Les clients ne se trouvent pas à court de fonctionnalités quand ils utilisent ces produits. Google est une entreprise dense. Elle offre la recherche, la publicité, un système d'exploitation, une boutique numérique, un réseau social, de l'analytique, des apps, des ordinateurs, des tablettes, des téléphones, la livraison à domicile, du stockage en ligne, de l'hébergement, des accès Internet, des cartes et des voitures sans conducteurs. Vous pourriez utiliser uniquement des produits Google et avoir tout ce qu'il vous faut en informatique.

- **INTELLIGENT.** Un produit qui fait un saut quantique montre aux gens que l'entreprise qui l'a créé a compris leurs peines et leurs problèmes. Ford, par exemple, vend une option appelée la clé intelligente, « MyKey ». Les parents peuvent programmer la vitesse maximale de la voiture et le niveau sonore de la stéréo dans cette clé quand les enfants ou les voituriers la conduisent. C'est un produit intelligent.

- **COMPLET.** Les produits qui font un saut quantique ne sont pas des gadgets isolés, des téléchargements en ligne ou des services Web. Ils incluent un support avant-vente et après-vente, de la documentation, des améliorations et des produits complémentaires. Par exemple, Kindle Direct Publishing, la plateforme de services d'Amazon d'auto-publication, offre aux auteurs presque tout ce qu'il leur faut. Cela comprend la distribution sous forme d'ebook, l'impression à la demande, les formats d'enregistrement audio, des services de production et une assistance marketing.

- **ÉPANOUISSANT.** Les produits qui font un saut quantique améliorent la productivité et la créativité. Vous ne vous battez pas avec les produits extraordinaires ; ils deviennent une partie de vous-même. C'est ce que je ressens depuis 1983 avec le Macintosh – il me permet d'écrire, de parler, de faire du conseil. Je ne serais pas qui je suis aujourd'hui sans Macintosh.

- **ÉLÉGANT.** L'élégance est le produit de la puissance et de la simplicité. L'élégance c'est ce qui n'est pas là, non pas ce qui est là. L'élégance échappe au bruit, capte notre attention et nous engage émotionnellement. Les sociétés qui créent ces produits ont une obsession pour le design et l'interface utilisateur. Il y a un haut niveau de finition et de l'amour de la chose bien faite dans ces produits.

EXERCICE

Êtes-vous en train de créer un produit dense, intelligent, complet, épanouissant et élégant ?

L'ART DE SE LANCER 2.0

Choisissez un bon nom

Un bon nom pour une start-up et pour un produit, c'est comme la pornographie : difficile à définir, mais vous le savez quand vous le voyez. Si vous voulez un bon exemple de ce qu'il ne faut pas faire, regardez les noms des produits japonais. Par exemple, si votre but est de créer la confusion chez vos clients, vous ne ferez pas mieux que Nikon en nommant ses appareils photos D4S, DF, D3X, D810, D7000 et D5100. Voici comment choisir un bon nom :

- **VÉRIFIEZ SI LE NOM EST UTILISÉ.** Deux sites sont vos meilleurs amis dans le processus de recherche d'un nom aux États-Unis : the U.S. Patent and Trademark Office et la base de données de Network Solutions WHOIS. Le premier vous permet de savoir si le nom est déjà utilisé. Le second vous aide à savoir si le nom de domaine est disponible. Le troisième est la fonction « Recherche avancée » sur Twitter, pour voir si le nom est disponible sur Twitter. Faites aussi ces recherches sur Facebook, Google+, Pinterest, Instagram et LinkedIn.

- **CHOISISSEZ UN SUBSTANTIF QUI PEUT DEVENIR UN VERBE.** Dans un monde parfait, votre nom de société entre dans le vocabulaire et devient un verbe. Par exemple, les gens « googlisent » des mots au lieu de les « chercher sur Internet ». Les noms qui fonctionnent comme des verbes sont courts (moins de deux ou trois syllabes) et simples. J'ai hâte qu'un jour les gens « canvaent » un graphique au lieu de le « concevoir ».

> **EXERCICE**
>
> Vérifiez si le nom auquel vous pensez fonctionne dans cette phrase : « _____-le ».

- **TESTEZ-LE DANS D'AUTRES PAYS.** Utilisez des sites de traduction en ligne pour vérifier la signification du nom dans d'autres langues. Mieux, une fois que vous êtes certain d'avoir le nom de domaine, demandez à vos contacts sur les réseaux sociaux ce qu'il signifie dans leur langue. Vous avez plus de chances d'identifier les connotations vulgaires ou négatives quand vous vous faites aider par des êtres humains.

- **VEILLEZ À CE QUE LA PREMIÈRE INITIALE SOIT UNE DES PREMIÈRES LETTRES DE L'ALPHABET.** Un jour, le nom de votre organisation ou de votre produit apparaîtra dans une liste alphabétique. Dans ce cas, il est préférable d'apparaître en début de liste. Pensez, par exemple, au catalogue d'une conférence avec de nombreux exposants. Où préférez-vous vous situer dans cette liste ?

- **ÉVITEZ LES NOMS QUI COMMENCENT PAR DES NOMBRES OU PAR X ET Z.** C'est une mauvaise idée car les gens ne se souviendront pas s'ils doivent l'écrire en chiffres (123) ou en lettres (Un Deux Trois). Pour les noms commençant par un X ou un Z, il est difficile de les identifier quand on les entend et ils sont à la fin de l'alphabet.

- **PRIVILÉGIEZ UNE CONSONANCE DIFFÉRENTE.** La consonance du nom ne doit pas ressembler à quelque chose d'autre (par exemple : Claris, Clarins et Claritin). On risquerait d'associer ces trois noms dans une même catégorie.

- **ÉVITEZ LES NOMS COMPOSÉS.** Sauf si le premier mot peut devenir un verbe ou si le nom peut se transformer en acronyme qui exprime quelque chose d'intelligent. Par exemple, « Google Technology Corporation » aurait marché. Le nom « Hawaiian Islands Ministry », une organisation parareligieuse formant des pasteurs et des ministres du culte, devient HIM, acronyme qui joue sur les mots « hymn » (« hymne ») et « Him » (« lui ») – c'est-à-dire Dieu[1].

- **METTEZ LA PREMIÈRE LETTRE EN MAJUSCULE.** J'ai fait l'erreur de nommer une société dont je suis le co-fondateur « garage.com ». La minuscule « g » était difficile à identifier dans un texte. Rien n'indiquait visuellement qu'il s'agissait d'un nom propre. On peut se dire qu'une personne prénommée « Guy » aurait dû penser à cela[2] !

Ne vous cassez pas la tête, soyez approximatif

La première chose à faire quand vous lancez une société n'est pas de lancer Word, PowerPoint ou Excel. L'utilisation de ces applications viendra en son temps, mais ce n'est pas le moment. Tout ce

---

1. « *Him* » (« Lui » en français) et « *hymn* » (« hymne ») se prononcent de la même façon en américain (NDT).
2. Le mot « *guy* » en anglais (« type », « mec ») s'écrit et se prononce comme le prénom Guy (NDT).

que vous avez à faire, c'est développer un prototype de votre produit et trouver des clients. « Ne vous prenez pas la tête, soyez mauvais », pourrait chanter Bobby McFerrin (« *Don't Worry, Be Happy* »).

Eric Ries, l'auteur du *Lean Startup*[1], parle de « produit viable minimum » (« *minimum viable product* ») (MVP). Il explique ainsi le concept de MVP : « *Ce n'est pas nécessairement le plus petit produit imaginable, c'est simplement le moyen le plus rapide d'avoir un retour sur le processus Construire-Mesurer-Apprendre avec le minimum d'efforts. Le but du MVP est de démarrer le processus, non de le finir.* »

J'ajouterais deux mots au MVP pour le transformer en MVVVP : minimum-viabilité-valeur-validant-le-produit. Premièrement, un produit peut être *viable* – capable de passer par le cycle de validation par le client et de rapporter de l'argent – mais ce n'est pas suffisant. Il faut aussi qu'il ait une *valeur* ; il faut qu'il soit transformationnel, qu'il fasse sens et change le monde. Visez haut !

Deuxièmement, votre produit doit aussi *valider* la vision de votre start-up. Autrement, vous pouvez vous retrouver avec un produit viable et qui a de la valeur (ce qui est bien), mais qui ne valide pas nécessairement la vision d'ensemble de ce que vous cherchez à atteindre.

Par exemple, le premier iPod n'était pas seulement un produit viable (en avance sur le marché et rentable) ; il apportait aussi de la valeur (la première fois qu'on pouvait acheter de la musique en toute légalité et facilement sur un appareil pratique) et constituait une validation (les consommateurs voulaient des appareils

---
1. Eric Ries, *Lean Startup. Adoptez l'innovation continue*, Pearson, 2012.

élégants et Apple était capable de montrer qu'il allait au-delà de la vente d'ordinateurs et de périphériques).

Notez bien : ceci ne vous donne pas la permission de commercialiser n'importe quoi. Voici un bon test : imaginez que votre produit soit une nouvelle voiture. Laisseriez-vous vos enfants la conduire ? Si vous n'avez pas d'enfants, quid de votre golden retriever ?

Préoccupez-vous de l'adoption, pas du déploiement

Lors des premiers temps d'une start-up, la priorité n'est pas de déployer. La notion de déploiement, pour le cas où vous ne le sauriez pas, renvoie à l'idée de mettre en place des processus rapides,

économiques et réplicables parce qu'il y aura bientôt des millions de clients générant des milliards de revenus.

Par exemple, si Pierre Omidyar avait dû tester toutes les imprimantes d'occasion en vente sur son site, eBay n'aurait pas pu se développer. Si Marc Benioff devait appeler tous les clients, Salesforce.com ne pourrait pas se déployer à grande échelle. Si les parents de James Hong devaient vérifier chaque image pour s'assurer qu'il n'y a pas de pornographie, Hot or Not ne pourrait pas se développer.

Vous astreindre au test d'un déploiement massif au cours des premiers temps est une erreur – c'est mettre la charrue avant les bœufs. Par exemple, une société que je conseille, nommée Tutor Universe, fournit des services de tutorat par le biais de smartphones. C'est un peu un Uber des cours particuliers. Le plan à long terme était que les étudiants puissent poser des questions sur n'importe quel sujet et se faire aider en moins de quinze minutes. Mais au début, il n'y avait pas une masse critique de tuteurs pour tous les sujets. Beaucoup de start-up sont confrontées à ce problème de l'œuf et de la poule : si vous n'avez pas suffisamment de tuteurs, vous ne pouvez pas attirer suffisamment d'étudiants. Si vous n'avez pas assez d'étudiants, vous ne pouvez pas attirer assez de tuteurs.

> *Je n'ai jamais vu de start-up mourir parce qu'elle ne pouvait pas se déployer assez vite.*

Que faites-vous dans ce cas ? La réponse est simple : vous trichez ! Vous utilisez vos propres employés pour répondre aux questions et engagez des tuteurs aux Philippines (ils ont une excellente formation, ils parlent anglais et ne coûtent pas cher) jusqu'à ce que vous atteigniez une masse critique sur un marché. Les sceptiques et les entrepreneurs inexpérimentés pourraient vous objecter : « Vous ne pouvez pas opérer à grande échelle s'il vous faut utiliser des employés ou engager des tuteurs, parce qu'ils sont trop chers. » C'est peut-être vrai, mais c'est sans importance. L'important est que vous établissiez trois choses : vous faire connaître, vous assurer que les étudiants veulent bien installer une app et qu'ils sont d'accord pour payer. En bref, votre priorité est de prouver que les gens utiliseront votre produit. S'ils ne le font pas, votre déploiement à grande échelle n'aura pas d'intérêt. S'ils le font, alors vous trouverez un moyen de vous déployer. Je n'ai jamais vu de start-up mourir parce qu'elle ne pouvait pas se développer assez vite. Mais j'ai vu des centaines de start-up mourir parce que les gens refusaient d'adopter leur produit.

Élaborez un positionnement

> *Permettez-moi de me présenter. Je m'appelle Wile E. Coyote... Genius. Je ne vends rien et je ne suis pas en train de travailler pour entrer à l'université, donc venons-en au fait.*
> *Vous êtes un lapin et je vais vous manger pour mon souper.*
> *Maintenant essayez de vous échapper ! J'ai plus de muscle ; je suis plus malin, plus rapide et plus grand que vous... et je suis un génie. Vous auriez du mal à réussir des examens d'entrée*
> *à l'école maternelle[1].*
>
> Operation: Rabbit

---

1. *The BugsBunny – Road Runner Movie* (1979).

La plupart des gens considèrent le « positionnement » comme une chose artificielle imposée par des pauvres types du marketing, assistés de consultants nuls et grassement payés. La vérité est que le positionnement va au-delà des exercices de marketing, des séminaires de réflexion ou du choix de consultants. Quand il est fait correctement, le positionnement exprime le cœur et l'âme de la nouvelle organisation et explique :

- Pourquoi les fondateurs ont créé l'entreprise.
- Pourquoi les clients doivent la choisir.
- Pourquoi les gens bien doivent y travailler.

Wile E. Coyote comprend le positionnement mieux que la plupart des entrepreneurs : c'est un coyote, et il mange des lapins pour le déjeuner. Les start-up doivent se positionner avec la même clarté en sachant répondre à une question simple : que faites-vous ? Pour donner une bonne réponse, vous devez vous placer au-dessus de la mêlée et montrer en quoi vous vous distinguez de vos concurrents. Ensuite, vous devez pouvoir faire passer ce message au marché.

- **CRÉEZ UN SEUL MESSAGE.** Alors qu'il est déjà assez difficile de créer et faire passer un seul message, beaucoup de start-up font l'erreur d'en créer plusieurs, de peur de se laisser enfermer dans une niche et parce qu'elles veulent posséder tout le marché. « Notre ordinateur s'adresse aux départements MIS[1] des sociétés du Fortune 500 et aux particu-

> ❝Définissez-vous votre offre comme étant le contraire de celle de vos concurrents ?❞

---

1. En anglais « Management Information System » (MIS), « Management du système d'information » (MSI) en français (NDT).

liers pour leurs besoins domestiques ». Choisissez un seul message et tenez-vous-y pendant au moins six mois.

- **ÉVITEZ LE JARGON.** Si votre branding requiert beaucoup de jargon, il y a des chances pour que la plupart des gens ne comprennent pas votre positionnement et que celui-ci soit voué à l'échec assez rapidement. Par exemple, l'expression « meilleur décodeur MP3 » supposait en 2004 que les gens comprennent la signification de « MP3 » et de « décodeur ». Que se passe-t-il quand le MP3 n'est plus le format standard de codage ?

- **PROCÉDEZ AU TEST DES CONTRAIRES.** La plupart des sociétés utilisent les mêmes mots pour décrire leur produit. À croire qu'elles font toutes l'hypothèse que leurs clients n'ont jamais entendu un produit ou un service décrit comme étant « de qualité supérieure », « robuste », « facile à utiliser », « rapide » ou « fiable ». Pour bien comprendre ce que je veux dire, faites le test des contraires : définissez-vous votre offre comme étant le contraire de celle de vos concurrents ? Si oui, alors ce que vous dites est différent. Si non, votre positionnement n'est pas pertinent.

- **TESTEZ LE MESSAGE AUPRÈS DE TOUS LES SALARIÉS DE L'ENTREPRISE.** Les directions du marketing partent généralement du principe que lorsqu'elles ont produit un communiqué de presse ou une pub, le monde entier comprendra le message. Si vous avez créé un message que vous trouvez parfait, testez-le à tous les niveaux de votre entreprise. Commencez par votre conseil d'administration et descendez jusqu'à Charles à la réception pour vous assurer que tous les employés comprennent votre branding.

- **EXAMINEZ LES RETOURS.** Vous savez ce que vous envoyez, mais vous ne savez pas ce que les gens reçoivent. Voici l'idée : demandez-leur de vous réagir au message que vous avez envoyé pour savoir comment ils l'ont interprété. Ce qui compte finalement n'est pas tant ce que vous dites que la manière dont les gens vous entendent.

- **FOCALISEZ-VOUS SUR LES MÉDIAS SOCIAUX ET NON SUR LA PUBLICITÉ.** Beaucoup de sociétés gaspillent des fortunes à essayer d'établir leur image de marque par la publicité. De nos jours, ce qui construit une image de marque, c'est ce que les gens disent de la marque sur les réseaux sociaux – non ce que les marques disent d'elles-mêmes.

- **ALLEZ DANS LE SENS DU COURANT.** Même si vous ne devez pas laisser le marché vous positionner, il est aussi vrai qu'en fin de compte vous ne pouvez pas contrôler votre positionnement. Vous faites au mieux pour créer un bon message et le valider auprès de vos employés, vos clients et vos partenaires. Ensuite, le marché fait une chose étrange, puissante, frustrante parfois, mais souvent merveilleuse : il décide lui-même. C'est ce qui peut arriver lorsque des clients inattendus utilisent votre produit de façon inattendue.

Par exemple, des mamans utilisaient le produit d'Avon Skin So Soft comme insecticide pour les enfants, si bien qu'Avon vend désormais ce produit également pour cette propriété.

- Quand cela vous arrive : (1) ne paniquez pas et (2) écoutez ce que le marché vous dit. Il vous a peut-être rendu service et trouvé un positionnement naturel. Pouvez-vous vivre avec ce positionnement ? Au bout du compte, aller dans le sens du courant vaut mieux que de chercher à soutenir quelque chose qui ne tient pas debout.

EXERCICE

ÉTAPE 1 : Décrivez en un paragraphe l'expérience de votre client quand il utilise votre produit.

ÉTAPE 2 : Demandez à un client de rédiger un paragraphe sur l'utilisation de votre produit.

ÉTAPE 3 : Comparez les deux descriptions.

Sur la ligne de faille

Dans le livre *Sur la ligne de faille*[1], Geoffrey Moore explique le processus du cycle d'adoption d'un nouveau produit et identifie cinq profils psychographiques : les innovateurs, les adeptes précoces, la majorité précoce, la majorité tardive et les réfractaires.

- **LES INNOVATEURS.** Ces amoureux du risque recherchent les nouveaux produits pour les essayer ; ils ont donc ce qu'il y a de meilleur et de plus récent avant les autres.

---

1. Geoffrey Moore, *Sur la ligne de faille. Les nouveaux business models et la création de valeur à l'ère d'Internet*, Maxima Laurent du Mesnil éditeur, 2001.

L'art de lancer un produit

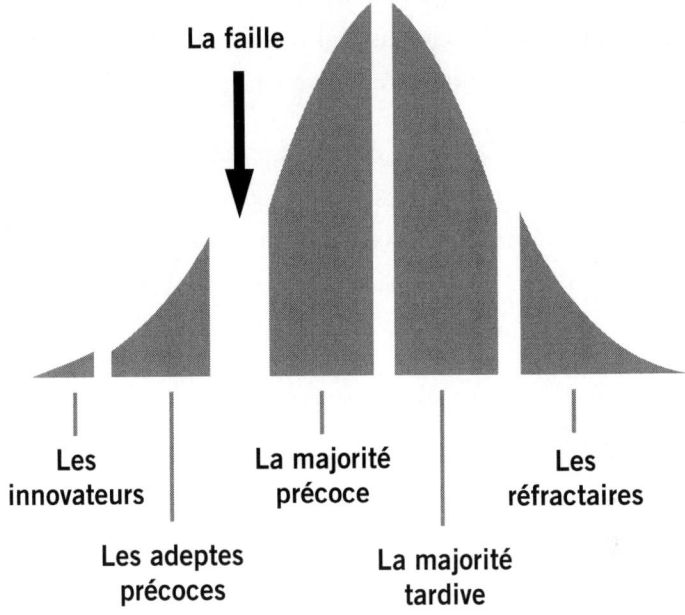

- **LES ADEPTES PRÉCOCES.** Ce ne sont pas des vrais geeks, comme les innovateurs, mais ils sont certains de pouvoir utiliser au mieux de nouveaux produits.

- **LA MAJORITÉ PRÉCOCE.** Les membres de la majorité précoce adoptent un produit quand ils voient les innovateurs et les adeptes précoces l'utiliser avec succès.

- **LA MAJORITÉ TARDIVE.** Les clients de la majorité tardive ne sont pas certains de pouvoir s'habituer à de nouveaux produits. C'est pourquoi ils attendent que le produit soit accepté par beaucoup de gens.

- **LES RÉFRACTAIRES.** Ces gens résistent aux nouveaux produits et ne les achètent souvent que lorsqu'ils n'ont pas le choix et que le produit n'est plus « nouveau ».

Vous devez diriger vos efforts marketing vers les innovateurs, pour aller ensuite vers les adeptes précoces, la majorité précoce et la majorité tardive. Un jour, vous ciblerez aussi les réfractaires, allant ainsi au-delà de la ligne de faille. Chaque profil vous offre une base de référence pour passer au profil suivant. Par exemple, les innovateurs aident les adeptes précoces à sauter le pas.

Les innovateurs et les adeptes précoces sont souvent des blogueurs, des journalistes ou autres « experts ». Ils s'attendent à ce que vous fassiez ce qu'il faut pour attirer leurs bonnes grâces. Voici comment s'y prendre :

- **SOYEZ RÉALISTE.** Il est bien plus facile d'aider les entrepreneurs qui ont un super produit. Les gens veulent être associés à des produits innovants, branchés et cool. La nécessité de recourir au cirage de pompes est inversement proportionnelle à la qualité d'un produit.

- **OUVREZ LA VOIE DE L'EMPATHIE.** Qui va résister si vous jouez sur les émotions ? « S'il vous plaît, aidez-nous ! Nous sommes une petite start-up qui tente sa chance. » Ceux qui feront la sourde oreille sont des idiots qui ne valent pas la peine qu'on s'intéresse à eux.

- **INSISTEZ SUR L'UTILITÉ.** Les meilleurs deals sont réciproques. Vous n'allez pas seulement recevoir quelque chose ; vous donnez aussi quelque chose. Ou si vous n'êtes pas en mesure de donner quelque chose tout de suite, promettez de le faire dans l'avenir.

- **PAYEZ D'AVANCE.** Selon Robert Cialdini, expert en psychologie sociale, si quelqu'un fait quelque chose pour vous, vous avez l'obligation de donner en retour. Par conséquent, une stratégie est de toujours faire des choses pour les gens sans compter afin d'amasser des points de karma pour plus tard.

- **ALLEZ-Y DOUCEMENT SUR LA FLATTERIE.** On pourrait croire que c'est l'aspect le plus important du cirage de pompes, mais la plupart des gens que vous cherchez à cultiver sont souvent flattés (qu'ils le méritent ou non). Du coup, la flatterie n'est pas toujours efficace. Une phrase au début de votre email suffit, comme : « J'ai beaucoup appris en lisant *L'Art de se lancer.* » Concentrez-vous ensuite sur les bonnes raisons pour lesquelles cette personne devrait vous aider.

Semez beaucoup de graines

Vous pensiez être en terrain sûr... Il y a pourtant une alternative. Elle est fournie par la recherche d'Emanuel Rosen et Itamar Simonson. Ils l'expliquent dans leur livre *Absolute Value*[1]. Le principe de l'adoption graduelle et progressive et la théorie du ruissellement fonctionnent moins de nos jours, alors que l'infor-

---

1. Emanuel Rosen, Itamar Simonson, *Absolute Value: What Really Influences Customers in the Age of (Nearly) Perfect Information*, HarperBusiness, 2014. Littéralement « Valeur absolue : ce qui influence réellement les clients à l'ère de l'information (presque parfaite) » (NDT).

mation en ligne circule vite, est gratuite et parfaite. Des gens peuvent utiliser des sites Web comme CNET et Amazon pour lire les critiques quelques heures après l'introduction d'un produit. Les innovateurs, les adeptes précoces et la majorité précoce peuvent exprimer leurs opinions quelques minutes après la mise sur le marché de votre produit – et grâce aux fuites, même avant son lancement sur le marché. Qui attend la critique du *New York Times* pour acheter un livre sur Amazon ? La vitesse de propagation de l'information, sa gratuité sont à même de chambouler toute la science du marketing.

- **LES PERSONNALITÉS INFLUENTES COMPTENT MOINS.** Beaucoup de gens peuvent évaluer un produit et diffuser leur opinion immédiatement. Les personnalités influentes ont encore leur importance pour annoncer une nouveauté sur le marché, mais elles n'influencent pas nécessairement l'achat ou l'essai.

- **LES IMAGES DE MARQUE SONT MOINS IMPORTANTES.** Lorsque l'information était incomplète et lente, les consommateurs se fiaient à l'imprimatur d'une marque comme assurance-qualité. Dans l'industrie du livre, le nombre moyen d'étoiles sur Amazon et les quelques premiers commentaires que postent des étrangers sont plus importants et plus visibles que le nom de l'éditeur.

> *Le mérite est le nouveau marketing.*

- **L'EXPÉRIENCE ANTÉRIEURE ET LA FIDÉLITÉ NE SONT QUE PASSAGÈRES.** Dans un monde parfait, les fabricants des produits que vous avez achetés dans le passé créent des choses intéressantes ultérieurement. Dans le monde réel, parfois c'est vrai, parfois ça ne l'est pas. Par exemple, les gens peuvent adorer les fonctions de partage de Facebook mais ne jamais utiliser son service d'e-mail. J'adore mes Macintosh, mais mon téléphone est un Android ; je n'utilise pas un iPhone simplement parce c'est un produit Apple.

Pour résumer, cela veut dire que le mérite est le nouveau marketing. Voici comment réussir dans ce monde :

- **ADOPTEZ LES INCONNUS.** « GarçonSolitaire15 » et « Chloe-Paris » sont aussi susceptibles de faire de votre produit un succès que les blogueurs influents ou les journalistes. Quiconque comprend votre cause et veut vous aider est un ami à avoir. Les inconnus sont les stars de demain.

- **ABANDONNEZ L'ILLUSION DE CONTRÔLE.** L'omniscience et l'omnipotence sont des illusions. Vous ne pouvez pas savoir qui peut ou veut vous aider. Vous ne pouvez pas non plus contrôler les gens par votre marketing et vos campagnes de publicité. Donc mettez votre produit dans la rue et allez ensuite dans le sens du courant.

- **SEMEZ BEAUCOUP DE GRAINES.** Semez des champs de fleurs, et non des parterres. C'est la stratégie des grands nombres : plus vous avez de graines, plus vous aurez de fleurs. Vous ne savez pas quelle graine deviendra un tournesol.

Quelle méthode utiliser ? Franchir la ligne de faille ou parfaire l'information ? La réponse est : « Les deux. » Il y a des gens que vous atteindrez en partant du haut de la pyramide de l'influence et d'autres en y allant à pleins tubes. Comme pour d'autres sujets relatifs à l'entrepreneuriat, il n'y a pas de bien ou de mal – il n'y a que ce qui marche ou ne marche pas et vous ne pouvez savoir ce qui marche qu'en expérimentant.

Racontez une histoire

J'ai assisté à des douzaines de lancements de produits, par des PDG célèbres mais aussi par des garçons ou des filles dans des garages. Et la plupart suivent le même script :

> Merci d'être ici. Après avoir attentivement écouté nos clients, nous avons développé un nouveau produit stratégique innovant, sur le point d'être breveté. Il s'agit d'un saut quantique révolutionnaire. Ce nouveau produit peut se décliner et se vendre beaucoup moins cher. Voici une liste de ses fonctionnalités [vagues caractéristiques décrites par des acronymes incompréhensibles] :
>
> **Bla**
> **Bla**
> **Bla**
>
> Maintenant, permettez-moi de vous présenter Biff Smith, le directeur produit, qui va vous faire la démo, puisque je ne sais pas l'utiliser. Nous allons sortir le produit dans quelque temps à un prix que nous n'avons pas encore déterminé. Nous l'annonçons aujourd'hui parce que nous avons entendu dire que nos concurrents vont mettre un produit semblable sur le marché.

Ce type d'introduction (même en version sérieuse) ne marche pas parce qu'elle se focalise sur de l'information (et ne parvient même pas à le faire). Les gens veulent plus que de l'information. Ils en ont par-dessus la tête des informations. Ils veulent avoir la *foi* – la foi en vous, votre produit, votre succès et en l'histoire que vous racontez. C'est la foi qui déplace des montagnes, pas les faits.

Des histoires qui font sens inspirent la foi en vous et en votre produit. Un charisme authentique est plus efficace qu'un acharnement à essayer de guider les gens vers l'endroit où vous voulez qu'ils aillent. Cela veut dire que les gens partent de là où vous les avez laissés pour aller plus loin parce qu'ils ont la foi.

Voici quatre scénarios de Lois Kelly, l'auteur de *Beyond Buzz*[1], pour vous aider à inspirer la foi :

- **DES HISTOIRES PERSONNELLES.** Il n'est pas nécessaire d'être épique. Il suffit d'illustrer. Par exemple : « Mon père avait une Cadillac et a fait 200 000 kilomètres sans problème majeur » plutôt que « Cette voiture va durer longtemps ». Ou bien : « J'ai donné mon téléphone à mon fils et il m'a dit qu'il le préférait à son iPhone » plutôt que « Les téléphones Android sont bien ». Ou encore : « Ma copine voulait vendre ses distributeurs de bonbons Pez en ligne » plutôt que « Je voulais créer un marché parfait » (c'est l'histoire de Pierre Omidyar pour expliquer la genèse d'eBay).

- **DE GRANDES ASPIRATIONS.** Le héros veut améliorer le monde et sait qu'il a les moyens de faire mieux. Travaillant nuit et jour et toujours confiant en sa mission, il crée un meilleur gadget, que les gens adorent. À sa surprise et sa grande joie, beaucoup de gens aiment ce qu'il crée. Exemple : le co-fondateur d'Apple, Steve Wozniak, voulait que n'importe qui puisse utiliser un ordinateur.

---

1. Lois Kelly, *Beyond Buzz: The Next Generation of Word-of-Mouth Marketing*, AMACOM, 2007. Littéralement « Au-delà du buzz : la prochaine génération de marketing de bouche-à-oreille » (NDT).

- **UN DUEL À LA DAVID CONTRE GOLIATH.** Goliath a de l'avance, des ressources incroyables et des milliers d'employés. Impossible que David puisse terrasser Goliath, le géant. Mais le jeune David sort son invention technologique – une fronde – et réussit en dépit de la sagesse de la masse, qui pensait que c'était impossible. Exemples : Southwest Airlines défiant les grandes compagnies aériennes, Etsy défiant eBay et Pinterest défiant Facebook.

- **DES PROFILS DE HÉROS.** Notre héros est victime d'une injustice majeure. Malgré son infortune, il persévère et accomplit des choses extraordinaires. Quand on apprend ce qu'il a fait, la réaction est : « C'est impossible. » Exemple : Charlie Wedemeyer, coach de football dans un lycée américain atteint de la maladie de Charcot[1], ou Oskar et Emilie Schindler, ce couple qui a protégé des juifs pendant la Seconde Guerre mondiale.

Un grand lancement, c'est plus que déverser un communiqué de presse, des affirmations partiales ou des pitchs commerciaux ennuyeux. C'est raconter une histoire d'innovation, de changement et de prise de pouvoir qui déclenche la foi en ce que vous faites.

Des premiers pas faciles et sans risques

Vous attendez probablement beaucoup parce que l'innovation requiert un changement de comportement et défie le *statu quo*. Aussi faut-il que la courbe d'adoption de votre produit soit douce

---

1. Aussi appelée « Sclérose latérale amyotrophique ».

et adaptée à la taille de la colline. Cela vous impose d'éliminer tous les obstacles possibles. Voici à quoi votre produit devrait ressembler pour effectuer ses premiers pas :

- **FACILE À DÉMARRER.** Les sociétés mettent souvent en place des procédures qui les empêchent de faire des affaires – c'est un peu comme si elles faisaient exprès de frustrer les clients potentiels. Le meilleur exemple est celui des écrans captcha, les formulaires à remplir pour créer un compte sur la plupart des sites. Ils sont trop difficiles à lire : majuscule ou minuscule, I ou 1 et 0 ou O. Je suis prêt à jurer que cette technologie s'appelle *captcha* parce qu'elle capture les gens dans une spirale sans fin pour prouver à une machine qu'ils sont des humains.

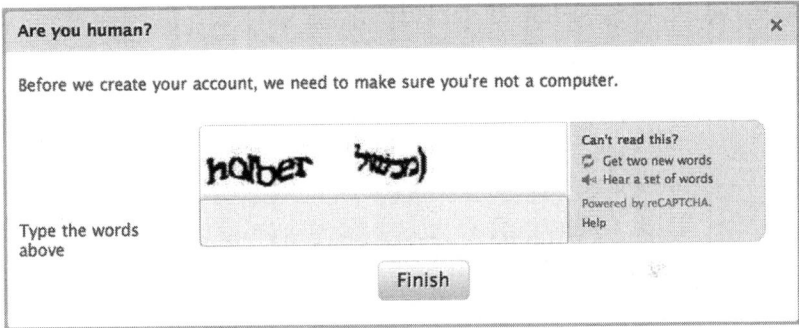

- **FACILE À CONVERTIR.** Dans le meilleur des mondes, la courbe d'adoption est douce et le passage à votre produit est facile. Dans le monde de la technologie, cela veut dire accepter le format de données de vos concurrents et les standards de l'industrie. Dans les industries non-technologiques, cela veut dire utiliser les mêmes prises, emballages, coupons et pratiques pour réduire autant que faire se peut la nécessité pour les gens de changer leurs habitudes.

- **FACILE À UTILISER.** Une fois que les gens ont démarré et que vous les avez convertis, l'étape suivante est de s'assurer qu'ils peuvent utiliser, voire maîtriser votre produit. Cela nécessite d'être très sensible au design et d'être capable de vous mettre dans la position de vos utilisateurs pour leur éviter la frustration. Cela suppose une interface utilisateur élégante et transparente, une documentation claire et précise et un service client exceptionnel.

> « Si votre produit est formidable, le premier contact avec le client est probablement ce qui est le plus difficile. »

- **FACILE À PARTAGER.** Il est difficile de faire un produit si convaincant que les gens auront envie de le partager. Si c'est le cas, ce serait honteux de ne pas leur offrir un moyen facile de partager la bonne nouvelle. La prochaine fois que vous êtes sur un site Web, cherchez les boutons qui disent « Partagez » ou « Envoyez un e-mail à un ami » et proposez une fonctionnalité similaire. AddThis et ShareThis sont deux services que vous pouvez utiliser.

Un bon exemple pour illustrer l'attitude à adopter lors du lancement d'un produit : la manière dont Sungevity, une société vendant des panneaux solaires, fait ses devis. Alors que la première étape, s'agissant de sociétés de rénovation, est la prise de rendez-vous, Sungevity vous demande votre adresse et utilise une photo satellite pour estimer la taille, la puissance et le coût des panneaux solaires pour votre maison.

Sortez de votre bureau

Contre l'avis de son père, Bouddha sortit de son palais où il put voir comment les gens vivaient dans le monde réel. Cette décision a influencé ses concepts religieux. Comme pour Buddha, voir l'extérieur vous sera bénéfique.

Par exemple, Beech-Nut, que l'on pourrait comparer à la marque Blédina en France, a pris une position spectaculaire en créant une ligne d'aliments pour bébés 100 % naturelle et sans additifs. Ce projet a démarré après que des employés de Beech-Nut se soient rendus dans dix maisons pour regarder comment les mères préparaient le repas de leurs bébés. Ils ont compris que les mères voulaient avoir le contrôle sur ce qu'il y avait dans la nourriture et qu'elles n'avaient pas confiance dans les fabricants. Grâce à cette recherche, quand vous voyez des petits

pots pour bébés avec la mention « simplement des pommes et des fraises », cela veut dire qu'il n'y a absolument rien d'autre.

Les gens de Beech-Nut ont aussi remarqué que toutes les mères donnaient de l'avocat à leurs bébés parce qu'il contient de la graisse qui est saine et facile à digérer. À l'époque, il n'y avait pas de nourriture pour bébé contenant de l'avocat. Parce qu'ils sont sortis de leur bureau, les gens de Beech-Nut ont pu ajouter deux produits à base d'avocat à leur gamme de produits.

Il n'est pas suffisant de livrer son produit. Bien sûr, vos clients réels vous diront ses forces et ses faiblesses, mais ne vous limitez pas aux commentaires en ligne et aux comptes rendus. Allez voir de vos propres yeux comment les gens les utilisent.

Faites un pré-mortem

Une analyse post-mortem permet aux médecins de trouver la cause d'un décès. On en fait une pour résoudre un crime, éviter la mort d'autres personnes ou satisfaire la curiosité. Cela dit, quand une personne meurt, il est trop tard pour l'aider.

Les entrepreneurs et leurs investisseurs analysent souvent les raisons de la mort d'un produit, d'un service ou d'une société – particulièrement s'il s'agit de l'entreprise de quelqu'un d'autre. Comme dans le cas de la mort d'un être humain, cette analyse vient trop tard pour sauver un produit, un service ou une société déjà morts. C'est là que l'analyse pré-mortem vient à point, un concept créé par Gary Klein, expert scientifique chez Klein Associates et auteur du livre *Sources of Power*[1].

---

1. Gary Klein, *Sources of Power: How People Make Decisions,* The MIT Press, 1999. Littéralement « Les sources du pouvoir : Comment les gens prennent des décisions » (NDT).

Son idée consiste à réunir votre équipe et à imaginer que votre produit est un échec. Oui, c'est bien cela, un échec, une catastrophe, une implosion, un « *Aloha Oe* » comme on dit à Hawaï[1]. Vous demandez à l'équipe de trouver les raisons de cet échec – chaque membre de l'équipe doit en trouver une – et de chercher jusqu'à ce qu'elle les ait toutes trouvées. La phase suivante consiste à trouver tous les moyens d'éviter cet échec.

On ne peut pas demander à une équipe de rendre compte de problèmes et de challenges, car les réunions ordinaires sont influencées par la psychologie et des règles tacites, comme par exemple celles de ne pas mettre ses amis dans l'embarras, de ne pas avoir l'air de ne pas être solidaire, de ne pas critiquer les autres ou de ne pas se faire des ennemis. Ne me dites pas que tout le monde est vraiment ouvert ou honnête dans ces réunions.

En revanche, les gens ne se critiquent pas entre eux ou ne critiquent pas d'autres groupes dans une analyse pré-mortem (du moins si elle est bien menée). Chacun établit une liste de toutes les hypothèses qui peuvent entrer en jeu, et je dis bien « toutes », parce qu'il serait dommage que quelqu'un pense à un problème et néglige de le signaler en pensant qu'il n'est pas assez important pour qu'on le mentionne.

EXERCICE

Identifiez les facteurs qui pourraient arrêter votre lancement. Quels sont ceux que vous pouvez éliminer ?

---

1. Peut se traduire par « adieu à toi ».

Déposez un brevet provisoire

La mesure finale à prendre pendant le lancement de votre produit est de déposer un brevet provisoire pour protéger votre technologie, vos processus et vos secrets de fabrication. Le droit des brevets est un sujet complexe pour les juristes et plus encore pour les entrepreneurs. Vous devez donc consulter un spécialiste. Pour vous initier au système américain, consultez le site « US Patent and Trademark Office ».

Aux États-Unis, l'idée généralement admise est qu'il faut être le premier à demander un brevet et non le premier à inventer. Donc il faut agir vite. Une fois que vous avez déposé un brevet provisoire, vous avez douze mois pour décider si vous voulez passer à l'étape suivante et obtenir un brevet définitif. Le processus peut prendre cinq ans et coûter 10 000 dollars.

Si vous avez un brevet, prenez en compte les implications pratiques de votre réussite. La bonne nouvelle est que vos parents seront fiers de vous. La mauvaise est qu'il ne protège pas votre business parce que vous n'aurez pas le temps (des années) ou pas l'argent (des millions de dollars) pour gagner un procès et en récolter les gains.

Si, par chance, vous avez le temps et l'argent, c'est que votre start-up est si prospère que votre réussite vous protège – ce qui vous permet aussi d'engager les meilleurs avocats pour vous défendre des contrevenants. Si vous n'avez ni le temps ni l'argent, rien de tout cela importe de toute façon.

Incuber (ou non)

En période favorable, les incubateurs et accélérateurs de start-up font fureur. Commençons par un peu de terminologie : le but des incubateurs est principalement d'offrir des bureaux et du partage de services. Les accélérateurs se concentrent sur le mentorat, la formation et vous aident à vous connecter à des clients, partenaires et sources de capital.

Ces programmes varient. Voici une explication des différents types d'assistance qu'ils offrent :

> *La différence entre travailler dans un incubateur ou un accélérateur et travailler dans son garage, c'est un peu comme la différence entre vivre sur le campus d'une université ou faire le trajet de chez soi à la fac.*

- **CAPITAL D'AMORÇAGE.** Financement de 25 000 à 125 000 dollars (entre 5 et 15 % de votre start-up). Cela veut dire que l'accélérateur ou l'incubateur sera sans doute le plus petit de tous les investisseurs extérieurs. Il est difficile de dire si c'est bien ou non – mais sachez que les accélérateurs ou les incubateurs obtiennent souvent de très bon deals.

- **CAMARADERIE ET MUTUALISATION.** Cela vous permet d'échanger avec d'autres entrepreneurs à un stade similaire de développement (la souffrance aime la compagnie et vous pouvez apprendre beaucoup de vos pairs). La différence entre travailler dans un incubateur ou un accélérateur et travailler dans son garage, c'est un peu comme la différence entre vivre sur le campus d'une université ou faire le trajet de chez soi à la fac.

- **MENTORAT ET ÉDUCATION.** C'est l'ensemble des conseils prodigués par les gens qui offrent le programme, plus ceux de leurs conseillers, mais aussi de leurs contacts. Dans le cas idéal, ce sont des vétérans de l'industrie et des entrepreneurs expérimentés. Votre tâche est de vous assurer qu'ils ont une expérience approfondie et directe de ce qu'est une start-up et qu'il ne s'agit pas seulement de consultants à la recherche de clients. (Lisez au chapitre précédent la section « Comment distinguer ceux qui sont bons de ceux qui prétendent l'être »). Dans beaucoup d'incubateurs, l'accès aux mentors est informel – il se fait par exemple, lors d'une soirée pizza, de temps en temps. Cela dit, la plupart des programmes d'accélération ont un processus formel de mentorat et de formation vous permettant d'avoir davantage de contacts avec eux.

- **PROGRAMME DE DÉVELOPPEMENT.** La présentation à des clients potentiels, des partenaires et des employés peut accélérer votre crédibilité, le développement de votre produit et les ventes. Le personnel des incubateurs et des accélérateurs vous dit toujours qu'il peut vous mettre en relation, mais vérifiez ses dires auprès des autres start-up dans le programme.

- **FINANCEMENT SUPPLÉMENTAIRE.** Beaucoup d'incubateurs et d'accélérateurs organisent des journées pour vous présenter à des business angels et à des capital-risqueurs. L'incubateur ou l'accélérateur vous apportera de la visibilité mais pas nécessairement un investissement. Cela dit, c'est beaucoup plus efficace que d'essayer de rencontrer ces investisseurs par vous-même.

- **TÂCHES ADMINISTRATIVES.** La comptabilité, la paie, les impôts, les assurances et autres tâches administratives sont pénibles mais incontournables. Tout cela prend sur votre temps, soit la ressource qui a le plus de valeur pour vous. Certains incubateurs et accélérateurs fournissent le personnel et l'expertise pour vous assister dans ces corvées qui vous détournent de vos objectifs essentiels, ceux de finir votre produit et de le vendre.

- **BUREAUX.** Le partage de bureaux, de mobilier et d'accès à Internet est la proposition de valeur principale de la plupart des incubateurs, mais il ne s'agit pas finalement de facteurs cruciaux pour votre succès. N'en faites donc pas une raison majeure pour rejoindre un incubateur. Une table de ping-pong et une machine à expresso c'est sympathique, mais vous pouvez toujours aller dans une salle de sports et chez Starbucks. La vraie valeur d'un espace de travail collaboratif est la flexibilité – quand vous n'êtes pas encore prêt à signer un bail de trois ans.

Certains incubateurs et accélérateurs vous demanderont 1 % de votre société en échange de leurs services. Réfléchissez-y par deux fois. Cela peut être la meilleure proposition que vous aurez jamais ou une sacrée arnaque – tout dépend réellement de leurs services.

Les incubateurs et accélérateurs sont utiles aux entrepreneurs débutants qui ne savent pas par quoi commencer, mais la décision d'en rejoindre un n'est pas simple. On entend surtout parler des incubés qui réussissent, et ces sociétés – par exemple Airbnb et Dropbox – vous diront que l'incubation était une expérience importante et précieuse.

Il est difficile de soutenir que rejoindre l'un de ces programmes réduira vos chances de succès. En tout état de cause, sortir d'un accélérateur connu comme Y Combinator ou 500 Startups est un indicateur de qualité et quiconque mise sur des start-up cherche des raisons de croire à une entreprise. C'est comme le choix d'une bonne université : aller à Harvard ou Stanford ne va pas diminuer vos chances de succès et bien des gens utilisent un diplôme de Harvard ou de Stanford comme un gage de qualité.

Sortir d'un incubateur ou d'un accélérateur, cependant, n'est ni nécessaire ni suffisant pour réussir. Des quantités de gens qui n'ont fait ni Harvard ni Stanford réussissent et des quantités de gens ayant fait Harvard ou Stanford ne réussissent pas. Cela peut accroître vos chances de succès, mais bien d'autres facteurs comptent. Finalement, une corrélation n'équivaut pas à une relation causale : le fait qu'une start-up qui a réussi sorte d'un programme ne signifie pas que ce programme soit à l'origine de son succès.

Si vous n'êtes pas admis dans l'un de ces programmes ou qu'il n'y en a pas dans votre région, il n'y a rien dans l'aide qu'ils peuvent fournir que vous ne puissiez pas avoir par d'autres biais – même si c'est peut-être moins facile et plus lent (mais moins cher !). Les alternatives existent. Il y a beaucoup de façons d'échouer, mais il y a aussi beaucoup de façons de réussir.

Addenda

Mini-chapitre : Devenir un dieu de la démo

> *Être acteur, c'est être debout tout nu et se retourner très lentement.*
>
> Rosalind Russel

L'art de lancer un produit

Plusieurs fois par an, des dirigeants de start-up font la démo de leurs produits en six minutes devant un public de capital-risqueurs, d'analystes et de journalistes. Très logiquement, cet événement s'appelle DEMO. C'est une excellente occasion, surtout si vous en comprenez les règles du jeu : des entrepreneurs faisant semblant de ne pas avoir besoin de capital-risque et des capital-risqueurs faisant semblant de ne pas avoir besoin d'entrepreneurs (c'est comme jouer la carte de la pudeur dans une maison close).

Cet addenda s'adresse à quiconque doit faire une bonne démo, que ce soit à DEMO ou ailleurs. Savoir faire une démo est essentiel pour lancer un produit, lever de l'argent, faire une vente, mobiliser la presse et recruter. Il faut donc que vous soyez bon.

- **CRÉEZ QUELQUE CHOSE QUI VAUT LA PEINE D'ÊTRE DÉMONTRÉ.** Si vous voulez faire une bonne démo, créez un super produit. Les démos sont d'excellentes opportunités de relations publiques, mais ne les faites que lorsque vous êtes prêt et non quand l'occasion se présente. Si votre produit est médiocre et que nous n'en faites pas de démo, vous serez le seul à savoir qu'il n'a rien de remarquable. Si vous en faites une démo, la terre entière le saura.

> « Si votre démo est bonne, on vous courra après pour en savoir plus. Si votre démo est nulle, peu importe que vous soyez un prix Nobel. »

- **TOUT EN DOUBLE.** S'il y a quelque chose à dupliquer, c'est l'équipement. Attendez-vous à ce que tout tombe en panne le soir qui précède votre présentation sur scène. Donc apportez deux, voire trois ordinateurs, téléphones, clés USB – ou quoi que ce soit dont vous avez besoin pour votre démo.

- **PRÉPAREZ TOUT AVANT.** Pas de tâtonnements pendant une démo – comme par exemple, une recherche de dossiers et de fichiers sur votre disque dur. Vous avez des semaines pour vous préparer pour ces six minutes ; ce serait de l'inconscience de ne pas avoir tout prévu.

- **ÉLIMINEZ LES FACTEURS QUE VOUS NE POUVEZ PAS CONTRÔLER.** Devez-vous partir du principe que vous aurez un accès Internet pendant votre démo ? Oui, mais ayez une alternative dans tous les cas. Bien sûr, l'hôtel a un accès Internet, mais que se passe-t-il si des centaines de gens l'utilisent en même temps ? Il est préférable de simuler un accès Internet par un accès à un serveur local. Inutile de montrer le vrai système. Après tout, c'est une démo.

- **COMMENCEZ PAR « LE CHOC ET LA STUPEUR ».** Je vole cette expression à mon ami Peter Cohan, l'auteur de *Great Demo!*[1]. Il pense, et je suis d'accord avec lui, que vous avez une minute pour captiver votre auditoire. Donc n'essayez pas de faire un crescendo. Commencez par provoquer « le choc et la stupeur » : le truc le plus génial dans votre produit. Le but est d'impressionner dès le début.

- **NE FAITES PAS DE PLAISANTERIES.** Si vous vous demandez si les plaisanteries amusent, vous vous trompez. Très peu de gens sont assez amusants pour pouvoir se permettre des plaisanteries pendant une démo. Les inconvénients d'une plaisanterie qui fait un flop – comme la perte de confiance ou la perte de son élan – l'emportent presque toujours sur les avantages qu'une plaisanterie qui marche est susceptible de vous apporter.

- **PROCÉDEZ SEUL.** Pour faire une bonne démo, il faut la faire seul. Vous croyez peut-être qu'une démo faite entre les co-fondateurs aura plus d'impact et montrera au monde que vous vous entendez très bien, mais il est déjà assez difficile à une seule personne de faire une bonne démo, alors essayer de coordonner deux personnes pour

---

1. Peter Cohan, *Great Demo! How to Create and Execute Stunning Software Demonstrations*, Universe, 2005. Littéralement « Super démo ! Comment créer et faire des démonstrations sensationnelles de logiciels » (NDT).

une démo interactive, c'est deux fois plus difficile. Si vous voulez faire un duo, allez dans un bar de karaoké.

- **N'UTILISEZ PAS DE JARGON.** Faire simple et bref est ce qu'il y a de mieux. Il se peut que vous ayez le meilleur logiciel du monde pour les entreprises, mais le partenaire spécialiste de produits grand public chez votre capital-risqueur de rêve est dans la salle. S'il ne comprend pas votre démo, il ne va pas parler de vous à ses collègues. Ce que le public voit, et non ce qu'il entend, doit créer l'impression.

- **NE RÉPONDEZ À AUCUNE QUESTION AVANT LA FIN.** À DEMO, il n'y a pas de questions – Dieu merci. Mais dans tous les cas, ne prenez les questions qu'à la fin parce que vous ne savez jamais ce que les gens vont vous demander ; leurs questions pourraient vous noyer au point que vous ne puissiez plus refaire surface.

- **FINISSEZ PAR UN POINT D'EXCLAMATION.** Commencez fort. Une fois que vous avez ébloui, revenez en arrière et montrez comment ça marche. Le « ce que vous faites » est fantastique mais le « comment vous faites » permet au commun des mortels de comprendre que lui aussi peut le faire. Cela faisait partie de la magie de Steve Jobs ; il avait toujours plus d'un tour dans son sac.

J'ai donné ces conseils à des centaines de start-up ; des centaines de milliers de gens les ont lus en ligne et pourtant la plupart des démos continuent d'être médiocres. C'est parce que les gens croient que mes conseils s'adressent aux masses incultes qui n'ont pas de produits hallucinants, qui changent tous les paradigmes, et en instance de brevet comme les leurs, et non à des conférenciers doués comme eux. Vous pensez peut-être être l'un d'eux. Vous avez tort et vous allez l'apprendre à vos dépens.

Mini-chapitre : L'art de l'intrapreneuriat

> *L'innovation naît souvent à l'extérieur des organisations existantes, en partie parce que les organisations qui réussissent s'installent dans le statu quo et résistent aux idées qui pourraient l'affecter.*
>
> Nathan Rosenberg

Certaines personnes qui aspirent à devenir des entrepreneurs travaillent dans de grandes entreprises. Comme tous les entrepreneurs, elles rêvent de créer des produits ou des services innovants. Elles aussi doivent créer un prototype, faire des pitchs, bootstrapper, recruter, trouver un financement et vendre. Mon propos ici est de vous expliquer comment faire tout cela si vous êtes employé dans une grande entreprise.

L'ironie veut que beaucoup d'entrepreneurs envient les employés de grandes entreprises, qu'ils voient comme des privilégiés ayant à leur disposition des moyens financiers énormes, des forces de vente importantes, des labos parfaitement équipés, des usines extensibles, une image de marque établie et de bonnes assurances médicales et dentaires. Comme ça doit être merveilleux, se disent ces types dans leur garage, d'inventer un nouveau produit quand on a le luxe d'avoir une infrastructure pareille en place !

Détrompez-vous. Faire quelque chose de nouveau à l'intérieur d'un mammouth n'est pas plus facile ; c'est seulement différent.

Voici une liste de recommandations pour les intrapreneurs, dressée en collaboration avec Bill Meade, directeur de la science des données chez Neal Analytics.

- **PENSEZ D'ABORD À VOTRE ENTREPRISE.** La motivation première, sinon unique, de l'intrapreneur doit être l'amélioration de son entreprise. Le but de l'entrepreneuriat interne n'est pas d'accaparer l'attention ou de construire un empire car cela le mènera à se faire éjecter de l'entreprise. Si vous avez une bonne idée de produit ou de service, vous attirerez un nombre important d'employés provenant de tous les niveaux hiérarchiques. Ils vous soutiendront si ce que vous faites, vous le faites pour l'entreprise, et non pour votre profit personnel.

- **TUEZ LES VACHES À LAIT.** Ne vous faites pas d'ennemis en le proclamant partout, mais votre plan est souvent de créer le produit ou le service qui tuera un produit ou un service existant. Par exemple, le Macintosh a tué l'Apple II. Aurait-il mieux valu pour Apple que ce soit un concurrent qui crée le Macintosh ? Ou que le Macintosh n'ait jamais existé ? Évidemment non. Raison de plus pour penser d'abord à l'entreprise : ce que vous faites menace le *statu quo*, donc votre initiative doit être perçue comme servant les intérêts de l'entreprise et non vos intérêts personnels. Si vous ne tuez pas les vaches à lait, quelqu'un d'autre le fera.

- **RESTEZ SOUS LE RADAR.** Deux types dans leur garage doivent essayer d'attirer l'attention le plus possible. La sensibilisation à leurs efforts facilite la levée de fonds, la mise en place de partenariats, la conclusion de ventes et le recrutement d'employés. Mais c'est le contraire qui est vrai pour les intrapreneurs. Vous voulez que la direction vous laisse en paix jusqu'au moment où votre projet sera trop avancé pour qu'on continue à l'ignorer ou jusqu'à ce que l'entreprise se rende compte qu'elle en a besoin. Plus vous frappez haut dans une entreprise, plus rares sont ceux qui comprendront ce que vous faites. C'est parce que plus les gens sont haut placés dans la hiérarchie, plus ils veulent maintenir le *statu quo* et protéger leur position.

- **TROUVEZ UN PARRAIN.** Dans bon nombre d'entreprises, il y a des gens qui jouent le rôle de parrain. Ces gens se sont acquittés de leur dû et sont à l'abri des mesquineries politiques quotidiennes. Ils sont relativement intouchables et ont l'attention et le respect de la direction. Les intrapreneurs ont intérêt à trouver un parrain qui soutienne leur projet et leur donne des conseils, un point de vue technique, des idées marketing et – si d'aventure ils en ont besoin – de protection.

- **OBTENEZ UN LOCAL SÉPARÉ.** Un intrapreneur qui reste dans la mouvance des affaires courantes mourra des suites des milliers de restrictions budgétaires causées par des directeurs expliquant pourquoi ce nouveau projet est une mauvaise idée. « La nouveauté semble toujours si chétive – si peu prometteuse – à côté de la réalité d'une grosse affaire qui tourne.[1] » La division Macintosh a démarré

---

1. Peter Drucker, *Innovation and Entrepreneurship: Practice and Principles*, New York, Harper and Row, 1985, p. 162.

dans un bâtiment qui était suffisamment éloigné du reste d'Apple pour être à l'écart des activités quotidiennes, mais assez proche pour bénéficier des ressources de la société. La distance idéale par rapport aux pontes de la société est quelque part entre 400 mètres et 4 kilomètres : c'est assez près pour que vous puissiez aller les voir, mais suffisamment loin pour qu'ils n'aient pas envie de vous rendre visite tous les jours.

- **DONNEZ L'ESPOIR À CEUX QUI ESPÈRENT.** Dans tout cynique qui pense que « cette entreprise est trop grosse pour innover », il y a un idéaliste qui aimerait voir que c'est possible. Les bons éléments dans les grandes entreprises en ont assez d'être ignorés, oubliés, humiliés et forcés à se soumettre. Ils sont peut-être piétinés, mais ils ne sont pas morts. Quand vous leur montrerez que vous êtes en train de planter un pieu au cœur du *statu quo*, vous obtiendrez leur soutien et leurs ressources. Votre but sera alors de les faire passer du stade où ils ont envie de voir de l'innovation au stade où ils auront envie de vous aider à réussir.

- **ANTICIPEZ LES GLISSEMENTS TECTONIQUES ET SAUTEZ DESSUS.** Les déformations structurelles dans une entreprise sont une bonne chose pour les intrapreneurs. Qu'ils soient causés par des facteurs externes, comme des changements dans le marché, ou des facteurs internes, comme la venue d'un nouveau PDG, les glissements tectoniques peuvent créer une opportunité pour vos efforts. Les intrapreneurs efficaces anticipent ces glissements et sont prêts à dévoiler leurs nouveautés quand ils ont lieu : « Regardez sur quoi nous avons travaillé. » C'est le contraire des pontes qui, eux, disent : « Ah oui, maintenant je vois. Si vous me permettez, donnez-moi six mois et une équipe d'analystes, je trouverai une nouvelle stratégie produit. »

- **CONSTRUISEZ SUR CE QUI EXISTE.** Les inconvénients d'essayer d'innover dans une grande entreprise sont bien connus, mais il y a aussi des avantages. N'hésitez pas à tirer parti de l'infrastructure existante pour faciliter le processus d'innovation. Vous ne recueillerez pas seulement des ressources matérielles, vous vous ferez aussi des amis au fur et à mesure que d'autres auront davantage le sentiment de faire partie de votre équipe. Si vous essayez de faire tout par vous-même (comme construire votre propre chaîne de fabrication pour prendre un exemple extrême), vous vous ferez des ennemis. Une start-up à l'intérieur d'une grosse société n'a pas besoin d'ennemis intérieurs. Elle aura bien assez d'ennemis sur le marché.

- **RASSEMBLEZ ET PARTAGEZ L'INFORMATION.** À un moment ou à un autre, un comptable ou un juriste posera des questions sur le pourquoi de votre projet. Si vous avez de la chance, ce sera trop tard plutôt que trop tôt, mais cela arrivera. Préparez-vous à cette éventualité (1) en rassemblant les documents sur ce que vous avez investi et sur ce que vous avez accompli et (2) en partageant cette information. Dans les grandes entreprises, l'information élimine les anticorps, mais il se peut qu'il soit trop tard pour mettre la main sur l'information une fois que les anticorps sont apparus.

- **LAISSEZ LES DIRECTEURS VENIR À VOUS.** Croyez-vous que votre première initiative doit être de faire endosser votre projet par un directeur ? Non. C'est l'une des dernières étapes. Ce directeur deviendra « propriétaire » de votre idée et il la soutiendra mieux s'il la « découvre » et vous approche ensuite pour en être le sponsor. Il se peut que vous deviez vous assurer qu'un directeur découvre « accidentellement » votre projet au bon moment, mais ce n'est pas la même chose que de chercher la permission de démarrer.

- **DÉMANTELEZ LE GROUPE QUAND C'EST FINI.** La beauté d'un groupe intrapreneurial est qu'il peut développer ses nouveaux produits et services en moins de temps que le département standard de l'ingénierie. Malheureusement, la cohésion qui fait l'efficacité de ce groupe entrepreneurial peut être, plus tard, la cause de sa perte s'il reste séparé du reste de l'organisation (et si, comme c'est courant, il demeure à l'écart). Son efficacité diminue d'autant plus que ses membres en viennent davantage à penser qu'eux seuls « savent » ce qu'il faut faire. Bref le groupe crée une nouvelle bureaucratie, la sienne[1]. Si le produit ou le service est un succès, démantelez le groupe et intégrez-le au reste de l'organisation. Puis

---

1. Andrew Hargadon, *How Breakthroughs Happen: The Surprising Truth About How Companies Innovate*, Boston, Harvard Business School Press, 2003, p. 116-117.

créez un nouveau groupe, pour assurer le prochain grand tournant.

- **« RÉINITIALISEZ » VOTRE CERVEAU.** Nombre d'entrepreneurs internes vont trouver que le reste de ce livre prescrit des actions contraires à ce dont ils ont fait l'expérience, à ce qu'ils ont appris et, peut-être, à ce qu'on enseigne dans les grands groupes. La réalité est que commencer quelque chose dans une société existante requiert l'adoption de nouveaux modes de comportement – en bref, que vous réinitialisiez votre cerveau.

FAQ

Q : Quand pouvons-nous parler de notre projet ?

R : Tout dépend de la personne à qui vous parlez. S'il s'agit de gens qui veulent votre succès, le plus tôt est le mieux. S'il s'agit d'étrangers avec lesquels vous n'avez pas de lien, ne leur parlez que lorsque vous avez un prototype opérationnel. S'il s'agit de célébrités ou de gens influents, sautez sur l'occasion et parlez-leur dès que vous pouvez avoir leur attention.

Q : Devrions-nous organiser un événement pour le lancement avec des petits fours, des cocktails et de la musique ?

R : Pas évident. Fondamentalement, un lancement porte sur le fait que vous avez fait un produit superbe, que vous voulez le mettre dans les mains d'utilisateurs et que vous espérez que tout ira au mieux. Des petits fours, des cocktails et de la musique n'ont qu'un intérêt limité. Je dépenserais quelques milliers de dollars pour organiser un événement sympathique pour un petit groupe, mais je ne ferais jamais un lancement avec une fête ou une réception qui en fiche plein la vue.

Q : Comment lancer un produit quand on n'a pas d'argent ?

R : Deux mots : réseaux sociaux. C'est la meilleure chose qui soit pour les lancements à peu de frais.

Q : Vaut-il mieux lancer trop tôt ou trop tard ?

R : Quand vous êtes près (ou au moment) du lancement, vous avez le sentiment que quelques semaines ou quelques mois peuvent faire une grande différence, mais c'est une illusion. Si vous réussissez, il viendra un temps où vous ne vous souviendrez même plus de l'année de lancement. Si vous ne réussissez pas, cela n'aura pas d'importance. Donc, sauf si vous êtes effroyablement en retard au point de manquer un marché tout entier (comme Motorola passant à côté du smartphone), vous avez pas mal de marge. Xerox PARC a lancé le premier ordinateur avec une interface graphique (connu sous le nom de « Alto ») à la fin des années 1970. Puis Apple a lancé le Macintosh au milieu des années 1980. Microsoft a proposé son Macintosh (connu sous le nom de « Windows ») encore plus tard et c'est Microsoft qui a finalement contrôlé le marché.

Entre ces extrêmes : lancer n'importe quoi ou attendre la perfection, lancez quand vous avez assez de fonctionnalités montrant que votre produit représente un véritable saut quantique et quand vous avez éliminé assez de bugs pour assurer une stabilité à votre produit. Il y a aussi un autre facteur : si vous êtes à court d'argent, lancez-vous, parce qu'il vaut mieux se casser la figure dans la joie. Et vous pourriez avoir un coup de chance.

Q : Les intrapreneurs doivent-ils avoir certains titres ou des références pour être pris aux sérieux ?

R : Un titre est probablement moins important pour les intrapreneurs parce que dans les sociétés, les employés sont capables de faire la distinction entre les bons et les nuls par expérience. Les titres, comme indicateurs de compétence, ne sont pas nécessaires. J'aurais même tendance à penser qu'un titre de vice-président réduit la probabilité d'être pris au sérieux comme intrapreneur.

Q : Si votre société décide de s'engager sur votre idée, avez-vous un moyen d'être responsable du projet ou, au moins, de continuer à vous faire entendre ?

R : Aucun moyen. Et ce n'est pas le sujet. L'objectif n'est pas de mettre en place un fief privé ou une nouvelle bureaucratie. L'objectif est de créer quelque chose de remarquable.

Q : Si on a des idées géniales pour sa société mais qu'on est en bas de l'échelle, est-il quand même possible de devenir un intrapreneur ? Est-ce que ces idées seront quand même retenues par la boîte à suggestions ? Que fait-on s'il n'y a pas de parrains en vue ?

R : D'abord, ne mettez pas votre idée dans une boîte à suggestions. Les boîtes à suggestions sont bonnes pour des demandes de plats sans gluten à la cafétéria ou de papier toilette écologique. Toutes les discussions sur l'obtention de parrains ou l'attention de supérieurs sont du temps perdu. Soit vous y croyez et vous foncez, soit vous n'y croyez pas. Si vous avez besoin d'une adhésion sans réserve et d'approbation, retournez à l'école élémentaire. La bonne attitude consiste à faire un prototype maintenant et à se faire pardonner plus tard.

LECTURES RECOMMANDÉES

Scott Bedbury, *A New Brand World: Eight Principles for Achieving Brand Leadership in the Twenty-First Century*, New York, Viking, 2002.
Steve Blank, *The Four Steps to the Epiphany*, Seattle, Amazon Digital Services, 2013.
Geoffrey Moore, *Crossing the Chasm*, New York, HarperCollins, 2014.
Eric Ries, *The Lean Startup: How Today's Entrepreneurs Use Continuous Innovation to Create Radically Successful Businesses*, New York, Crown Business, 2011.
Emanuel Rosen et Itamar Simonson, *Absolute Value: What Really Influences Customers in the Age of (Nearly) Perfect Information*, New York, HarperCollins, 2014.

CHAPITRE 3

L'art de diriger

Ne vous laissez pas guider par le sentiment de votre importance mais par ce que vous essayez d'accomplir.

Sunil Thankamushy

L'ESSENTIEL

Quand j'étais jeune, je croyais que les trucs difficiles, c'était la finance, la fabrication, la gestion et la comptabilité. Il fallait être allé à l'école pour apprendre cela. Je croyais qu'il était inutile d'étudier et d'apprendre à gérer, motiver et diriger les personnes – que ces choses-là étaient simples, et arriveraient naturellement.

Vous devinez ce que je vais vous dire maintenant : j'avais tort à 100 %. La finance, la fabrication, les opérations et la comptabilité, c'est facile. Ce sont des compétences qui s'acquièrent. Et si vous n'êtes pas doué pour ça, vous pouvez engager des gens qui le sont.

Ce qui est difficile, c'est de gérer, motiver et diriger les gens. Si vous croyez que le leadership consiste à décider ce que vous voulez faire pour ensuite dire aux gens de le faire, j'ai pitié de vous. La réalité va vous donner un tel coup de pied au derrière que même Google ne vous trouvera pas. L'objectif de ce chapitre est de vous aider à devenir un si bon leader que vous apparaîtrez sur la première page de Google lors de la recherche du mot « leader ».

L'ART DE SE LANCER 2.0

Débordez d'optimisme

"Je ne parviens pas à me souvenir d'un seul moment où Steve Jobs aurait eu l'air abattu."

Tout d'abord, les leaders ne peuvent pas se permettre d'être dans un mauvais jour. Même si vous êtes effrayé ou déprimé, vous ne pouvez pas manifester votre peur, votre incertitude ou vos doutes. Vous devez déborder d'optimisme tous les jours.

Cela ne veut pas dire que vous ne devez pas prendre conscience des problèmes et des challenges – si vous ne le faites pas, vous êtes nul et c'est même pire que d'être pessimiste. Cela dit, je ne parviens pas à me souvenir d'un seul moment où Steve Jobs aurait eu l'air abattu. Je l'ai vu en colère, frustré. Je l'ai vu fulminer et être quasiment déconnecté de la réalité, mais je ne l'ai jamais vu dépité.

Quand vous avez des phases de pessimisme et de doute, discutez de vos problèmes avec votre conjoint, vos confrères à l'extérieur de votre start-up, avec un membre de votre conseil d'administration en qui vous avez confiance, ou même, si rien ne marche, avec votre mère. Mais ne le faites pas avec vos employés. Ils doivent toujours penser que vous avez la foi.

Établissez une culture de l'exécution

Ne demandez pas une vie facile dans vos prières ;
priez pour avoir la force d'endurer une vie difficile.

Bruce Lee

En tant que leader de l'organisation, vous êtes responsable des résultats et les résultats sont le produit d'une culture de l'exécution. Cela signifie que chacun doit exécuter comme promis, sauf imprévu. Tout le monde n'y parviendra pas, mais ce que la société est en mesure d'attendre, en fin de compte, c'est qu'on réalise ses objectifs et non qu'on les rate. Voici comment établir cette culture :

- **DÉFINISSEZ ET COMMUNIQUEZ LES OBJECTIFS.** Le simple fait de définir des objectifs et de les communiquer augmente vos chances de réussite. Cela met tout le monde sur la même longueur d'onde et fournit un guide quotidien permettant aux employés de savoir ce qu'ils ont à faire. Cela s'applique à toutes les tâches : finaliser des spécifications, construire un prototype, signer avec les premiers clients, vendre, encaisser l'argent, recruter, finaliser des documents marketing... La liste est longue.

- **MESUREZ LES PROGRÈS.** Les objectifs ne marchent que si vous mesurez les progrès pour les atteindre. Comme le dit un vieil adage, « ce qui est mesuré est réalisé ». Cela veut aussi dire que vous avez intérêt à démarrer avec les bons objectifs, sinon, ce ne seront pas les bonnes choses qui seront accomplies. Dans une start-up, il faut mesurer et rendre compte des résultats toutes les semaines. Au fur et à mesure que la start-up devient mature et que diminuent les incertitudes sur votre technologie, votre marché et vos employés, vous pouvez passer à un agenda mensuel.

- **CHOISISSEZ UN RESPONSABLE UNIQUE.** S'il faut plus de dix secondes pour savoir qui a la responsabilité d'atteindre tel objectif, c'est qu'il y a quelque chose qui ne va pas. Les bons acceptent les responsabilités. Les gens remarquables les demandent. Pour le bien de votre organisation tout entière, choisissez ces personnes. Quelqu'un qui sait que ses résultats seront mesurés et qu'on lui demandera des comptes a la motivation pour réussir.

- **FAITES PARTIE DE LA SOLUTION.** Comme leader, ou bien vous faites partie de la solution, ou bien vous faites partie du problème. Cela veut dire que soit vous créez une culture d'exécution, soit vous créez une culture d'optimisme indiscipliné et injustifié. Votre boulot est « d'être l'adulte », de montrer l'exemple, et aussi de réaliser ce que vous promettez.

- **RÉCOMPENSEZ CEUX QUI RÉUSSISSENT.** Les gens à récompenser dans une start-up sont ceux qui assurent. Vous pouvez le faire grâce à des options d'achat de titres, de l'argent, des louanges publiques, des jours de vacances, des repas gratuits... peu importe. Ce qui importe est que vous reconnaissiez ceux qui réussissent, et non ceux qui suivent simplement le mouvement.

- **FAITES LE SUIVI JUSQU'AU BOUT.** Nous préférons tous la nouveauté, c'est plus excitant. C'est dans la nature humaine. Qui n'a pas envie d'être impliqué dans le prochain produit qui va faire une différence plutôt que de corriger les problèmes du produit actuel ? Mais n'arrêtez pas de prêter attention à un produit parce c'est devenu ennuyeux. Corriger les bugs est assommant pour vous, mais ce ne l'est pas pour le client qui a récemment acheté votre produit.

Choisissez la « pilule rouge »

> *C'est ta dernière chance.*
> *Tu ne pourras pas revenir en arrière.*
> *Choisis la pilule bleue et tout s'arrête ; après, tu pourras*
> *faire de beaux rêves et penser ce que tu veux.*
> *Choisis la pilule rouge : tu restes au pays des Merveilles*
> *et on descend avec le lapin blanc au fond du gouffre.*
>
> Matrix, 1999

Dans *Matrix*, Neo choisit la pilule rouge, ce qui le met face à la réalité cruelle du monde. S'il avait pris la pilule bleue, il aurait pu vivre dans le monde imaginaire confortable de la Matrice.

Les leaders sont confrontés au même choix : la réalité ou l'imaginaire. Si vous voulez, choisissez la pilule rouge et déterminez la profondeur que doit avoir le trou de lapin qu'est votre entreprise. Si vous voulez sérieusement garder le sens des réalités, voici les dix questions les plus importantes que vous pouvez vous poser :

1. Quelle est notre première priorité ?

2. Quand lancerons-nous notre produit ?

3. Quand serons-nous à court d'argent si nous ne le lançons pas ?

4. Quel est le coût d'acquisition d'un client ?

5. Quel est le coût véritable, charges comprises, des opérations ?

6. Qui sont nos concurrents ?

7. Qu'est-ce que la concurrence sait faire, que nous ne faisons pas ?

8. Quels sont, parmi nos employés, ceux qui ne sont pas efficaces ?

9. Parmi les choses que nous achetons, quelles sont celles que je peux avoir pour rien, emprunter ou louer ?

10. Suis-je un bon leader ?

Trouvez-vous un Morpheus

> Le PDG décide de ce qu'il faut faire mais Morpheus demande : « Qu'est-ce qui pourrait aller mal ? »

Dans *Matrix*, c'est Morpheus, joué par Laurence Fishburne, qui délivre la vérité. Qui est Morpheus dans votre organisation ?

Si vous n'en avez pas, il vous en faut un. Généralement, votre Morpheus a au moins dix ans d'expérience opérationnelle et des antécédents dans la finance, les opérations ou la comptabilité. Ce rôle requiert une connaissance de la marche des opérations d'une entreprise dans un monde réel. Le rôle de cette personne n'est pas de toujours dire non, mais d'être réaliste.

Des antécédents de consultant, d'auditeur, de banquier, de journaliste ou d'analyste ne constituent pas un atout, car il est facile de « conseiller » mais difficile de « faire ». La seule bonne question pour déterminer si les antécédents d'une personne sont adéquats est la suivante : « Avez-vous déjà renvoyé des gens ou géré un licenciement économique ? » Si la réponse est non, cherchez ailleurs !

Cette personne est le yin du yang du PDG. Le PDG décide de ce qu'il faut faire mais Morpheus demande : « Qu'est-ce qui pourrait aller mal ? » Leur relation n'est pas une relation d'opposition mais de contrepoids. Selon les phases de développement de l'entreprise ou les tâches à accomplir, le rôle de Morpheus varie et vous pouvez avoir besoin d'un Morpheus pour :

- La recherche ou le design ; pour vous dire que ce que vous créez est défectueux.

- Les opérations ; pour vous dire que vos systèmes de gestion ne peuvent pas soutenir votre volume de business.

- La finance ; pour vous dire que vous dépensez trop (ou trop peu) d'argent.

- Les questions d'éthique ; pour vous dire que vous ne transmettez pas un bon système de valeurs.

Bien des gens dans une start-up se voilent la face sur quelque chose. Parfois ce déni est positif – par exemple quand des « experts » vous disent que vous ne pouvez pas réussir. Vous avez besoin d'un Morpheus pour vous assurer que vous ne vous voilez pas la face sur un point qui pourrait nuire à l'organisation.

Trouvez un avocat du diable

De 1587 à 1983, l'Église catholique avait appointé des individus chargés de trouver des arguments contre la canonisation d'un candidat particulier. L'*advocatus diaboli,* ou « avocat du diable », fut créé pour trouver les failles des candidats et s'assurer que les saints étaient vraiment des saints.

Avec le pape Jean-Paul II, l'Église a mis fin à cette pratique en 1983, et il y a eu une explosion de canonisations. L'Église a canonisé 500 personnes sous le pontificat de Jean-Paul II (elle n'en avait canonisé que 98 au cours de tous les pontificats précédents du XXe siècle).

Un Morpheus et un avocat du diable ne sont pas équivalents. Un Morpheus vous dit la vérité – bonne ou mauvaise. Un avocat du diable vous dit ce qui est mauvais, même s'il n'y croit pas lui-même. L'existence de ce rôle est un signe positif parce qu'il montre que la critique est acceptable et que la direction est ouverte à des points de vue opposés. De plus, un avocat du diable aide à la communication interne parce qu'il devient la personne à qui des employés désenchantés peuvent parler.

Un avocat du diable n'est pas nécessaire pour tous les types de décisions – simplement celles qui sont stratégiques (l'*advocatus diaboli* ne réexaminait que les canonisations, et non chaque point de doctrine).

Engagez des gens meilleurs que vous

Selon un adage de Steve Jobs, des acteurs de série A engagent des acteurs de série A ; les acteurs de série B engagent des acteurs de série C ; et les acteurs de série C engagent des acteurs de série D. On arrive très rapidement au Z – un effet en cascade qui inonde les sociétés de nullités.

J'ai raffiné ce concept et j'affirme que les acteurs de série A doivent engager des acteurs de série A+. S'il y a une chose que doit faire un PDG, c'est embaucher des directeurs meilleurs que lui. S'il y a une seule chose que doivent faire des directeurs, c'est embaucher des employés meilleurs qu'eux. Pour que ce soit le cas, le PDG (et l'équipe dirigeante) doivent avoir trois qualités :

- L'humilité d'admettre qu'il y a des gens qui remplissent une fonction mieux qu'eux.

- La capacité à discerner qui sont des acteurs de série A ou A+.

- Une confiance en eux-mêmes leur permettant de recruter des gens « mieux qu'eux ».

> « Ainsi, des recrues exceptionnelles ne doivent pas seulement être meilleures que le PDG et l'équipe de direction ; elles doivent aussi être différentes d'eux. »

Bien des entrepreneurs ne se rendent pas compte de ceci, mais les start-up ont besoin de trois sortes d'acteurs, selon le stade auquel se trouve leur organisation :

- Des *kamikazes* qui veulent bien consacrer 80 heures par semaine au lancement du produit.

- Des exécutants qui passent derrière les *kamikazes* et mettent en place l'infrastructure.

- Des opérationnels contents de faire marcher l'infrastructure.

Ainsi, des recrues exceptionnelles ne doivent pas seulement être meilleures que le PDG et l'équipe de direction ; elles doivent aussi être différentes d'eux.

Les start-up ont besoin de gens avec des compétences diverses, complémentaires et qui ne se chevauchent pas. Si vous êtes un ingénieur, imaginez une start-up remplie d'ingénieurs moins bons que vous : c'est garanti, les produits seront médiocres. Imaginez une start-up où le PDG est un meilleur vendeur que le directeur des ventes, un meilleur marketeur que son directeur du marketing, ou un meilleur financier que son responsable des finances. C'est une garantie de médiocrité.

EXERCICE

Toutes vos recrues sont-elles meilleures que vous dans leurs fonctions respectives ?

Aidez les gens à grandir

Il est facile de vous recommander d'embaucher des acteurs de série A ou A+ en prenant un exemple comme la division Macintosh d'Apple, d'autant que ce n'était pas vraiment une start-up. Cela ne va pas me décourager d'insister sur le fait qu'embaucher des acteurs de série A et A+ est souhaitable, mais je me rends bien compte qu'une start-up n'a pas toujours la capacité d'attirer de tels acteurs.

Et alors ? La réponse n'est pas de faire des prières pour avoir le financement qui vous permettra d'embaucher des acteurs qui ont fait leurs preuves. Cela prendra trop de temps et la mise en place d'une équipe précède généralement le financement plus souvent qu'elle ne l'accélère. La réponse est d'engager des « *minimum viable people* » capable de faire ce qu'il y a à faire.

Le concept est le même que ce qu'Eric Ries entend par « MVP » (*minimum viable product*). Si vous attendez d'avoir le produit parfait ou la personne parfaite, ce sera trop tard. Si vous engagez des gens viables, vous pouvez améliorer ces gens viables comme vous améliorez votre produit minimum viable.

Considérez ceci : personne n'est né acteur de série A ou A+. Pensez à des gens qui ont commencé leur carrière comme stagiaires :

- Dick Cheney au Congrès (cela ne veut pas dire que je le recommande).
- Oprah Winfrey chez WLAC-TV, Nashville.
- Steven Spielberg chez Universal Studios.

Tout le monde ne devient pas un acteur de série A ou A+ comme Winfrey ou Spielberg, mais l'une de vos missions en tant que leader est de donner une chance aux gens et d'aider vos employés à évoluer.

Concentrez-vous sur les points forts

Embaucher des gens meilleurs que soi signifie que l'on engage les gens pour leurs points forts plutôt que pour leur absence de faiblesses. Un vrai leader recrute les gens pour leurs points forts et leur assigne ensuite des tâches qui permettent d'en tirer profit. Et il embauche des gens avec d'autres points forts pour former et assister des employés qui ont des points faibles. Cela permet à chacun de donner le meilleur de soi-même au lieu d'essayer de s'en sortir en camouflant ses faiblesses.

Un point très important mérite votre attention : faire la distinction entre la contribution individuelle et la capacité à diriger les autres. Vous pouvez décider d'embaucher un ingénieur qui est un excellent programmeur ou un vendeur qui vend super bien et puis découvrir que ni l'un ni l'autre ne peuvent diriger une équipe. Tout va bien tant que ces gens-là ne sont pas dans une position de direction.

Généralement, au cours du temps, les gens doivent passer à des fonctions d'encadrement et moins opérer en contributeurs individuels. Ce n'est pas une bonne pratique. Il y a beaucoup de gens qui devraient rester des contributeurs individuels, parce que c'est leur force, alors que ce sont seulement certains contributeurs individuels remarquables qui peuvent ou doivent faire cette transition.

Gérez d'abord vos défauts

Les bons leaders gèrent leurs défauts avant de critiquer les autres. Vos limites sont peut-être responsables des défauts de ceux qui travaillent pour vous. On dit parfois que si un manager doit mettre quelqu'un à la porte, la société devrait le virer lui aussi parce qu'on n'aurait pas dû en arriver là.

Cela signifie que vous devez commencer un entretien d'évaluation en disant : « J'aurais dû mieux vous diriger. » Les gens qui adoptent une position d'autocritique s'amélioreront en tant que managers parce qu'ils prennent la responsabilité des résultats médiocres. Tout aussi important, en montrant l'exemple, ils inspireront aussi chez leurs employés le désir de s'améliorer. Notez que j'utilise le mot « inspirer » et non « imposer ».

Les mauvais leaders jugent souvent leurs intentions par rapport aux résultats des autres : « J'avais l'intention de remplir mes objectifs, mais en fait vous avez manqué les vôtres. » D'une certaine manière, il est plus facile d'excuser ses propres défauts que de comprendre ceux des autres.

Inversez votre perspective : jugez qui vous êtes sur la base de ce que vous avez accompli et les autres sur la base de leurs intentions. Vous serez alors plus sévère envers vous-même qu'envers les autres. Sur la durée, vous ne pouvez pas continuer à évaluer les gens sur leurs intentions s'ils produisent constamment de mauvais résultats, et dans ce cas, vous devez admettre que vous avez fait une erreur d'embauche ou de formation.

Ne demandez pas à vos employés de faire ce que vous ne feriez pas

L'une de mes séries télévisées préférées était *Dirty Jobs*. L'acteur principal, Mike Rowe, voyageait à travers les États-Unis et faisait des sales boulots, comme sortir les poubelles, mélanger de la peinture dans une usine, nettoyer les égouts ou gérer toutes sortes de corvées dans des fermes.

> Ne demandez jamais aux autres de faire ce que vous ne feriez pas.

Rowe illustre un concept clé du leadership : ne demandez jamais aux autres de faire ce que vous ne feriez pas. Il ne s'agit pas de vous transformer en un fou masochiste, mais, dans les limites du raisonnable, cela vous rapproche des employés et réduit le sentiment du « nous par rapport à eux ».

L'ART DE SE LANCER 2.0

EXERCICE : COMPLÉTEZ CE TABLEAU

ACTION	LE FAITES-VOUS ?	LE DEMANDEZ-VOUS À VOS EMPLOYÉS ?
Voyager de nuit en classe éco		
Répondre à tous les e-mails		
Arriver de bonne heure et partir tard		
Vider la poubelle		
Faire ses propres photocopies		

L'idée n'est pas de faire en sorte que toutes les tâches soient marrantes – c'est irréaliste – ou même que vous vous chargiez vous-même des sales boulots. C'est d'avoir de l'empathie pour les employés et d'être à leurs côtés : c'est ça, le leadership.

Célébrez le succès

Une seule victoire semble effacer la peine causée par des centaines d'échecs. Célébrer les succès d'une organisation est une façon efficace de motiver les employés – en particulier si vous mettez l'accent sur les victoires d'une équipe plutôt que sur celles d'individus.

Selon Brenda Bence, l'auteur de *How YOU Are Like Shampoo*[1], célébrer les succès a pour effet positif de :

– motiver les employés à travailler encore plus ;
– rassembler l'équipe autour d'objectifs communs ;

---

1. Brenda Bence, *How YOU Are Like Shampoo*, Global Insight Communications, 2008.

- libérer l'esprit des employés de leurs tâches en cours (la célébration donne le moral) ;
- communiquer sur le genre d'objectifs que valorise l'organisation ;
- créer une dynamique en prouvant que le progrès est en cours ;
- rappeler aux employés qu'ils travaillent pour une organisation gagnante.

Attention : quand les temps sont bons, les start-up sont tentées par des fêtes incroyables dans des hôtels coûteux avec des animateurs célèbres. C'est un gâchis d'argent et un mauvais message pour les employés.

Voici un exemple de bonne célébration : après être parvenu à générer un milliard de dollars de valeur, les services d'expansion industrielle de l'État de Caroline du Nord ont célébré leur succès en organisant la visite en bus des entreprises de production. À chaque étape de cette tournée, l'équipe a recueilli des échantillons de produits qu'elle a ensuite remis au gouverneur de l'État. C'était sympathique pour les employés de Caroline du Nord et gratifiant pour les employés des sociétés auxquelles ils avaient rendu visite.

Choisissez la bonne case

Robert Sutton est professeur à l'université de Stanford et l'auteur de *Good Boss, Bad Boss*[1]. Il a compilé les douze convictions des bons patrons. Voyez-y un manifeste du bon boss.

---

1. Robert Sutton, *Good Boss, Bad Boss: How to Be the Best... and Learn from the Worst*, Business Plus, 2012. « Bon boss, mauvais boss : comment être le meilleur et apprendre du pire » (NDT).

L'ART DE SE LANCER 2.0

> « Je lutte pour avoir suffisamment de confiance en moi pour convaincre les gens dont je suis le responsable, mais j'ai assez d'humilité pour me rendre compte que je vais souvent avoir tort. »

1. J'ai une compréhension imparfaite et incomplète de ce qu'on ressent quand on travaille pour moi.

2. Ma réussite – et celle de mon équipe – dépend largement de ma capacité à maîtriser des choses évidentes et banales, et non d'idées ou de méthodes obscures ou révolutionnaires.

3. Il est important d'être ambitieux et d'avoir des objectifs bien définis, mais il est inutile d'y penser tout le temps. Mon travail est de me concentrer sur les petites victoires qui permettent à mon équipe de progresser un peu plus tous les jours.

4. L'un des aspects les plus importants et difficiles de mon job est de trouver le bon équilibre entre trop d'assurance et pas assez.

5. Mon travail consiste à être un bouclier humain, pour protéger mon équipe des intrusions extérieures, des distractions et des idioties en tout genre – et éviter de lui transmettre ma propre idiotie.

6. Je lutte pour avoir suffisamment de confiance en moi pour convaincre les gens dont je suis le responsable, mais j'ai assez d'humilité pour me rendre compte que je vais souvent avoir tort.

7. Mon but est de faire comme si j'avais raison lorsque je me bats, et d'écouter comme quelqu'un qui aurait tort – et d'apprendre à mon équipe à en faire de même.

8. Un des meilleurs tests de mon leadership – et de mon organisation – consiste à me demander : « Que se passe-t-il quand quelqu'un a fait une erreur ? »

9. L'innovation est critique dans n'importe quelle équipe ou organisation. Mon objectif est donc d'encourager les gens à générer et tester toutes sortes d'idées nouvelles. Mais c'est aussi mon job de les aider à se débarrasser de toutes les mauvaises idées, ainsi que de la plupart des bonnes.

10. Ce qui est mauvais résiste mieux que ce qui est bon. Éliminer le négatif est plus important que de mettre l'accent sur le positif.

11. Ma manière de faire les choses importe autant que de les faire.

12. Comme j'ai du pouvoir sur les autres, je risque de me comporter comme un abruti insensible – sans m'en rendre compte.

Cette check-list vous aidera également à sélectionner la bonne case dans ce tableau que vous devriez connaître en tant que leader :

	INCOMPÉTENT	COMPÉTENT
PAS UN ENFOIRÉ	Souhaitable en troisième choix	Le plus souhaitable
UN ENFOIRÉ	Le moins souhaitable	Souhaitable en deuxième choix

> **EXERCICE**
>
> Si vous demandiez à vos employés de vous placer dans une de ces cases, laquelle serait-elle ?

Changez d'avis

Lors de l'introduction du premier iPhone en juin 2007, Steve Jobs a annoncé : « Notre approche innovante, basée sur les standards Web 2.0, permet aux développeurs de créer de nouvelles applications époustouflantes tout en assurant la sécurité et la fiabilité de l'iPhone. » Traduction : Apple ne va pas autoriser les apps sur l'iPhone. La seule façon d'ajouter des fonctionnalités était de le faire avec un plug-in Safari. Apple faisait cela pour assurer aux iPhones « sécurité et fiabilité ».

Onze mois plus tard, voici le gros titre d'un communiqué de presse d'Apple : « Les dirigeants d'Apple annoncent des plateformes de développement pour Mac OS X Leopard et OS X iPhone lors de la conférence des développeurs 2008. » Traduction : Apple voulait désormais que des développeurs créent des applications pour l'iPhone.

Beaucoup de gens ont interprété ce revirement comme un signe de stupidité et de faiblesse de la part d'Apple ; pour eux, ce changement de politique signifiait que l'entreprise avait tort et ne savait pas ce qu'elle faisait. Ce genre de raisonnement part du principe que les leaders ne doivent pas changer d'avis – ou au moins cacher le fait qu'ils le font.

Rien n'est plus éloigné de la vérité. Quand des leaders changent publiquement d'avis, ils montrent qu'ils sont assez intelligents pour se rendre compte de leur erreur, assez sûrs d'eux pour admettre cette erreur et qu'ils sont prêts à risquer leur réputation pour faire ce qu'il faut. Toutes ces conséquences sont bonnes, donc changez d'avis et dites-le.

Voyez plutôt les choses sous cet angle : si vous dirigez une start-up et ne pouvez pas changer d'avis rapidement, le ferez-vous un jour ? Quand vous grandirez, ce ne sera que plus difficile.

Dites aux employés que vous les voulez

Selon Michael Lopp, l'auteur de *Managing Humans*[1], les trois mots les plus importants lors du processus d'embauche sont « On vous veut ». C'est votre job de rappeler aux candidats que votre start-up les veut et qu'ils sont les meilleurs pour cet emploi.

En période de sous-emploi, vous pourriez penser que les conditions du marché ne nécessitent pas ce genre d'attitude. Vous auriez tort ; le marché est toujours favorable aux gens exceptionnels. Toujours.

---

1. Michael Lopp, *Managing Humans: Biting and Humorous Tales of a Software Engineering Manager,* Apress, 2007. « Gérer des hommes : Contes marrants et mordants d'un chef de projet informatique » (NDT).

Une fois que vous avez décidé d'embaucher quelqu'un, faites du charme : dites-lui que vous le voulez, invitez-le à passer à votre bureau, assurez-vous que les autres employés l'invitent à prendre un verre et demandez-lui son avis. La période la plus dangereuse dans le processus d'embauche est celle où une nouvelle recrue a démissionné de son emploi mais n'a pas encore rejoint votre entreprise. C'est là qu'elle recevra une contre-proposition et que son employeur la persuadera de rester. Si son employeur ne tente rien, vous pouvez vous demander si vous n'êtes pas en train d'embaucher quelqu'un de médiocre.

Une embauche n'est pas vraiment faite tant que la nouvelle recrue n'a pas commencé. Cependant même là, vous ne devriez pas vous reposer sur vos lauriers. Imaginez qu'une entreprise vous fauche un employé exceptionnel. Quand allez-vous cesser d'essayer de le faire changer d'avis ? Personnellement, je ne lâcherais rien avant qu'il ait passé 30 jours dans son nouvel emploi.

Dites ceci

Mon dernier conseil en matière de leadership est de vous encourager à incorporer ces quatre phrases dans vos conversations avec vos employés, clients, investisseurs, et partenaires. Plus un leader est bon, moins il hésite à le faire :

- « Je ne sais pas. »

- « Merci. »

- « Faites ce qui vous semble bien. »

- « C'est ma faute. »

Je ne vais pas prétendre que certains leaders illustres ne les ont pas ignorées, mais ils sont probablement des exceptions défiant les bonnes pratiques. Je ne suis pas convaincu que l'arrogance fasse partie des clés pour réussir.

Addenda

Mini-chapitre : Comment gérer votre conseil d'administration

> *Être dans l'armée, c'est comme être chez les scouts, à cette exception près que les scouts sont supervisés par des adultes.*
>
> Blake Clark

L'art de gérer un conseil d'administration : voilà une compétence à avoir. Votre survie peut en dépendre, et en tout cas, une plus grande flexibilité dans la gestion de votre start-up en découlera.

Le premier point est de décider quand vous avez besoin d'un conseil d'administration. Si vous levez des fonds à l'extérieur, vous serez obligé de créer ce conseil car vos investisseurs voudront avoir leur mot à dire sur la manière dont vous gérez la société. Même s'ils ne le font pas, vous devriez créer un conseil d'administration à partir du moment où vous êtes prêt à accepter l'argent des autres, afin d'établir des normes fiduciaires élevées.

Le second point concerne la composition de ce conseil. Vos investisseurs principaux y exigeront un siège. Donc, certains choix sont faits pour vous. En général, vous avez besoin de gens ayant deux sortes de compétences : savoir développer une entreprise, et avoir de

L'ART DE SE LANCER 2.0

> *Les chances pour que vous n'ayez vraiment pas besoin de supervision parce que vous savez ce que vous faites et que c'est « votre » société sont nulles.*

profondes connaissances du marché. Voici les rôles à distribuer :

- **LE CLIENT.** Cette personne comprend les besoins de vos clients. Il n'est pas nécessaire qu'elle soit un client mais il faut qu'elle comprenne parfaitement ce que votre marché veut acheter.

- **L'INGÉNIEUR (LE GEEK).** Cette personne est la voix du bon sens dans vos choix de développement. Par exemple, votre technologie défie-t-elle les lois de la physique ? Il est possible que votre société ne soit pas high-tech mais la question reste la même : ce que vous voulez faire est-il faisable ?

- **LE PAPA.** Le papa (ou la maman) a un effet apaisant sur le conseil d'administration. Il (ou elle) apporte la richesse de l'expérience et la maturité dans l'arbitrage des situations épineuses, et résout les problèmes.

- **MORPHEUS.** C'est le même genre de type coriace que celui que j'ai mentionné plus tôt, mais pour le conseil d'administration. Il détecte vos mensonges. Cette personne fait aussi en sorte que les pratiques de la société soient totalement légales et éthiques.

- **JERRY MAGUIRE**[1]. C'est Monsieur Connexions. Son actif majeur est son carnet d'adresses dans votre secteur

---

1. Jerry Maguire est l'agent des stars du sport américain, riche, beau et célèbre, dans une comédie dramatique éponyme sortie en 1997.

d'activités et le zèle qu'il montre à le mettre à la disposition de votre entreprise.

Le troisième point porte sur la bonne relation de travail que vous devez entretenir avec vos administrateurs. Vous pouvez y voir une perte de temps, mais vous devez établir une atmosphère de discipline et de responsabilité. Les chances pour que vous n'ayez vraiment pas besoin de supervision parce que vous savez ce que vous faites et que c'est « votre » société sont nulles. Voici quelques conseils :

- **ÉPARGNEZ LES ARBRES.** Il vaut mieux avoir moins de papier qu'en avoir trop. C'est une erreur d'inonder votre conseil d'administration de documents, car ce sont des gens occupés. Veillez à ce que vos rapports financiers ne fassent pas plus de cinq pages. Ils doivent comporter un compte d'exploitation, les projections de trésorerie, le bilan, ainsi que la liste des succès et des problèmes.

- **NE PERDEZ PAS DE TEMPS.** La longueur idéale d'un conseil d'administration est de deux ou trois heures une fois par mois. Veillez à son bon déroulement : préparez les rapports d'avance, assurez-vous que le suivi des réunions précédentes est effectué et soyez professionnel. Un conseil d'administration n'est pas une réunion mondaine. Si c'est de cela que vous avez envie, faites-le sur Foursquare à un autre moment.

- **FOURNISSEZ DES CHIFFRES UTILES.** Les rapports comptables et financiers ne suffisent pas. Des données non financières comme le nombre de clients, le nombre d'installations ou le nombre de visiteurs sur votre site sont tout aussi importantes. Cette information ne doit pas augmenter de plus de trois ou quatre pages vos rapports.

- **RÉGLEZ D'AVANCE LES POINTS FACILES.** Les conseils d'administration sont l'occasion et le lieu pour discuter des questions stratégiques, et non pour transmettre les informations factuelles consignées dans vos rapports. Passez juste un peu de temps en début de réunion pour communiquer les faits, et beaucoup de temps à réfléchir à la manière d'améliorer les choses à l'avenir. C'est pourquoi il est utile d'envoyer les rapports à l'avance – cela dit, il n'est pas certain que vos administrateurs les auront lus. Vous devrez les passer en revue pendant la réunion.

- **RÉGLEZ AUSSI D'AVANCE LES POINTS DIFFICILES.** Le moment et l'endroit les pires pour annoncer de mauvaises nouvelles, c'est pendant une réunion du conseil d'administration – sauf si vous avez envie de vous faire déchiqueter par une troupe de hyènes. Quand vous avez de mauvaises nouvelles, rencontrez préalablement chaque administrateur en tête-à-tête et expliquez ce qui s'est passé. Demandez-lui des idées pour résoudre le problème.

- **OBTENEZ DU FEED-BACK SUR VOS IDÉES À L'AVANCE.** Le corollaire au point précédent (ne jamais surprendre un conseil d'administration) est de préparer les administrateurs préalablement à toute prise de décision clé. Si vous savez que vous allez aborder un sujet critique au cours de la réunion, parlez-en à chaque administrateur avant la réunion. Il peut vous donner un feed-back qui changera votre perspective sur la décision à prendre.

L'art de diriger

FAQ

Q : Comment savoir si on a l'étoffe d'un leader ?

R : Personne ne le sait jamais d'avance. Le rôle de leader vous tombe généralement dessus et vous évoluez progressivement. Pour le moment, ne vous en préoccupez pas trop. Concentrez-vous plutôt sur la création de votre MVVVP, sa commercialisation, son amélioration et sa monétisation. C'est cela qui compte.

Q : Qu'est-ce qui faisait de Steve Jobs un leader si extraordinaire ?

R : Le mot « unique » signifie « seul dans son genre ». Steve était unique. Il alliait la capacité à créer des choses dont les gens ignoraient qu'ils auraient envie avec un sens mystique du bon goût. C'était un perfectionniste et il n'acceptait pas la nullité. Je ne dis pas qu'il était facile de travailler pour lui, mais ça a été pour moi un honneur de l'avoir fait.

Q : Que faire quand quelqu'un ne sait pas exécuter ? Le licencier ?

R : Ce n'est pas aussi simple. Identifiez la raison réelle pour laquelle une personne échoue à exécuter. Il peut y avoir des problèmes qui ne dépendent pas d'elle. Isolez ces problèmes et corrigez-les si vous le pouvez. Une bonne approche consiste à appliquer à cette personne le même genre de règle que celle que vous aimeriez vous voir dicter par votre conseil d'administration. Si cette approche ne marche pas, prenez une décision et agissez en conséquence.

Q : Comment recruter les administrateurs ?

R : En gros, trouvez des gens expérimentés qui croient autant que vous à votre rêve. C'est un processus long, qui peut prendre six mois. Dans l'ordre : faites-leur croire à votre rêve et ensuite demandez-leur de rejoindre votre conseil d'administration – pas l'inverse.

Q : Comment tirer un meilleur parti de ses administrateurs ?

R : Curieusement, beaucoup d'entrepreneurs sont trop intimidés par leurs administrateurs pour pouvoir les gérer. Donnez-leur des choses à faire et rendez-les responsables du résultat. Ils vous tiennent pour responsable eux aussi. Le mieux est de les rencontrer individuellement de temps en temps, quand vous êtes confrontés à des problèmes ou des sujets importants. Ils vous donneront des conseils que vous n'obtiendriez pas dans une réunion en groupe. En outre, leur demander conseil vous permettra de construire une relation spéciale avec eux.

LECTURES RECOMMANDÉES

Scott Adams, *How to Fail at Almost Everything and Still Win Big: Kind of the Story of My Life*, New York, Portfolio, 2013.
Daniel Pink, *Drive: The Surprising Truth about What Motivates Us*, New York, Riverhead Books, 2011.
Robert Sutton *The No Asshole Rule: Building a Civilized Workplace and Surviving One That Isn't*, New York, Business Plus, 2007.

CHAPITRE 4

L'art de bootstrapper[1]

Pas de problème à viser haut si vous avez beaucoup de munitions.

Hawley R. Everhart

L'ESSENTIEL

Bill Reichert, mon partenaire à Garage Technology Ventures, aime dire aux entrepreneurs que la probabilité de lever des fonds auprès d'un capital-risqueur est la même que celle d'être tué par la foudre quand on est debout dans sa piscine par un jour de beau temps. Il exagère. Mais c'est vrai, la probabilité est faible.

La plupart des entrepreneurs doivent trimer pour s'en sortir et vivre de riz et de sauce de soja. Heureusement les coûts de démarrage qui étaient dans le passé très lourds sont aujourd'hui faibles, voire inexistants. Bootstrapper une start-up est plus facile

---

1. Pour la version 1 de ce livre, nous avions traduit ce titre par « L'art de démarrer sans argent ». Depuis, le terme *bootstrapp* est devenu plus commun. « Les *bootstraps* sont les anneaux, en cuir ou en tissu, cousus sur le rebord des bottes et dans lesquels on passe les doigts pour s'aider à les enfiler. » (Source : Wikipédia). Par extension, le terme s'est mis à désigner toute réalisation faite avec peu de moyens. Dans le jargon des entreprises, le terme désigne une société qui a débuté avec peu d'argent. Le verbe francisé « bootstrapper » et le nom « bootstrapping » (action de bootstrapper) sont désormais rentrés dans le langage courant (NDT).

de nos jours qu'à aucun moment de l'histoire pour les raisons suivantes :

- Les outils de développement sont open source ou gratuits.
- L'infrastructure est peu coûteuse grâce aux services dans le Cloud.
- Les apps de la couche intermédiaire (Platform as a Service) facilitent et accélèrent le développement.
- Les employés peuvent travailler chez eux et vous pouvez engager des indépendants, vous avez donc besoin de moins d'espace de bureau.
- La forme la plus puissante de marketing est aussi la plus économique : les réseaux sociaux.

On vit dans un monde merveilleux ! Ce chapitre vous explique comment vous survivrez avec peu de capitaux au cours des premiers temps critiques de votre start-up.

Gérez pour faire de la trésorerie et non pour être rentable

Au début du *New Yorker*, les bureaux étaient si petits et si pauvrement meublés que Dorothy Parker préférait passer ses journées à travailler au café d'à côté. Un jour, le rédacteur en chef tomba sur elle et lui demanda pourquoi elle ne travaillait pas au bureau avec les autres. « Quelqu'un utilisait le crayon », expliqua Dorothy[1].

---

1. Peter Hay, *The Book of Business Anecdotes*, New York, Wings Books, 1988, p. 149.

Les entrepreneurs peuvent bootstrapper presque tous types de sociétés – surtout quand ils n'ont pas le choix. Une affaire bootstrappable présente les caractéristiques suivantes :

- Des besoins initiaux en capital peu élevés.
- Un cycle de vente court (moins d'un mois).
- Des délais de paiement brefs (moins d'un mois).
- Des revenus réguliers.
- La capacité à se faire connaître par le bouche-à-oreille.

> *Bootstrapper suppose qu'on gère pour avoir de la trésorerie, non pour être rentable.*

Ces exigences sont associées à des produits et des cibles qui ont les caractéristiques suivantes :

- Les gens savent déjà, ou ils le découvrent rapidement, qu'ils ont besoin de votre produit. Vous n'avez pas besoin d'informer vos clients potentiels sur la nature de leur problème.

- Votre produit ou votre service est « auto-persuasif[1] », c'est-à-dire qu'une fois que les gens comprennent leur problème et comment vous le résolvez, ils peuvent se persuader tous seuls de passer à l'action et l'acheter.

---

1. Michael Schrage, « Letting Buyers Sell Themselves », *Technology Review*, octobre 2003, p. 17.

- Une énorme tendance, un tsunami, lève les obstacles pour vous. Internet a été un exemple de ce phénomène. (Comprenez cependant que toute vague perd de sa force, et que vous devez avoir une « vraie entreprise » au moment où cela arrive.)

- Vous pouvez parasiter un produit ou un service qui a déjà une grosse base installée. Vous réduisez le risque en pariant sur un produit ou service qui a déjà du succès.

Bootstrapper suppose qu'on gère pour avoir de la trésorerie, non pour être rentable. Ce n'est pas une pratique pour le long terme, mais tant que vous n'êtes pas assis sur un tas d'argent, c'est la voie à suivre.

Vivez dans le Cloud

Jusqu'en 2010 à peu près, si vous lanciez une société de technologie, il vous fallait remplir une salle de serveurs et embaucher du personnel pour s'en occuper. Si par malheur un désastre détruisait vos locaux, il vous fallait des installations de sauvegarde à différents endroits pour votre application, votre site Web et vos données.

Début 2010, tout cela a changé et le seul matériel que la plupart des start-up devaient acheter était des portables pour les employés. Les ordinateurs principaux sont désormais dans le Cloud – à savoir, des serveurs de sociétés comme Rackspace et Amazon Web Services, spécialisées dans l'hébergement, le commerce électronique, les bases de données et le service d'applications par Internet. Les start-up achètent désormais la capacité dont elles ont besoin et économisent ainsi des milliers de dollars par mois. Au final, une infrastructure dans le Cloud présente de gros avantages :

- **L'ACCESSIBILITÉ.** Quand vous regardez le coût d'acquisition de toute votre infrastructure (matériel, logiciel, personnel, redondance), le paiement à l'utilisation que permet une infrastructure dans le Cloud présente des avantages indéniables et est un argument de vente déterminant.

- **L'ADAPTABILITÉ.** Les besoins en capacité et performance peuvent changer rapidement. Les systèmes dans le Cloud peuvent s'adapter à ces variations. Autrefois, il fallait des journées pour augmenter la capacité. Désormais, les fournisseurs dans le Cloud peuvent vous allouer plus d'espace en changeant des paramètres – quand ce n'est pas fait automatiquement.

- **LA FIABILITÉ.** Il y a des centaines de gens à des endroits comme Rackspace et Amazon dont la fonction première est de s'assurer que tout marche bien. Il est exact que ces entreprises sont des cibles évidentes pour les cyber-attaques, mais les systèmes dans le Cloud sont finalement plus fiables que ce que tout ce que vous pouvez faire par vous-même.

L'ART DE SE LANCER 2.0

Oubliez l'équipe « qui a fait ses preuves »

L'expérience, c'est le nom que chacun donne à ses erreurs.

Oscar Wilde

> Parfois, l'innocence nous donne des ailes.

Si vous bootstrappez votre organisation, abandonnez l'idée de recruter des vétérans connus dans votre secteur d'activité ou de réunir une équipe de rêve. Concentrez-vous plutôt sur ce qui est abordable, c'est-à-dire des personnes jeunes, bourrées de talent, pleines d'énergie et de curiosité.

Engager ce type de profil réduira sans doute vos chances de lever des fonds, mais le tableau qui suit montre à quel point il est facile de justifier l'embauche de gens qui n'ont pas fait leurs preuves :

	CEUX QUI ONT FAIT LEURS PREUVES	CEUX QUI N'ONT PAS FAIT LEURS PREUVES
SALAIRES	Élevés, mais vous n'en avez pas toujours pour votre argent.	Bas, et vous en avez presque toujours pour votre argent.
AVANTAGES EN NATURE	Secrétaires, hôtels quatre étoiles, voyages en première classe, limousines et matériel de premier choix.	Self-service, motels, classe économique, voitures Uber et matériel d'occasion.
NIVEAU D'ÉNERGIE	Idéalement encore élevé.	Idéalement contrôlable.

	CEUX QUI ONT FAIT LEURS PREUVES	CEUX QUI N'ONT PAS FAIT LEURS PREUVES
CONNAISSANCES	N'admettent pas qu'ils ne savent pas, mais vous faites l'hypothèse qu'ils savent tout.	Ne savent pas qu'ils ne savent pas et sont donc enthousiastes à l'idée d'essayer l'impossible.

De toutes ces caractéristiques, la dernière est la plus importante : l'innocence possède un avantage sans égal car elle booste terriblement. Considérez l'histoire fantastique du mathématicien George Dantzig, professeur en recherche opérationnelle à Stanford. Alors qu'il était encore étudiant en doctorat à l'université de Berkeley, il est arrivé un jour en retard au cours de statistiques. Il y avait deux problèmes écrits sur le tableau et il a cru que c'était des devoirs à faire chez soi. Il s'agissait en fait de deux théorèmes de statistique non prouvés. Ne le sachant pas, Dantzig les a pris chez lui et les a résolus. Quand il a plus tard demandé à son professeur un sujet de thèse, celui-ci lui aurait dit : « Mets ces deux problèmes dans un classeur et je les accepterai comme sujet de thèse. »

Dans les années 1980, je ne savais pas à quel point il serait difficile d'« évangéliser » un nouveau système d'exploitation ; donc quand Apple m'a donné le job, j'ai sauté dessus. Maintenant je sais ce que c'est et je ne m'y essaierai pas une seconde fois. Le problème fondamental des gens qui ont de l'expérience, c'est qu'ils en savent trop.

Si j'avais mesuré la difficulté de la tâche, je n'aurais jamais tenté le coup. Si Dantzig avait eu conscience de la difficulté de ce qu'il croyait n'être qu'un devoir, il n'aurait sans doute pas essayé. Parfois, l'innocence nous donne des ailes.

> **EXERCICE**
>
> Allez sur Internet et vérifiez la formation de ces entrepreneurs quand ils ont lancé leurs entreprises. Combien d'entre eux avaient les « bons » antécédents ?
>
> | | |
> |---|---|
> | Bill Gates | Microsoft |
> | Michael Dell | Dell |
> | Pierre Omidyar | eBay |
> | Jerry Yang | Yahoo! |
> | Anita Roddick | Body Shop |

Démarrez comme société de services

Un des avantages d'une société de services est que la trésorerie arrive en quelques semaines. L'exemple classique de cette forme de bootstrapping est la société de logiciels. Voici comment marche le conte de fées :

- Des programmeurs se mettent ensemble pour fournir des services sur un petit créneau. Ils opèrent comme consultants – en mettant les mains dans le cambouis avec le client. Ils facturent à l'heure et sont payés dans les 30 jours.

- En fournissant le service, ils développent un outil pour le client. Plus ils ont de clients, plus leur outil s'améliore. Puis, ils se rendent compte que de nombreux clients peuvent utiliser l'outil.

- Ils utilisent les honoraires encaissés pour poursuivre le développement de l'outil. À ce stade, leur société de conseil a grandi et génère des profits de façon régulière.

- Ils achèvent le développement de l'outil et essaient de le vendre indépendamment des services de conseil. Les ventes démarrent. La société arrête de faire du conseil parce qu'il y a peu d'effet de levier dans le conseil.

- La société entre en Bourse ou Google l'achète. Les employés de la première heure achètent des Tesla et des vignobles.

Les contes de fées étant rares, une autre version de cette histoire, sensiblement plus sombre, se présente comme suit :

- Deux types ont l'idée d'une société de logiciel. Ils vont obliger Oracle, Microsoft ou Symantec à fermer.

- Ils commencent à développer le produit. Éventuellement, ils lèvent du capital risque. Ou bien de l'argent de *business angels*. Ou ils meurent tout simplement de faim.

- Pour la première fois dans l'histoire de l'humanité, le développement est plus long que ce que prévoyaient les entrepreneurs. Et puis, les clients n'ont pas envie d'acheter le produit de « deux types dans un garage ». La société est à court d'argent.

- Pour faire entrer de l'argent, nos gars décident de se lancer dans le conseil. Ils prennent leur produit partiellement terminé et font de la retape pour « racoler » un maximum de clients. Ils relativisent et voient le côté positif : cela les aide à développer un produit dont les clients ont vraiment besoin.

- Et voilà ! Les clients ont vraiment besoin de leur produit. Les développeurs le terminent et commencent à le vendre. Les ventes démarrent. La société arrête de faire du conseil car ce n'est pas rentable.

- La société entre en Bourse ou Google l'achète. Les employés de la première heure achètent des Tesla et des vignobles.

Réussir à ce que les clients financent votre recherche et développement n'est qu'une stratégie temporaire pour une société de produits. À long terme, une société de services est fondamentalement différente d'une société de produits. La première, c'est du travail d'esclave, des projets ou des heures à facturer. La seconde, c'est de la recherche et du développement, de la vente et la possibilité de répartir les coûts de milliers de téléchargements sur vos serveurs.

Vendez en direct

Beaucoup de start-up essaient de mettre en œuvre un système de distribution par lequel elles vendent à un revendeur qui lui-même vend à l'utilisateur final du produit. Ce choix repose sur l'idée qu'un distributeur possède une force de vente, une image de marque et qu'il est déjà en relation avec des clients. En théorie... En réalité, cela ne fonctionne pas ainsi parce que la plupart des revendeurs entendent répondre à la demande, non la créer. Vous aider à vous établir sur le marché ne les intéresse pas – ils veulent seulement tirer parti d'un marché déjà validé. Aussi « marxiste »

(Groucho) que cela puisse paraître, vous n'avez sans doute pas besoin qu'un quelconque revendeur vous représente.

Il y a trois problèmes supplémentaires à considérer dans un système de distribution par des intermédiaires :

- Il vous isole de votre client. Quand on a un nouveau produit, on a besoin de savoir ce qui ne va pas ou ce qui va bien, aussi rapidement que possible et de la façon la moins directe possible.

- Comme vous avez moins de marge, vous devez compenser par plus de ventes, ce qui est généralement, difficile pour une start-up.

- Enfin, il faut du temps pour convaincre des distributeurs de soutenir votre produit et faire en sorte que votre produit arrive entre les mains des clients en passant par ce biais.

Pour toutes ces raisons, essayez de vendre en direct aux clients. Une fois que vous avez « débuggé » votre produit ou votre service et construit une base solide, utilisez les revendeurs pour accélérer, déployer ou compléter vos efforts. Mais ne pensez pas que des revendeurs puissent lancer votre produit ou votre service à votre place ou vous fournir un feed-back sur les clients comparable à celui que vous aurez en vendant par vous-même.

Positionnez-vous contre le leader du marché

Seth Godin, l'auteur de *The Bootstrapper's Bible*[1], défend vigoureusement l'idée qu'une des bonnes techniques du bootstrapping consiste à se positionner contre le leader du marché. Plutôt que d'essayer d'établir votre produit à partir de rien, vous utilisez l'image de marque existante de la concurrence. Voici différentes manières de procéder :

- Lexus : « Aussi bien qu'une Mercedes ou une BMW, mais 30 % moins cher. »

- Southwest Airlines : « Aussi économique que de conduire. »

- 7 UP : « L'anti-cola. »

- Avis : « Décidé à faire mille fois plus » (sous-entendu « que Hertz »).

> En ayant dépensé des millions de dollars et des années d'efforts pour établir leur image de marque, vos concurrents vous ont fait une superbe fleur.

Le positionnement contre les leaders peut vous faire économiser beaucoup en matière de marketing, de relations publiques, de promotion et de coûts publicitaires, donc choisissez « l'étalon d'or » de votre secteur et mettez en évidence un élément important de différenciation, comme :

- le coût ;
- la facilité d'utilisation ;
- la commodité ;
- le design ;

---

1. Seth Godin, *The Bootstrapper's Bible: How to Start and Build a Business With a Great Idea and (Almost) No Money*, Upstart Pub Co, 1998.

- la fiabilité ;
- la rapidité et/ou la performance ;
- la gamme de choix ;
- le service clientèle ;
- l'emplacement géographique.

En ayant dépensé des millions de dollars et des années d'efforts pour établir leur image de marque, vos concurrents vous ont fait une superbe fleur. Mais parvenir à trouver votre place par rapport à un leader n'exclut pas, cependant, que :

- Le leader soit et demeure une entité par rapport à laquelle cela vaut le coup de se situer. Imaginez le cas, par exemple, où vous vous seriez positionné par rapport à Enron à l'époque où Enron était un chouchou de Wall Street...

- Ce leader se comporte comme vous l'escomptez, sinon votre avantage s'effrite. Un exemple : vous positionnez votre ordinateur comme étant plus rapide que celui d'IBM et IBM répond vite par un modèle nettement plus rapide.

- Votre produit l'emporte véritablement, incontestablement et significativement sur celui de la concurrence. Si ce n'est pas le cas, tout le monde se fichera de votre battage. Pire, vous perdrez votre crédibilité, et retrouver sa crédibilité est difficile.

L'ART DE SE LANCER 2.0

Travaillez sur les trucs importants

Le bootstrapping tourne mal quand les entrepreneurs mettent toute leur énergie à économiser des centimes au détriment de la vision d'ensemble. On ne crée pas une entreprise pour construire des bureaux – pas non plus pour dépenser de l'argent d'un capital-risqueur dans le but d'enrichir la société Herman Miller. Voici une liste des choses, grandes et petites, dont les entrepreneurs doivent s'occuper :

Les choses importantes

- Développer un produit viable.
- Vendre le produit.
- Améliorer le produit.

Les petites choses

- Cartes de visite et papier à en-tête.
- Fournitures de bureau.
- Équipement de bureau.
- Mobilier.

Occupez-vous des petites choses sans vous y attarder, pour que ce soit correct – pas forcément parfait. Comme le dit Rick Sklarin, un ancien consultant d'Accenture : « Faites un tour dans une grande surface et finissez-en ». Concentrez ensuite votre attention et vos ressources sur des choses importantes.

> **EXERCICE**
>
> La prochaine fois qu'il y aura une chose qui vous fera dire « je ne peux pas vivre sans elle », attendez une semaine et voyez si vous êtes encore en vie.

Restez en sous-effectifs et externalisez

Qu'y a-t-il de pire : laisser de l'argent sur la table parce qu'on ne peut pas être présent sur tous les marchés ou licencier des gens parce qu'on a surestimé les revenus ? C'est l'éternelle question des PDG.

> *Si vous voulez bootstrapper votre organisation, restez en sous-effectif.*

L'idée de laisser de l'argent sur la table me donne des bourdonnements dans les oreilles, mais licencier des gens est encore pire. Un excès de personnel provoque une série de problèmes. Gérer la situation, ce n'est pas simplement réduire les effectifs, c'est tout ce qui vous arrive par la suite :

- L'excès d'espace de bureau quand on a un bail de longue durée.

- L'excès de mobilier et d'ordinateurs.

- Le traumatisme dans l'entreprise au moment où on licencie.

- Le traumatisme dans la vie de ceux qu'on licencie.

- Les efforts pour engager des salariés avec un autre profil (plus adaptés à vos nouveaux besoins) au moment même où vous licenciez.

- Toute la rhétorique à déployer pour convaincre tout le monde que vous n'êtes pas en train d'imploser.

Si vous voulez bootstrapper votre organisation, restez en sous-effectif. Il y a une solution à court terme aux problèmes que vous pouvez rencontrer si vous n'avez pas assez de personnel, c'est d'externaliser autant de fonctions non stratégiques que vous le pouvez. Externaliser des fonctions stratégiques comme la recherche et le développement, le marketing et les ventes est plus risqué parce que c'est le cœur de votre start-up. Les domaines externalisables sont :

- Le service clientèle.

- Le support technique.

- La comptabilité.

- La logistique.

Un bon exemple pour illustrer ce que serait le contraire du bootstrapping est celui de Webvan, l'épicerie en ligne qui s'est cassée la figure au moment de l'implosion des dotcoms de 2001. Elle avait fait une commande d'un milliard de dollars à Bechtel, une société d'ingénierie, pour la mise en place d'installations pour 26 marchés. Quand la société a fermé, elle a promis à son PDG, George Shaheen, une rock star qui avait dirigé Accenture, un salaire de 375 000 dollars par an jusqu'à la fin de ses jours. Tout ce que l'on peut dire, c'est : « Oh, mon Dieu ! ».

Attachez-vous au fond, non à la forme

Pour dépenser avec sagesse, attachez-vous au fond, c'est-à-dire à ce dont vous avez besoin, non à la forme. Par exemple, une entreprise connue (forme) n'est pas toujours nécessaire pour de bons services juridiques, comptables, les relations publiques, le marketing ou le recrutement (fond).

DOMAINE	FORME	FOND
JURIDIQUE	Des bureaux dans le monde entier pour des clients parmi les Fortune 500 et des places pour les grands événements sportifs.	Comprendre vos obligations légales, protéger vos intérêts et faciliter les accords.
COMPTABILITÉ	Statut de grande société d'audit avec des clients qui sont maintenant en prison et des salles de conférence lambrissées.	Contrôler vos coûts et assurer que votre activité est en règle.
RELATIONS PUBLIQUES	Des représentants avec un bon look, un diplôme en histoire de l'art asiatique, et qui vous disent que vous êtes un orateur génial pour des événements à 100 000 dollars avec la presse.	Créer un positionnement solide et le faire adopter ; établir des liens étroits avec la presse et les blogueurs.

DOMAINE	FORME	FOND
MARKETING	Un mur couvert de prix pour des pubs télé ou dans les journaux, avec des employés qui ne font rien de plus que d'acheter de l'espace.	Comprendre et atteindre les clients ; convaincre les clients actuels d'en attirer de nouveaux.
RECRUTEMENT	Une réputation établie pour le placement de PDG de sociétés cotées en Bourse ayant des jets privés.	Recruter des employés formidables qui acceptent d'échanger des actions contre un salaire.

Les prestataires de services constituent une part importante des coûts d'une start-up. Voici quelques conseils pour faire les bons choix lorsque vous les évaluerez :

- **CHOISISSEZ UNE ENTREPRISE SPÉCIALISÉE DANS LE TYPE DE PRESTATIONS QUE VOUS ATTENDEZ.** N'engagez ni l'oncle Joe avocat spécialisé en divorce, ni un célèbre cabinet d'avocats pour créer un plan de stock-options pour les employés.

- **PAYEZ PLUS POUR DES FONCTIONS CRITIQUES.** Des investisseurs, en revanche, peuvent être plus à l'aise avec des entreprises qui recourent à des avocats ou certains cabinets comptables, donc visez plus haut et choisissez « les plus grands ».

- **VÉRIFIEZ LES RÉFÉRENCES DES GENS QUI FONT LE TRAVAIL – ET PAS SIMPLEMENT LES RÉFÉRENCES DE L'ENTREPRISE.** Les références les plus puissantes que ces prestataires puissent avoir sont des entrepreneurs heureux.

L'art de bootstrapper

- **NÉGOCIEZ TOUT.** Tout est négociable : les tarifs, les conditions de paiement, les frais mensuels. Même quand les conjonctures sont favorables, n'ayez pas peur de négocier. C'est la règle du jeu. Par exemple, bien des entreprises diffèreront les paiements jusqu'à ce que vous ayez levé des fonds, si vous avez l'audace de le demander.

L'accent mis sur le fond, non sur la forme, prévaut dans tous les domaines pour une start-up. Si l'on revient sur la période de la bulle Internet, on pourrait retenir la chaise Aeron d'Herman Miller à 700 dollars comme symbole de la folie qui s'était emparée de certaines start-up, alors qu'à l'époque elle symbolisait ce qui était cool. C'était une chaise fantastique, mais je ne suis pas certain que le prix l'était. La fonction d'une chaise, après tout, n'est que d'accueillir le postérieur de quelqu'un. À propos, lors de la liquidation judiciaire de Webvan, 114 de ces chaises ont été mises en vente.

Addenda

FAQ

Q : Comment puis-je savoir à quel moment le bootstrapping nous aura permis d'aller le plus loin possible ?

R : Vous saurez qu'il est temps d'arrêter de bootstrapper quand vous aurez une trésorerie positive et que chaque vente supplémentaire créera du profit.

Q : Vais-je renoncer à la croissance, voire au succès, si je bootstrappe trop ?

R : Aucun exemple d'organisation qui aurait trop bootstrappé ne me vient à l'esprit. Il y a plus de risque que vous gâchiez une opportunité par excès que par manque d'argent. En d'autres termes, regardez le capital-risque comme un stéroïde : il peut vous donner un avantage immédiat, mais il peut aussi vous tuer.

Rappelez-vous que vous êtes censé accroître la valeur pour les investisseurs, que cet argent vienne de vous ou d'investisseurs extérieurs.

Q : Si je peux bootstrapper avec succès, dois-je chercher de l'argent à l'extérieur ? Est-ce un problème de procéder comme autrefois ?

R : Je réponds à ces questions, « Non » et « Aucun problème ». Du capital venant de l'extérieur est une façon de faire – et seulement une. Le but est de construire quelque chose de bien, et peu importe la façon de lever des fonds.

Q : **Si nous n'avons pas plusieurs millions de dollars venant de capital-risqueurs, risquons-nous de ne pas être pris au sérieux ?**

R : Seulement par les personnes qui n'ont pas d'importance. Si vous levez vraiment ces millions, servez-vous-en pour accroître votre crédibilité, mais ne pensez pas que c'est une garantie de succès. Si vous ne levez pas ces millions, n'ayez pas de sueurs froides. Bâtissez seulement une superbe affaire et n'ayez pas de regret.

Q : **Une start-up doit-elle éviter de solliciter la famille et les amis, d'utiliser les cartes de crédit et mettre une hypothèque sur la maison du fondateur ?**

R : Ces trois stratégies engendrent des risques : la destruction de relations, des problèmes financiers personnels ou la perte de sa maison. Cela dit, l'entrepreneuriat est l'art de faire ce qu'il faut pour réussir. Tout le monde veut un marché immense et en croissance, une technologie parfaite et du capital à l'infini. Dans ces conditions, n'importe qui peut être un entrepreneur. La question est de savoir ce que vous voulez faire et ce que vous êtes capable de faire quand les conditions sont loin d'être parfaites. Si l'entrepreneuriat était sans risque, il y aurait davantage de gens à s'y essayer.

LECTURES RECOMMANDÉES

Seth Godin, *The Bootstrapper's Bible: How to Start and Build a Business with a Great Idea and (Almost) No Money*, Upstart Publishing, 1998.

Kenneth Hess, *Bootstrapping: Lessons Learned Building a Successful Company from Scratch*, S-Curve Press, 2001.

CHAPITRE 5

L'art de lever des fonds

> *Lors d'une présentation que j'ai faite récemment, les questions de l'auditoire tournaient toutes autour de « Comment puis-je entrer en contact avec des capital-risqueurs ? », « Quel pourcentage du capital dois-je leur donner ? »... Personne ne m'a demandé comment construire un business !*
>
> Arthur Rock

L'ESSENTIEL

Lever des fonds est un mal nécessaire quand on démarre une entreprise. Ce n'est pas amusant. Ce n'est pas facile. Et ce n'est pas rapide. Le bootstrapping permet parfois de réduire le montant des fonds à lever, et parfois même de s'en passer, quand on a de la chance. Cela dit, peu d'entrepreneurs parviennent à le faire complètement. Ce chapitre détaille trois moyens de lever des fonds (le crowdsourcing, les business angels et le capital-risque), et indique comment maîtriser ce mal nécessaire.

Tirez parti du crowdfunding

Le processus de levée de fonds peut prendre divers chemins. Autrefois, les nobles et les gens riches avaient de l'argent pour démarrer. S'il leur fallait plus de capital, ils avaient les cautions nécessaires et les bonnes connexions. Aujourd'hui, l'industrie du capital-risque permet tous les ans à plusieurs milliers d'entrepreneurs de lever des fonds grâce à des présentations PowerPoint, des prototypes et des schémas sur des serviettes en papier. Les business angels ont même davantage démocratisé le processus en finançant des entreprises présentant plus de risques que celles auxquelles s'intéresseraient des capital-risqueurs.

En 2007, Indiegogo – suivi de Kickstarter deux ans plus tard – lança le crowdfunding, le système de levée de fonds le plus démocratique, le plus ouvert et le plus transparent qui soit. Voici comment cela fonctionne :

- Vous élaborez un projet – ce qui implique la création d'une vidéo et d'une présentation, la mise en place d'une contrepartie pour les participants et une information régulière sur l'évolution de votre projet.

- Au lieu de lever des fonds en vendant des parts de l'entreprise, vous prenez des précommandes associées à des bonus pour encourager les gens à payer quelque chose qui n'existe pas encore : une réduction, un souvenir, un cadeau ou des idées intelligentes comme le droit de donner un nom à un personnage d'un livre ou de passer un moment avec l'équipe.

- Vous propagez par e-mail ou sur les réseaux sociaux la bonne parole sur le projet. Alors que l'attrait d'une levée de fonds traditionnelle est de faire de l'argent, l'attrait du financement participatif tient au fait qu'il permet de posséder quelque chose de cool avant tout le monde. Mais il s'explique aussi par la gratification intrinsèque de l'aide accordée.

- Les gens financent votre projet, ce qui vous permet de le finaliser. Vous livrez toutes les commandes, la bonne parole se répand, et dans un monde idéal, vous construisez une super entreprise.

Le crowdfunding s'applique particulièrement bien à des produits de consommation (appareils, accessoires, jeux…), d'artisanat, de mode, à des projets artistiques (films, vidéos…) ou à des activités caritatives. Il est moins évident que cela fonctionne pour des entreprises dans le secteur de la biotechnologie ou des logiciels parce que de tels projets nécessitent des dizaines de millions de dollars et ne provoquent pas d'achats impulsifs.

Selon Kickstarter, en 2013, 3 millions de personnes réparties sur 200 pays ont engagé 480 millions de dollars sur leur plateforme. Le résultat a été le financement réussi de 19 991 projets (probablement six fois plus que les deals conclus par des capital-risqueurs cette année-là).

> ‘Les capital-risqueurs n'ont aucune idée de ce qui marchera, mais quand des particuliers participent au financement de votre projet, ils apportent leur soutien avec leur propre argent, et non l'argent du fonds de retraite qu'ils gèrent.’

Voici quelques exemples de levées de fonds qui ont marché – c'est-à-dire grâce auxquelles des entrepreneurs ont obtenu un financement :

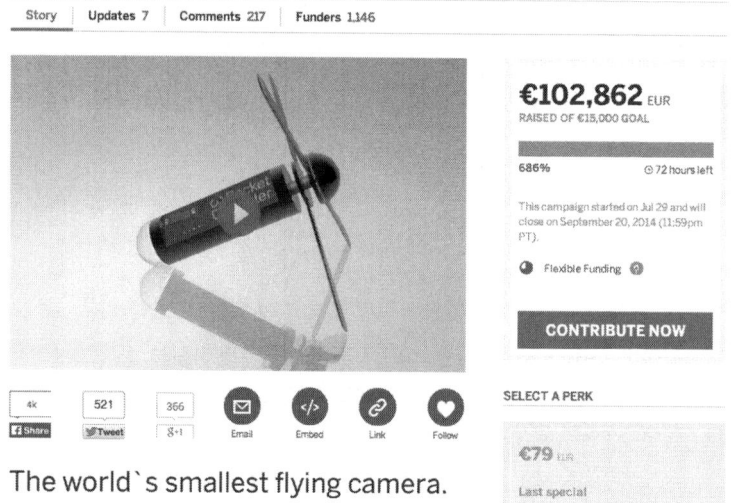

- La montre Pebble. Fonds collectés : 10 millions de dollars.

- Elevation Dock. Fonds collectés : 1,4 millions de dollars.

- Veronica Mars (film). Fonds collectés : 5,7 millions de dollars.

Ces exemples sont des exceptions (le crowdfunding est efficace pour des montants plutôt compris entre 50 000 et 250 000 dollars, trop peu élevés pour des investissements en capital-risque) ; tous les projets ne permettent pas de lever des montants similaires, mais il y a beaucoup d'aspects positifs dans le crowdfunding :

- Le processus est moins lourd qu'une levée de fonds en capital-risque, qui est souvent un projet à temps plein pendant six mois. Par exemple, vous n'avez pas à écrire de business plan ou à vous soumettre à un processus de *due diligence*.

- Il n'y a pas de dilution du capital de l'entreprise. Les gens achètent d'avance ou font une contribution ; ils n'investissent pas et ne prennent aucune action. L'avantage évident est que vous n'avez pas à rendre de comptes à des investisseurs, même si vous avez quand même l'obligation morale de réaliser votre projet.

- Il constitue un bon test de viabilité. Les capital-risqueurs n'ont aucune idée de ce qui marchera, mais quand les particuliers participent au financement de votre projet, ils apportent leur soutien avec leur propre argent, et non l'argent du fonds de retraite qu'ils gèrent.

Voici des conseils pratiques pour réussir votre crowdfunding (le manuel de Kickstarter et son addendum, ainsi que le site Indiegogo, vous fourniront des conseils supplémentaires).

- **CRÉEZ UNE VIDÉO.** Une vidéo séduisante, pleine d'énergie, de moins de deux minutes est la composante la plus importante de votre projet. Faites en sorte qu'elle soit formidable parce qu'elle conditionne la réussite ou l'échec de votre projet.

- **RACONTEZ UNE HISTOIRE PERSONNELLE.** Votre vidéo, vos e-mails et vos billets sur les réseaux sociaux doivent raconter une histoire. Les meilleures histoires sont toujours personnelles. Dites à quel besoin non satisfait répond votre projet. Par exemple, le projet « patchnride » sur Indiegogo proposait une meilleure méthode pour réparer le pneu crevé de son vélo.

- **TIREZ PARTI DES E-MAILS ET DES RÉSEAUX SOCIAUX.** Sauf si vous êtes Arianna Huffington ou un invité du Ellen DeGeneres Show, vous devez mener une campagne de guérilla marketing pour que votre projet se transforme en succès. Cela nécessite que vous utilisiez votre liste de contacts e-mails et vos comptes sur les réseaux sociaux pour diffuser votre message.

- **OFFREZ DES CONTREPARTIES.** La deuxième composante importante de votre projet concerne les contreparties, souvenirs ou bonus que vous offrez. Les plus évidents sont les remises, signes de reconnaissance, exemplaires dédicacés ou objets tels que sacs et t-shirts. Vous pouvez aller encore plus loin en livrant ou en installant votre produit vous-même. N'oubliez pas que vous demandez aux gens de payer quelque chose qui n'existe pas encore. Il est normal que vous rémunériez la prise de risque.

- **ÉLABOREZ UN BUDGET.** Un moyen puissant de convaincre des prospects est de leur montrer comment vous allez dépenser leur argent. Pour renforcer leur confiance, montrez-leur que vous savez ce que vous faites et que vous avez toutes les chances de mener à bien votre projet.

Courtisez les business angels

La deuxième source de financement est celle des business angels, des milliers d'individus fortunés qui investissent leur argent dans des start-up. Alors que les capital-risqueurs veulent avant tout gagner de l'argent et éventuellement s'acquitter de leur dû vis-à-vis de la communauté, les angels veulent avant tout s'acquitter de leur dû vis-à-vis de la communauté et éventuellement faire de l'argent.

Pour eux, il y a deux moyens de le faire : aider des plus jeunes à démarrer et soutenir un produit qui a le potentiel pour accéder au marché. Voici quelques conseils précieux pour obtenir de l'argent de business angels :

- **NE LES SOUS-ESTIMEZ PAS.** Ils sont peut-être moins intéressés par la rentabilité que des investisseurs professionnels, mais cela ne veut pas dire pour autant qu'ils sont idiots. Abordez-les avec le même professionnalisme que lorsque vous faites une présentation à un capital-risqueur de premier ordre.

- **PERMETTEZ-LEUR DE REVIVRE À TRAVERS VOUS.** Un des bénéfices associés pour les angels est la chance de revivre leur jeunesse ou leur passé d'entrepreneur ; s'ils ne peuvent pas ou ne veulent pas créer une nouvelle entité, ils peuvent avoir plaisir à vous voir le faire. Appelons cela du « capital-voyeurisme » !

- **RENDEZ VOTRE HISTOIRE COMPRÉHENSIBLE POUR LEURS CONJOINTS.** Le « comité d'investissement » d'un angel, c'est l'angel lui-même ainsi que son conjoint. Ce n'est pas un groupe de pairs, de partenaires ou d'experts. Il est d'autant plus important de savoir expliquer son affaire simplement. À titre de test, demandez à votre conjoint s'il investirait dans votre affaire.

- **SOYEZ GENTIL.** Alors qu'un investisseur professionnel est capable d'investir dans à peu près n'importe quoi parce que « l'argent, c'est l'argent », beaucoup d'angels tombent amoureux des entrepreneurs d'une façon paternelle ou maternelle : « Elle est sympa, j'ai envie de lui donner sa chance. » Donc soyez gentil, sympa et souple.

- **RECRUTEZ DES GENS QU'ILS CONNAISSENT OU DONT ILS ONT ENTENDU PARLER.** L'investissement des angels est souvent autant une occasion pour eux de rencontrer des gens que de faire des profits. Ainsi, si vous pouvez attirer un membre du « club », vous pouvez généralement en faire venir d'autres. L'investissement d'un autre angel est le gage de qualité le plus persuasif pour les angels.

Matraquez les capital-risqueurs

> *La vérité est que le montant d'argent levé par les start-up pour les tours de financement d'amorçage et de série A est inversement proportionnel à leur succès.*
>
> Fred Wilson

Je veux que vous sachiez dans quoi vous vous engagez : trouver de l'argent chez un capital-risqueur est un processus long, déconcentrant et frustrant – et cela, si tout va bien. Permettez-moi de vous raconter une histoire qui illustre bien ce qu'est un capital-risqueur.

Une femme dans le capital-risque avait invité son père à dîner dans un restaurant chic qui proposait un service de voiturier. Sur le chemin, son père la sermonne parce qu'elle a acheté une BMW trop tape-à-l'œil. Elle se gare devant le restaurant, sort de la voiture et ils entrent tous les deux dans le restaurant. Deux heures plus tard, ils en ressortent et, voyant que sa voiture est toujours là où elle l'avait laissée, la femme, sautant sur l'occasion, dit à son père : « Tu vois ? C'est pour ça que j'ai une BMW : ils laissent les belles voitures devant. Nous n'avons pas à attendre que le voiturier nous la ramène. » À ce moment-là, un homme vient vers elle et lui dit sur un ton irrité : « Madame, vous aviez gardé les clefs. Nous ne pouvions pas bouger votre voiture. »

> « Madame, vous aviez gardé les clefs. Nous ne pouvions pas bouger votre voiture. »

Les capital-risqueurs peuvent vous ouvrir des portes pour amorcer des ventes et des partenariats. Ils peuvent vous aider plus tard à trouver d'autres investisseurs. Ils peuvent vous éviter des erreurs. Ils peuvent vous aider à recruter. Ils peuvent faire en sorte qu'on vous prenne plus au sérieux, mais...

- Ils n'en savent pas nécessairement plus que vous en ingénierie, marketing, ventes, production, finance, logistique. Certes, personne ne peut vous en vouloir de croire que c'est le cas, si l'on considère qu'ils gèrent des millions de dollars.

- Leur investissement n'est pas une garantie de succès. Ces organismes font beaucoup de paris, avec le postulat que la plupart ne seront pas payants. Si les capital-risqueurs étaient des joueurs de base-ball, aucun d'entre eux ne serait joueur professionnel du fait de la faiblesse de leur moyenne au bâton.

- Leur loyauté, quoi qu'ils en disent, est limitée à un an à partir du moment où vous cessez de tenir vos promesses. Ce ne sont pas des amis et leur préoccupation première est de gagner de l'argent. Ce ne sont pas des méchants non plus mais n'oubliez jamais que votre start-up n'est rien d'autre pour eux que du business.

Maintenant que vous avons couvert les trois formes principales de financement, voici un tableau récapitulatif. Le reste de ce chapitre sera consacré au financement par les business angels et capital-risqueurs.

	CROWDFUNDING	ANGEL	CAPITAL-RISQUE
MONTANT IDÉAL	Entre 25 000 et 100 000 dollars	Entre 250 000 et 500 000 dollars	Entre 1 million et 5 millions de dollars
DURÉE	90 jours	180 jours	270 jours
DILUTION	Pas applicable : il s'agit de ventes, pas d'investissement	20 %	25-35 %
NIVEAU D'EFFORT	Modéré	Modéré	Élevé

	CROWDFUNDING	ANGEL	CAPITAL-RISQUE
TYPE DE PRODUIT/ SERVICE	Gadgets orientés consommateur, livres, projets orientés arts et artisanat	Logiciel et services Internet	Matériel, logiciel, biotech et services Internet
DILIGENCE	Minimale	Modérée	Élevée
DEGRÉ D'INTRUSION	Minimal	Modéré	Élevé
EXPÉRIENCE	Amusante	Tolérable	Pénible

Faites-vous recommander

> *Merci de m'avoir envoyé votre livre. Je ne vais pas perdre de temps à le lire.*
>
> Moses Hadas

Dans l'édition, le cinéma, la musique et le capital-risque, le conte de fées est celui-ci : vous soumettez un projet, un scénario, une chanson ou un business plan à une entreprise ; en dépit d'une tonne d'autres propositions, la qualité de votre histoire est si exceptionnelle que quelqu'un vous demande de venir sur le champ. Au terme d'une seule réunion, l'affaire est conclue, vous faites un tabac et vous consacrez le reste de votre vie à sauver les pauvres. Vous pouvez toujours rêver !

Je vous le promets, l'histoire qui suit est une histoire vraie. Une start-up a abandonné l'idée d'obtenir de l'argent venant d'un capital-risqueur de premier ordre parce qu'elle ne sentait pas chez lui assez d'intérêt pour ce qu'elle faisait. Je demande à un partenaire de l'entreprise pourquoi il n'a pas conclu l'affaire et il me dit qu'un associé connaissait une société similaire en Europe, que ladite société avait, paraît-il, « 100 % du marché européen et comptait s'installer aux États-Unis ». Il était par conséquent déjà trop tard pour un nouvel arrivant. Je demande alors à l'associé le nom de la société en question. Il ne le connaît pas – c'est un ami qui lui en a parlé. Je contacte cet ami, qui ne sait pas non plus. Apparemment un ami lui avait aussi parlé de cette entreprise, et lui avait dit qu'elle détenait 98 % d'un marché vertical minuscule en Europe de *l'Est*.

Revoyons tout cela : un ami dit à un ami qui dit à un associé qui dit à un partenaire de ne pas se casser la tête à considérer la société. Cette histoire montre que vous avez besoin d'une introduction émanant d'un tiers crédible pour qu'un décisionnaire prête sérieusement attention à votre entreprise. Cela ne veut pas dire que le processus devrait être le même pour tout le monde. Il s'agit de tourner les choses en votre faveur en obtenant une recommandation provenant de sources que des investisseurs respectent :

> *Il s'agit de tourner les choses en votre faveur.*

- **VOS INVESTISSEURS ACTUELS.** L'un des services les plus valables que peut vous rendre l'un de vos investisseurs est de vous aider à trouver d'autres investisseurs. C'est le jeu, donc n'hésitez pas à demander de l'aide. La plupart des investisseurs vont, au minimum, écouter les recommandations de personnes qui ont des intérêts dans une entreprise.

- **DES AVOCATS ET EXPERTS-COMPTABLES.** Quand vous choisissez un avocat ou un expert-comptable, regardez ses compétences et ses relations. Demandez-lui s'il va vous présenter à des investisseurs. Bien des cabinets sont capables de faire le travail, donc trouvez ceux qui peuvent faire les deux, le travail et les introductions.

- **D'AUTRES ENTREPRENEURS.** Un appel ou un e-mail d'un entrepreneur à ses investisseurs pour dire « C'est une entreprise formidable, vous devriez la voir » a une portée considérable. Allez sur le site de l'investisseur pour voir dans quelles entreprises il a investi : peut-être connaîtrez-vous un collaborateur de l'une de ces sociétés. Sinon, entrez en relation avec un employé de l'une d'entre elles – les dirigeants sont probablement plus faciles à joindre que l'investisseur lui-même. Pour ceux qui lancent des organisations caritatives, regardez les sociétés qui sont financées par les fondations que vous ciblez.

- **DES PROFESSEURS.** Les investisseurs sont impressionnés par les suggestions des professeurs. Dans la Silicon Valley, par exemple, le coup de téléphone ou l'e-mail d'un professeur en ingénierie à Stanford retiendra forcément l'attention de n'importe quel capital-risqueur, si tant est que vous ayez été un bon étudiant !

Et si vous ne connaissez pas de telles personnes ? Le monde est cruel. Lever du capital n'est pas donné à tout le monde. Donc sortez de votre tanière et faites-vous un réseau. Pour vous y aider, vous pouvez vous reporter à la brève leçon sur le *schmoozing* à la fin du chapitre 8.

Sachez à qui vous avez affaire

Avant toute première rencontre avec un investisseur potentiel, renseignez-vous sur lui. Tout d'abord, découvrez ce qui lui importe. Vous pouvez obtenir cette information auprès du partenaire grâce à qui cette réunion est organisée en lui posant les questions suivantes :

- Quels sont les trois choses les plus importantes que vous voulez savoir à propos de notre organisation ?

- Qu'est-ce qui vous a intéressé dans notre idée et convaincu de nous donner l'occasion de vous rencontrer ?

- Y-a-t-il des problèmes particuliers, des questions ou des sujets à éviter lors de la rencontre avec l'investisseur ?

Ensuite, regardez le site Internet du capital-risqueur, faites une recherche Google, lisez les rapports et parlez à des amis qui sont dans le domaine pour réunir des informations supplémentaires. Voici ce que vous devez savoir sur cet organisme :

- **SES ANTÉCÉDENTS.** Comment la firme a-t-elle démarré ? Qui étaient ses partenaires d'origine ? Quels sont ses meilleurs investissements ?

- **SES PARTENAIRES.** Qui travaille dans cette entreprise ? Pour quels organismes ont-ils travaillé avant ? De quelles écoles sortent-ils ?

- **SES ACTIFS.** Quelles sont les entreprises dans son portefeuille ? Quels sont leurs grands succès passés ? Y-a-t-il des conflits ou des synergies avec votre start-up ?

LinkedIn, en particulier, est une formidable source d'information pour préparer une première réunion. Voici sur quels points se concentrer :

- Trouvez les investissements de l'organisme en consultant son portefeuille sur son site.
- Cherchez ces entreprises sur LinkedIn pour trouver les personnes de votre réseau qui y ont travaillé.
- Entrez en contact avec elles.

Enfin, organisez un brainstorming avec votre équipe pour trouver des connexions, des accroches et des angles de vue afin que votre pitch soit puissant et percutant. Il y a beaucoup de possibilités mais improviser pendant le pitch lui-même est un exercice difficile. Il est important de procéder à cette recherche en amont, quand vous n'êtes pas sous pression.

Les business angels peuvent ne pas avoir de site Internet, mais Google et LinkedIn vous permettront de trouver toutes sortes d'informations à leur sujet. Autre ressource solide : AngelList, un point de rencontre de business angels où rechercher des angels et des entreprises à partir de leur nom.

Il faut qu'il y ait de la « traction »

Généralement, les investisseurs recherchent une équipe expérimentée, une technologie fiable et un marché qui a fait ses preuves. Mais un facteur l'emporte sur tous les autres : les ventes réelles. Dans la Silicon Valley, c'est ce que nous appelons la « traction » – au sens où un pneu accroche bien la route et fait avancer le véhicule.

> *Beaucoup d'entrepreneurs pensent que dire « Je crois vraiment à mon idée » est une forme de traction. Si c'est ce qu'ils croient, ils rêvent.*

La traction, c'est la chose la plus importante parce que cela prouve que les gens veulent bien ouvrir leur porte-monnaie, y prendre de l'argent et le mettre dans votre poche. Si vous êtes capable de faire ça, le fait que votre équipe et votre technologie aient fait leurs preuves importe moins. Je ne connais pas d'investisseur qui préfère perdre de l'argent sur quelque chose de tangible plutôt que de faire de l'argent sur quelque chose d'incertain.

C'est aussi pourquoi le financement d'un projet par le crowdsourcing est efficace. Cela vous permet de retarder la nécessité d'une levée de fonds mais vous donne aussi la preuve de la viabilité de votre produit, vous facilitant ainsi la tâche pour attirer des investisseurs.

Le sens du mot « traction » diffère selon les industries. Sa définition va de soi pour les sociétés de produits ou de services :

- Nombre d'inscriptions.

- Nombre de téléchargements.

- Nombre de clients qui paient.

- Revenus.

- Trafic sur votre site Internet.

Les organisations à but non lucratif ont des critères différents :

- Écoles : effectifs et résultats des élèves.

- Églises : présence aux services.

- Musées : nombre de visiteurs.

- Associations bénévoles : contributions et nombre d'heures de bénévolat.

Ceci nous conduit à une question logique : comment avoir de la traction si je n'ai pas d'argent pour démarrer ? Il y a deux réponses : premièrement, personne n'a dit que l'entrepreneuriat était facile (relisez le chapitre 4) ; deuxièmement, il y a une hiérarchie dans la traction – n'en déplaise à la pyramide des besoins de Maslow.

1. Ventes réelles (ou les critères discutés plus haut pour les entreprises qui ne vendent pas de produits).

2. Tests sur le terrain, pilotes sur site et clients en bêta.

3. Accord du client pour un test sur le terrain, un projet pilote ou une utilisation du produit ou du service avant sa vente officielle.

4. Contact pour la poursuite d'un test sur le terrain.

Il y a une hiérarchie dans l'attractivité. Si vous n'avez pas au moins un contact pour la poursuite d'un test sur le terrain, vous aurez du mal à lever de l'argent. Beaucoup d'entrepreneurs pensent que dire « Je crois vraiment à mon idée » est une forme de traction. Si c'est ce qu'ils croient, ils rêvent.

Faites rêver

Tous les entrepreneurs – je dis bien tous – vont à leur rendez-vous avec un investisseur avec des slides qui « valident » la taille du marché. Généralement ces slides comportent des citations d'analystes expliquant, par exemple, que la taille du marché des lamas d'élevage sera de 50 milliards de dollars dans les quatre ans.

Le plus drôle est que tous les entrepreneurs déclarent que tous les marchés qu'ils ciblent seront d'au moins 50 milliards de dollars. Cependant, personne dans la pièce, ni même l'entrepreneur, ne croit en ce chiffre ou ne le trouve pertinent. La meilleure option est de faire rêver. Et pour cela, il faut que vous proposiez un produit qui est tellement indispensable que ceux qui sont dans l'auditoire feront le calcul eux-mêmes.

Cette méthode ne marche pas à tous les coups parce qu'il y a des marchés qui ne sont pas évidents, mais quand elle marche, le résultat est spectaculaire. Voici un exemple : imaginez que votre site Internet permette aux gens de créer des illustrations sans qu'ils soient obligés d'acheter ou louer un logiciel ou sans avoir à apprendre à utiliser un produit compliqué. Le pitch qui fait rêver dirait :

- Tout le monde a un site Internet, un blog, un compte sur un réseau social, eBay, Etsy, un livre ou a besoin de graphisme pour attirer l'attention.

- Mais les gens sont rarement des artistes et n'ont pas envie de consacrer du temps ou de l'argent à le devenir.

- Un service facile à utiliser et produisant de beaux résultats rapidement devrait donc attirer beaucoup d'utilisateurs.

- Il est facile de monétiser l'utilisation du site en vendant des éléments graphiques, des photos et des fonctions haut de gamme.

Cette approche est plus puissante que celle qui consiste à mentionner une étude prouvant que le marché du logiciel et des services graphiques est de 50 milliards de dollars, parce que les investisseurs peuvent conclure d'eux-mêmes qu'une entreprise démocratisant le design pourrait devenir énorme.

Identifiez un ennemi ou créez-le

De nombreux entrepreneurs pensent que les investisseurs veulent entendre que l'entreprise n'a pas de concurrent. Malheureusement, les investisseurs avertis en tirent l'une de ces deux conclusions :

- Il n'y a pas de concurrents parce qu'il n'y a pas de marché. S'il y avait un marché, d'autres essaieraient de le gagner.

- Les fondateurs sont si paumés qu'ils ne sont même pas capables d'utiliser Google pour se rendre compte que dix autres start-up font la même chose qu'eux.

Désolé, mais une start-up qui entend servir un marché qui n'existe pas ou montre qu'elle n'y connaît rien n'a guère de chances de lever des fonds. Un niveau de concurrence modéré est une bonne chose parce que cela valide la possibilité qu'il y ait un marché concret et prouve que vous avez fait votre travail. Votre tâche consiste à montrer en quoi vous êtes supérieur à vos concurrents, non pas à dire qu'ils n'existent pas. Pour expliquer ce que vous et vos concurrents savez ou ne savez pas faire, faites un tableau comme celui-ci :

ENTREPRISE	CE QUE NOUS SAVONS FAIRE. PAS EUX.	CE QUE NOUS NE SAVONS PAS FAIRE. EUX SI.
NOUS		
X		
Y		
Z		

Personne ne se demandera jamais pourquoi vous devez établir la liste de ce que vous savez faire mais que vos concurrents ne savent pas faire. Beaucoup d'entrepreneurs se demandent pourquoi ils devraient faire la liste de ce que qu'ils ne savent pas faire mais que la concurrence sait faire. La raison en est que vous augmentez votre crédibilité en montrant que vous avez quatre compétences séduisantes :

- Vous dites la vérité.

- Vous évaluez la concurrence.

- Vous comprenez les faiblesses de votre entreprise.

- Vous communiquez votre savoir de façon claire et succincte.

Vous pouvez aussi utiliser ce tableau pour promouvoir l'intérêt de votre produit sur le marché en mettant en regard ses fonctionnalités et les besoins de vos clients. En d'autres termes, la liste « Ce que nous savons faire » doit immédiatement mettre en évidence l'utilité de votre produit.

Malheureusement, les entrepreneurs prennent rarement ces facteurs en compte. Au lieu de cela, ils s'évertuent à fabriquer des matrices qui les valorisent en choisissant trop souvent des paramètres sans intérêt, voire carrément idiots. Si vraiment vous n'avez pas de concurrence, fouillez jusqu'à ce que vous en trouviez, et si vous ne trouvez pas, c'est probablement que vous n'avez rien de bien. Voici des exemples de concurrence indirecte :

> « Si les gens voient qu'ils peuvent vous croire lorsqu'il s'agit de mauvaises nouvelles, ils vous croiront d'autant plus pour les bonnes. »

- **LE STATU QUO.** (« C'est comme cela que nous avons toujours fait les choses », « Nous devons demander la permission au patron »).

- **GOOGLE, APPLE ET AMAZON.** Parce que d'une façon ou d'une autre, ces sociétés sont des concurrents pour tout le monde.

Donc soyez malin : discutez ouvertement de vos points forts et de vos faiblesses. Si les gens voient qu'ils peuvent vous croire lorsqu'il s'agit de mauvaises nouvelles, ils vous croiront d'autant plus pour les bonnes.

Ne vous faites pas avoir par les questions pièges

Si vous êtes chanceux, vous tomberez sur des investisseurs qui vous poseront des questions pièges ; je dis bien « chanceux » car ces questions prouvent que les investisseurs sont intéressés et avertis. Ces questions vous donnent l'occasion de montrer que vous aussi êtes averti. Voici des questions pièges types et la façon appropriée d'y répondre :

QUESTION PIÈGE DE L'INVESTISSEUR	CE QUI VOUS VIENT À L'ESPRIT	CE QUE VOUS DEVRIEZ DIRE
« Qu'est ce qui vous fait penser que vous êtes qualifié pour gérer cette start-up ? »	« Qu'est ce qui vous fait penser que vous êtes qualifié pour gérer cette entreprise de capital-risque ? »	« Je me suis bien débrouillé jusqu'à présent, ce qui nous a amenés jusqu'ici aujourd'hui. Mais si cela devient un jour nécessaire, je suis prêt à me retirer de l'affaire. »
« Vous voyez-vous comme le PDG à long terme de cette start-up ? »	« Qu'est-ce qui, en vous, a séduit vos associés ? »	« Je me suis attaché à mettre notre affaire sur le marché. Je ferai tout ce qui est nécessaire pour que ça réussisse, y compris me retirer si besoin est. Voici les étapes logiques pour faire cette transition... »
« Le contrôle du capital est-il un sujet important pour vous ? »	« Je vais bosser 80 heures par semaine pour faire en sorte que ce soit un succès et vous me demandez si mon pourcentage a de l'importance pour moi ? »	« Non, ce n'est pas le sujet le plus important. Je me rends compte que pour réussir, nous avons besoin d'employés excellents et de talentueux investisseurs. Eux aussi ont besoin d'une part significative. Je vais faire en sorte d'agrandir le gâteau, pour ne pas avoir ou garder une grosse part du gâteau pour moi seul. »

QUESTION PIÈGE DE L'INVESTISSEUR	CE QUI VOUS VIENT À L'ESPRIT	CE QUE VOUS DEVRIEZ DIRE
« Comment envisagez-vous la liquidité de la start-up ? »	« Une entrée en Bourse qui bat tous les records. »	« Nous savons que nous avons beaucoup de travail avant de parler de liquidité. Nous sommes en train de bâtir une entreprise qui sera une entité importante, prospère et indépendante. Pour le moment, nous avons la tête dans le guidon et nous travaillons autant que nous le pouvons pour y arriver. Une entrée en Bourse serait le résultat rêvé ; de plus, cinq sociétés sont vues comme de futurs acquéreurs potentiels. »

Attrapez un chat

On trouve mille et une raisons valables pour rompre avec quelqu'un, mais les investisseurs en trouvent encore plus quand ils vous disent « non ». Malheureusement, ils n'aiment pas rejeter un projet de manière claire et sans équivoque. Ils préfèrent la technique de l'EVIER : Exprimer un Vif Intérêt Et Retarder. Voici les réponses communément reçues par les entrepreneurs :

- « Vous êtes à un stade trop prématuré pour nous. Montrez-nous de la traction et nous investirons. »

- « Vous êtes à un stade trop avancé pour nous. Dommage que vous ne soyez pas venu plus tôt. »

- « Si vous trouvez un investisseur principal, nous nous lancerons dans le projet. »

- « Nous n'avons pas de connaissance dans votre secteur. »

- « Nous avons un conflit d'intérêt avec une des sociétés dans lesquelles nous avons investi. » (Croyez-moi, s'ils pensaient pouvoir faire de l'argent avec votre société, ils résoudraient ce conflit).

- « J'aime votre projet, mais mes partenaires ne partagent pas la même vision que moi. »

- « Vous devez nous prouver que votre technologie peut être déployée. »

La plupart du temps, voici ce que l'investisseur vous dit réellement : « Cause toujours, tu m'intéresses... » Cependant, dans quelques cas, les investisseurs sont réellement intéressés, quoique pas tout à fait prêts à s'engager. Il est possible d'obtenir leur engagement, mais ce sera aussi difficile que de rassembler une bande de chats.

L'idée, c'est d'en attraper un, plutôt que d'essayer de les avoir tous. C'est mieux si le chat est grand, beau et connu, mais n'importe quel chat qui n'est pas de votre famille fera l'affaire, parce que les capital-risqueurs, comme la souffrance, aiment la compagnie.

Conquérir le cœur d'un investisseur ne consiste pas seulement à lui donner des informations objectives, quantifiables et intéressantes à travers votre pitch et votre business plan, ou par l'intermédiaire de vos références. C'est autant un processus affectif qu'un processus analytique. Il se « pourrait » que l'investisseur qui a dit « non » n'ait pas cessé de regarder ce que vous faites :

- Avez-vous répondu aux questions qui ont été posées après votre présentation ?

- Avez-vous fourni des informations supplémentaires consolidant vos propos ?

- Avez-vous surpris l'investisseur en gagnant de gros clients ou en atteignant vos objectifs plus tôt que prévu ?

- D'autres investisseurs très réputés vous ont-ils fait un chèque ?

> Si vous continuez à vous obstiner alors que votre entreprise n'a pas de perspectives d'avenir significatives, votre statut passera de « motivé » à « casse-pieds ». Et personne ne finance un casse-pieds.

S'acharner de cette façon peut être payant. Vous pouvez faire ce type de mise à jour des semaines ou des mois après votre pitch initial pour convaincre la bande de chats. Cependant, si vous continuez à vous obstiner alors que votre entreprise n'a pas de perspectives d'avenir significatives, votre statut passera de « motivé » à « casse-pieds ». Et personne ne finance un casse-pieds.

Engagez un bon avocat

Vous avez besoin d'un avocat, et pas de n'importe quel avocat : un avocat habitué aux transactions financières avec des investisseurs ou des fonds d'amorçage. Vous ne devez donc pas recourir à un ami ou à quelqu'un de votre famille qui s'occupe de divorces, d'affaires familiales, de questions pénales ou immobilières. Ne soyez pas stupide : vous ne demanderiez pas des conseils pour une tumeur au cerveau à un dermatologue, donc pourquoi attendre des conseils sur le financement d'entreprises d'un avocat spécialisé dans les divorces ?

De l'audit au transfert des fonds, vous avez besoin de conseils juridiques. Vous en avez particulièrement besoin pour la rédaction des termes de la transaction (*term sheet*), le document qui définit les conditions d'un investissement. Nos amis de Wilson Sonsini Goodrich & Rosati ont créé un fabuleux générateur de *term sheets* qui aide les entrepreneurs à comprendre de quoi il s'agit.

Ce générateur comprend 48 pages de questions, ce qui vous donne une idée de la complexité du processus et de la nécessité de choisir un avocat expérimenté. J'ai vu beaucoup d'entrepreneurs risquer leur financement et dépenser des dizaines de milliers de dollars pour corriger les effets des conseils avisés d'un ami ou d'un membre de leur famille destinés normalement à leur faire économiser de l'argent.

Menez une existence parallèle

La linéarité de ce livre peut vous donner l'impression qu'une levée de fonds – et l'entrepreneuriat en général – est un processus qui se déroule logiquement. Par exemple, trouver de l'argent par du crowdsourcing, construire un prototype, lever des fonds auprès de business angels, lancer le produit, lever des fonds auprès de capital-risqueurs, déployer, être coté en Bourse, puis acheter des vignobles et des Tesla.

Les levées de fonds, et l'entrepreneuriat en général, se composent de processus menés en parallèle. Par exemple, il est possible de promouvoir votre projet de crowdfunding tout en ayant des réunions avec des business angels et des capital-risqueurs ou en empruntant de l'argent à vos amis et à votre famille. Et ce n'est qu'un aspect de votre existence parallèle, parce que vous créez aussi votre prototype, cherchez des clients, créez des partenariats, recrutez et formez vos employés dans le même temps.

Il va falloir s'y habituer. C'est le style de vie que vous avez choisi.

Anticipez l'avenir

Il est probable que vous lisiez ce livre alors que vous êtes en train de lever des fonds ou que vous venez juste d'obtenir du capital d'amorçage. Il est utile que vous ayez une vision globale de la signification de chaque étape de financement.

- **AMORÇAGE = BRUIT.** C'est votre premier financement extérieur. En général, il se situe entre 100 000 et 250 000 dollars. Il provient d'amis, de votre famille ou de business angels. À ce stade, vous vendez du rêve, de l'imaginaire et de l'abstrait. En d'autres termes, cette étape fait beaucoup de bruit, mais pas grand-chose d'autre.

- **SÉRIE A = STEAK.** Le capital-risque s'installe à présent dans le paysage. Ceux qui misent sur vous entre 1 et 3 millions de dollars ne peuvent pas se contenter d'un simple « bruit » parce qu'il y a beaucoup d'argent en jeu. Votre produit doit désormais générer des revenus. En d'autres termes, ce tour est une affaire de steak, pas de bruit (je tiens cette métaphore du bruit et du steak de Ben Narasin, président de TriplePoint Ventures).

- **SÉRIE B = STÉROÏDES.** Le steak était bon. Les clients l'achètent et le mangent. Maintenant l'entreprise a besoin d'une dose de stéroïdes pour passer au stade magique des 100 millions de dollars par an. Vous allez utiliser cet argent pour déployer à grande échelle. Vous avez de la chance, on ne demande jamais aux entrepreneurs d'effectuer une analyse d'urine.

- **SÉRIE C = L'EXTRA.** Si vous arrivez à ce point, il est probable que n'aurez plus besoin d'argent. Ce tour supplémentaire, c'est juste au cas où le monde capitaliste s'effondrerait ou que Google, Apple, Amazon décideraient d'entrer dans votre capital. À ce stade, les investisseurs achètent – ils ne vendent pas – donc ils vous courtisent parce qu'ils savent que vous valez le coup.

Dépensez comme si vous n'alliez plus pouvoir lever davantage de fonds

"Le meilleur état d'esprit est de partir du principe que vous n'arriverez pas à lever plus d'argent."

Voici ce que vous devez faire après une levée de fonds – quelle qu'en soit l'importance. Beaucoup d'entrepreneurs, après avoir vivoté avec trois fois rien pendant des mois, se lâchent à la suite d'une injection de capital et gaspillent cet argent en équipement de luxe, bureaux élégants, recrutement de cadres issus de grandes entreprises.

Si cela vous prend d'avoir ce genre de pensées, vous vous engagez sur un terrain glissant :

- *Les investisseurs nous ont donné de l'argent à investir, donc investissons-le.*
- *Si nous nourrissons nos employés, ils ne sortiront plus déjeuner et ils travailleront plus.*
- *Nous devons construire maintenant l'infrastructure qui va supporter l'avenir extraordinaire qui nous attend.*
- *Nous pouvons toujours lever plus d'argent.*

Le meilleur état d'esprit est de partir du principe que vous n'arriverez pas à lever plus d'argent. Pourquoi ? Parce que vous pourriez ne pas lancer votre produit à la date prévue. Parce que vous pourriez vendre moins que prévu. Parce que vos investisseurs pourraient perdre confiance en votre équipe. Parce que vos investisseurs pourraient être à court d'argent. Parce qu'il pourrait y avoir une dépression économique ou une pandémie. On ne peut jamais savoir...

N'importe qui peut survivre quand tout va bien. Les super entrepreneurs sont capables de survivre quand tout va mal. Si vous saviez que vous ne pouvez pas lever de fonds supplémentaires, comment dépenseriez-vous ce que vous avez ?

Juste pour rire

Histoire de vous faire sourire et en conclusion de ce chapitre, permettez-moi de vous donner quelques pitchs singuliers que j'ai eu l'honneur d'entendre :

- Transformer Israël en parc d'attractions pour le Moyen-Orient.

- Créer un dôme géodésique au-dessus de Los Angeles (je ne sais plus si le but de ce dôme était de contenir la pollution à l'intérieur de Los Angeles ou de l'empêcher d'entrer dans Los Angeles).

- Construire un dirigeable qui fonctionnerait comme un hôpital dans le ciel.

- Vendre des parcelles de terrain sur la Lune.

- Installer un hôtel sous forme de tortue géante gonflable au-dessus de San Francisco.

- Faire grossir les seins par hypnothérapie.

- Fabriquer un véhicule invisible (le pitch comportait un avertissement précisant que le projet serait donné aux Irakiens s'il n'était pas financé par une entreprise américaine).

- Vendre un appareil fonctionnant sur pile qui vous pince le nez pour vous réchauffer.

- Imprimer des sandwiches.

- Créer une nouvelle monnaie pour le monde (l'entrepreneur cherchait un investissement de 1 000 milliards de dollars).

Aussi folles que ces idées puissent paraître, on a vu surgir depuis l'impression 3D et Bitcoin !

Addenda

Mini-chapitre : Les dix principaux mensonges des capital-risqueurs

Les capital-risqueurs sont des gens simples : soit ils ont décidé d'investir et ils s'auto-persuadent que leur instinct est juste (c'est ce qu'ils appellent un « audit »), soit il n'y a aucune chance pour qu'ils investissent. Même si cela paraît simple, ils ne sont pas nécessairement ouverts, et si vous croyez qu'il est difficile d'obtenir un « oui » clair d'un capital-risqueur, essayez de leur faire dire un « non » définitif.

Hélas, si les entrepreneurs obtiennent un « non » définitif, ils croient que la réponse est « oui ». C'est pour cette raison qu'il y a autant de malentendus entre les capital-risqueurs et les entrepreneurs. Pour améliorer la compréhension entre ces deux groupes, voici une présentation sur les dix principaux mensonges des capital-risqueurs.

1. « Nous pouvons prendre une décision rapidement. » Certes, l'organisme *pourrait* donner une réponse vite – après tout, ce n'est pas son propre argent qu'il risque –, mais il ne prend jamais de décision rapidement parce que les partenaires ne sont pas les catalyseurs audacieux et les aventuriers de l'innovation qu'ils prétendent être. Ils ont horreur du risque, comme la plupart des gens dans le domaine financier, et ils aiment suivre le mouvement.

2. « J'aime votre entreprise, mais mes partenaires ne partagent pas mon avis. » En d'autres termes : « Non. » Ce

« mécène » essaie de faire croire à l'entrepreneur qu'il est gentil, intelligent, qu'il est celui qui a tout compris, mais que ce sont les autres qui ne saisissent pas et que vous ne devez pas le blâmer. Il s'agit d'un faux-fuyant ; ce n'est pas que les autres partenaires n'aimaient pas l'affaire, c'est que la personne en question n'y croyait pas vraiment. Si elle y avait vraiment cru, elle aurait tout fait pour que l'accord soit conclu...

3. « Si vous avez un chef de file, je suivrai. » En d'autres termes : « Non. » Comme disent les Japonais, « si votre tante en avait, elle serait votre oncle ». Elle n'en a pas, laissez tomber. Le capital-risqueur vous dit : « Nous n'y croyons pas vraiment, mais si vous avez Sequoia comme chef de file, nous sauterons sur l'occasion. » En d'autres termes, c'est quand l'entrepreneur n'aura plus besoin d'argent que le capital-risqueur sera content de lui en donner un peu. Ce que vous voulez entendre c'est : « Si vous ne trouvez pas un chef de file, nous serons votre chef de file. »

> « Si votre tante en avait, elle serait votre oncle. »

4. « Montrez-nous un peu de traction et nous investirons. » En d'autres termes : « Non. » La traduction de ce mensonge est : « Je ne crois pas à votre histoire, mais si vous pouvez la valider en générant des revenus significatifs, vous pourriez me convaincre. Je ne veux pas vous dire non parce que vous pourriez être le prochain Google et j'aurais l'air d'un idiot. »

5. « Nous aimons investir avec d'autres capital-risqueurs. » Vous pouvez vous fier à la cupidité des capital-risqueurs comme vous pouvez vous fier au lever du soleil ou au fait que les Canadiens font du hockey. La cupidité dans ce domaine se traduit comme ceci : « Si c'est une bonne affaire, je la veux toute pour moi. » Ce que les entrepreneurs veulent entendre c'est : « Nous voulons prendre le tout. Nous ne voulons pas d'autres investisseurs. » Ensuite, c'est le boulot de l'entrepreneur de leur expliquer pourquoi d'autres investisseurs peuvent augmenter les parts du gâteau plutôt que de le reconfigurer.

6. « Nous investissons dans votre équipe. » C'est une affirmation incomplète. Même s'il est vrai qu'ils investissent dans une équipe, les entrepreneurs entendent : « Nous n'allons pas vous virer. Pourquoi le ferions-nous puisque nous avons investi à cause de vous ? » Ce n'est pas ce que dit le capital-risqueur. Il vous dit : « Nous investissons dans votre équipe aussi longtemps que tout va bien, mais si ça va mal, nous vous virerons parce que personne n'est indispensable. »

7. « J'ai beaucoup de bande passante pour votre entreprise. » Ce capital-risqueur parle peut-être de la ligne en fibre optique dans son bureau, mais pas de son agenda personnel, parce qu'il est déjà dans dix conseils d'administration. Un entrepreneur doit savoir que, conseils d'administration compris, un capital-risqueur consacre entre cinq et dix heures par mois à une société. C'est comme ça et débrouillez-vous. Et veillez à ce que les réunions du conseil d'administration soient brèves !

8. « C'est un *term sheet* standard[1]. » Il n'y a pas de *term sheet* standard. Si les *term sheet*s étaient des parfums de glace, le plus commun serait « chemin rocailleux ». Vous devez avoir un avocat d'affaires expérimenté – et non votre Oncle Joe, spécialiste en divorce – pour gérer la complexité et les pièges des *term sheets*.

9. « Nous pouvons vous recommander auprès de nos sociétés clientes. » Voici un double mensonge. Le premier est qu'un capital-risqueur ne peut pas toujours vous recommander auprès d'une société cliente (cette dernière peut le détester et la pire des choses serait une recommandation de sa part). Le deuxième est que si ce capital-risqueur peut vous recommander, les entrepreneurs ne peuvent pas sérieusement s'attendre à ce que la société en question s'engage sur leur MVVVP.

10. « Nous aimons investir au démarrage de la société. » Les capital-risqueurs rêvent d'investir 1 million de dollars dans une start-up évaluée à 2 millions au moment du premier tour de financement, pour finalement obtenir 33 % du prochain Google. C'est ça, l'investissement au stade initial. Savez-vous pourquoi nous connaissons tous l'extraordinaire retour sur investissement de Google ? Pour la même raison que nous savons tout sur Michael Jordan : les Google et Michael Jordan sont rares. S'ils étaient comme les autres, personne n'en parlerait. Si vous creusez un peu, vous verrez que les capital-risqueurs

---

1. « *A vanilla term sheet* » dans la version originale, d'où l'allusion qui suit sur les parfums de glaces (NDT).

veulent investir dans des équipes qui ont fait leurs preuves (par exemple, les fondateurs de Cisco), dont la technologie est validée (par exemple, à l'origine d'un prix Nobel), pour un marché lui aussi validé (par exemple, l'e-commerce).

FAQ

Cette FAQ est la plus longue de ce livre. Sa longueur prouve à quel point lever des fonds est difficile pour la plupart des entrepreneurs. J'ai répondu aux questions les plus communes tout au long du chapitre, et je n'évoque ici que celles qui sont plus spécifiques.

Q : Combien d'argent devrais-je essayer de lever ?

R : Il y deux réponses. La première est que vous pourriez lever ce qui vous est nécessaire pour arriver à votre prochaine étape importante, par exemple celle qui va de votre premier prototype à votre premier produit commercialisable. Le raisonnement est que grâce à ce jalon, vous pourrez lever de l'argent à une valorisation bien plus élevée.

La deuxième est que si les investisseurs vous donnent de l'argent lors d'une valorisation élevée, vous pourrez prendre tout ce qu'ils vous offrent, le but étant de ne plus avoir à lever de fonds ; un souci de moins donc.

Cela dit, quelle que soit la valorisation, plus vous prenez d'argent, plus vous en aurez à rendre. Par exemple, si vous entendez dire qu'une société a levé 50 millions, il y a deux conséquences : d'abord, la société a amassé un immense arsenal financier ; ensuite, la société doit faire un retour sur investissement de 500 millions pour satisfaire ses investisseurs, ce qui génère beaucoup de pression.

La probabilité que des investisseurs vous donnent beaucoup d'argent aux premiers stades de la construction de la société est faible. Donc pour la plupart des start-up, la réponse est : prendre assez d'argent pour arriver à l'étape suivante.

Q : Comment puis-je évaluer ma start-up ?

R : J'avais pour habitude de dire que chaque ingénieur à plein temps vaut 500 000 dollars et qu'un cadre issu d'un MBA en vaut 250 000 (et j'ai un MBA). Les gens croyaient que je plaisantais, mais ce n'est pas le cas.

Quelques conseils. Premièrement, ce n'est pas vous qui définissez cette valeur sauf si vous êtes l'une de ces rares start-up qui peut dire non à des investisseurs. Pour la plupart d'entre nous, ce sont les investisseurs qui établissent cette valeur et vous essayez de l'améliorer. C'est ce qu'on appelle négocier.

Deuxièmement, les informations sur la valorisation des sociétés privées sont imparfaites. Ce n'est pas comme si vous pouviez prendre le *Wall Street Journal* et trouver à quel prix le titre se négocie. Le mieux que vous puissiez faire est de vous servir d'approximations sur la base de sociétés comparables.

Voici le calcul. Supposez qu'une entreprise similaire lève 3 millions. Une start-up vend généralement entre 20 et 25 % de son capital pour ce tour de financement. Si vous calculez en sens inverse, si 3 millions représentent

20 à 25 %, 100 % représentent entre 12 et 15 millions. C'est à partir de ça que vous pouvez négocier.

Vous pouvez découvrir ces financements en vous rendant sur des sites Internet comme Mashable, TechCrunch et The Verge. Wilson Sonsini Goodrich & Rosati publie aussi un rapport utile basé sur le financement de ses clients.

Troisièmement, vous n'avez pas besoin d'être un as en maths pour savoir que posséder un plus grand pourcentage de la start-up est préférable. Mais ça ne fait pas tout ; ce qui compte, c'est la valeur du titre et non pas le pourcentage que vous possédez. Par exemple, il vaut mieux posséder 0,001 % de Google que 51 % d'une société qui vaut 10 millions de dollars.

En conséquence, ne faites pas tout pour tenter de maximiser la valorisation de votre start-up et minimiser les effets de dilution quand vous levez de l'argent. Ou bien vous allez gagner plus d'argent que tout ce que vous n'avez jamais espéré, ou bien vous finirez sans rien. La valeur de votre société est plus importante que le pourcentage que vous possédez.

Q : Les entrepreneurs sont-ils obligés d'accepter la valorisation proposée par les capital-risqueurs qui veulent investir dans leur entreprise ?

R : Quelle que soit la première proposition, demandez une valorisation plus élevée de 25 % car on s'attend à ce que vous négociiez – en fait, si vous ne le faites pas, vous pourriez effrayer le capital-risqueur en lui donnant à penser que vous n'êtes pas un bon en affaires. Ce serait bien que vous ayez quelques arguments montrant pourquoi votre valorisation devrait être plus élevée (cela ne suffira pas de dire qu'on vous a conseillé de négocier dans ce livre).

Au bout du compte, cependant, si la valorisation est raisonnable, prenez l'argent et allez de l'avant. Dans les deux cas, une bonne valorisation et un peu plus ou un peu moins de pourcentage font rarement une grande différence.

Q : Un capital-risqueur veut investir 5 millions dans ma société ! À quoi dois-je m'attendre pour son intervention dans la société ?

R : Tant que tout va bien, un capital-risqueur vous laisse tranquille. Mettez-vous à sa place : il se peut qu'il soit membre de dix conseils d'administration qui se réunissent au moins tous les trimestres et parfois tous les mois ; il faut qu'il lève des fonds à investir et veille à ce que ses quelque 25 investisseurs soient contents ; il regarde plusieurs affaires par jour ; et il a affaire à cinq autres partenaires. Il n'a pas le temps d'épier tous vos faits et gestes (et s'il pensait devoir le faire, il n'aurait de toute façon pas misé sur vous).

Une question plus importante est la suivante : « Que puis-je attendre d'un *bon* capital-risqueur ? » Voici la réponse : cinq heures d'attention par mois au cours desquelles il vous proposera des pistes pour trouver des clients et des partenaires potentiels, et pour recruter des candidats à des postes de haut niveau dans votre société.

L'art de lever des fonds

Q : Comment puis-je identifier les sociétés de capital-risque qui ont un nouveau fonds qui viendra à échéance à un moment suffisamment lointain pour coïncider avec mon horizon de liquidité ?

R : Vous réfléchissez trop. Le *timing* d'un fonds n'est quasiment jamais un gros facteur. De plus, c'est l'organisme qui vous choisit, non l'inverse, et il n'est pas possible de prédire un horizon de liquidité.

Q : Dans quel ordre faut-il approcher les capital-risqueurs : capital-risqueurs de première catégorie, puis de deuxième catégorie, puis de troisième catégorie, ou l'inverse ?

R : Vous réfléchissez *beaucoup* trop. Faites un pitch à presque tous les organismes que vous pouvez atteindre. Après avoir essayé de lever des capitaux pendant neuf mois, vous vous rendrez compte que l'argent n'a pas d'odeur. De plus, il n'est pas du tout évident de faire une distinction entre des organismes de première, de seconde ou de troisième catégorie.

Q : Quel est le taux de rentabilité interne attendu par les capital-risqueurs de catégorie un, deux, ou trois ? Sont-ils intraitables sur leurs objectifs ?

R : Vous réfléchissez encore beaucoup trop. Tout d'abord, il est improbable qu'un capital-risqueur admette que sa société n'est pas de premier ordre. Même si c'était le cas, il n'irait pas dire à ses partenaires et investisseurs : « Puisque nous ne sommes pas une société de premier ordre, essayons d'avoir seulement 10 %. »

Tous les capital-risqueurs espèrent évidemment avoir un retour sur investissement maximum, et non une rentabilité moyenne. (Souvenez-vous, ils savent qu'il est fort probable que votre société se casse la figure.) Mais cette question omet un point... Bien que les sociétés de capital-risque soient classées les unes par rapport aux autres sur la base de cette rentabilité interne, les capital-risqueurs n'évaluent pas les affaires individuellement en calculant leur rentabilité potentielle.

D'un point de vue pratique, les investisseurs considèrent le rendement *cash on cash* – c'est-à-dire, si je mets un million aujourd'hui, que puis-je raisonnablement espérer comme rendement dans quatre ou cinq ans ? (5 millions donnerait un rendement de 5.) Les attentes en matière de rendement *cash on cash* varient selon les types d'investisseurs et le domaine d'investissement, et ne sont pas liées au prestige de la firme. Pour un investissement dans une jeune start-up, vous avez intérêt à convaincre l'investisseur qu'il y a un plan réaliste pour un rendement de 5 à 10 en trois ou cinq ans.

Q : Dois-je admettre que nos ventes à ce jour sont médiocres (ou même inexistantes) ?

R : Oui, mais prenez des gants ; vos ventes ne sont pas moroses – vous arrivez simplement « trop tôt dans le cycle de vente avec un produit très précurseur ». C'est aussi pour cette raison que plus vous pouvez bootstrapper, mieux c'est.

Q : Dois-je admettre devant un capital-risqueur que tout ceci est nouveau pour moi ?

R : Ce ne sera pas nécessaire parce que ce sera évident. Ainsi, vous avez autant intérêt à dire la vérité. Cependant, pour améliorer la situation, entourez-vous d'administrateurs et de conseillers expérimentés. Aussi, dites « Je vais faire ce qui sera bon pour l'entreprise, y compris me mettre à l'écart s'il le faut », et pensez-le vraiment.

Q : Les capital-risqueurs parlent-ils vraiment entre eux ? Une bévue de ma part devant l'un d'eux sera-t-elle un sujet de conversation à la machine à café et pourra-t-elle me mettre dans une position indélicate lorsque je me retrouverai en face des autres ?

R : Il est improbable que des capital-risqueurs parlent de vous, car il n'y a pas assez d'heures dans la journée pour qu'on discute de toutes les affaires mal montées ou des entrepreneurs paumés. Il faudrait que vous fassiez quelque chose d'étonnamment stupide pour qu'ils en parlent.

Q : Est-il nécessaire d'engager un avocat et un comptable avant de lever des fonds ?

R : Non, mais il est préférable d'avoir un avocat pour trois raisons : premièrement, si vous avez choisi un cabinet reconnu pour son travail auprès des entreprises et des capital-risqueurs, vous montrerez que vous savez ce que vous faites ; deuxièmement, un bon professionnel peut vous aider à trouver des investisseurs ; troisièmement, vous avez besoin d'un avocat expérimenté pour monter le dossier financier. Quant au cabinet comptable, c'est moins important, parce qu'il n'y a pas encore beaucoup de choses à comptabiliser pour le moment.

Q : Est-il préférable de trouver de l'argent pour le projet tout entier jusqu'à une opportunité de liquidité ou simplement ce qu'il faut pour un ou deux ans ?

R : Ni l'un ni l'autre. Il vous est impossible de savoir si cette opportunité se présentera et quand et combien d'argent il vous faudra d'ici là. Cependant, ce que vous voulez obtenir et ce que les investisseurs veulent donner, c'est assez de capital pour parvenir à la prochaine étape importante, plus de quoi tenir six mois supplémentaires au cas où vous prendriez du retard.

Q : Mon affaire doit-elle être entièrement fonctionnelle et rentable pour attirer un investissement en capital ?

R : L'activité du capital-risque est cyclique – certains diraient même boulimique. Quand tout va pour le mieux, les capital-risqueurs financeront quiconque sait démarrer PowerPoint. Dans les moments plus difficiles, les capital-risqueurs deviennent, pour la plupart, prudents et veulent des sociétés « fonctionnelles et rentables ».

Votre mission est de dégoter des capital-risqueurs qui font des paris sur l'avenir sur des sociétés « qui n'ont pas fait leurs preuves ». Quand les capital-risqueurs vous disent qu'ils n'investissent que dans les sociétés

« qui ont fait leurs preuves », ils mentent. Ce qu'ils vous disent en réalité, c'est : « On ne sait pas où vous voulez nous amener, donc on vous a dit autre chose pour ne pas vous blesser. Si nous comprenions et croyions en vous, nous prendrions le risque. »

Q : L'existence d'un concurrent leader sur le marché que nous visons m'empêche-t-elle d'obtenir un financement ?

R : Ça dépend. Si vous arrivez tôt dans le cycle de vie de ce marché et qu'il est clair que ce marché sera immense, vous pouvez obtenir du financement. Commodore était le leader établi dans le secteur des ordinateurs personnels, et des quantités de sociétés ont pourtant été financées après. D'un autre côté, ce serait difficile dans un marché mature et qui demande beaucoup de capital, comme celui de l'automobile.

Ça dépend aussi de l'investisseur. Certains seront effrayés à l'idée qu'un leader soit déjà présent sur le marché. D'autres verront l'existence de ce leader comme la preuve qu'il y a un marché et seront prêts à affronter ce leader.

Il y a une dernière chose à laquelle il faut penser. La question porte spécifiquement sur le financement. Cela dit, la capacité à être financé et la viabilité de votre organisation sont deux choses bien distinctes. S'attaquer au leader peut ne pas être finançable, mais peut quand même être viable : les refus d'investisseurs ne doivent surtout pas vous arrêter.

Q : Vaut-il mieux avoir moins d'investisseurs, mais plus gros, plutôt que beaucoup d'investisseurs, mais plus petits ?

R : Estimez-vous très heureux si vous avez le choix. Moins d'investisseurs signifie moins de relations à gérer. De plus, avoir plus d'investisseurs pourrait vouloir dire que se trouvent dans le lot des investisseurs moins concernés.

Voici cependant plusieurs bonnes raisons d'avoir des investisseurs supplémentaires : (1) plus d'investisseurs, cela veut aussi dire plus de gens pour vous ouvrir des portes, vous aider à recruter et à créer du buzz ; (2) quand vous aurez besoin de capital supplémentaire, il est plus simple d'avoir plusieurs sources d'argent déjà dans l'affaire ; (3) il est dangereux de n'avoir qu'un seul investisseur à convaincre quand (et non si) il y a un désaccord.

Q : Si j'accepte de l'argent de la part d'un business angel, est-il possible d'avoir une clause de rachat me permettant de conserver des actions si je peux rembourser son prêt avec un intérêt ?

R : Vous pouvez essayer, mais c'est mal vu. Les business angels ne sont pas des banques qui essaient de faire une comparaison entre le coût du capital et les intérêts que vous leur paierez. Ils mettent de l'argent dans votre société au moment le plus risqué, donc ils doivent avoir des avantages en contrepartie. Si vous prévoyez une clause de rachat, vous marquerez des mauvais points de karma, et une start-up a besoin de tout le bon karma qu'elle peut trouver.

Q : Les investisseurs actuels doivent-ils assister aux réunions de recrutement d'autres investisseurs potentiels ?

R : Si l'investisseur potentiel est d'accord, c'est généralement bon signe, car cela veut dire que les investisseurs actuels sont suffisamment concernés pour se déplacer aux réunions de l'entreprise. Si l'investisseur actuel est connu, n'hésitez pas une seule seconde, emmenez-le.

Q : Qu'est-ce qui est le plus attrayant pour des investisseurs : le concept d'un produit qui a un marché établi d'un milliard, mais où il y a déjà des acteurs de gros calibre, ou une idée de produit qui peut potentiellement créer un marché d'un milliard et où il n'y a pas de concurrence sur le court terme ?

R : Cela dépend de l'investisseur. Il y a une poignée d'investisseurs qui adorent se lancer dans des projets hyper novateurs, mais la grande majorité se transforme en moutons : ils foncent parce que c'est ce que fait le reste du troupeau. D'une certaine façon, lever des capitaux est un jeu de hasard : vous allez devoir organiser beaucoup de présentations pour trouver l'investisseur qui signera un chèque, donc ne soyez pas trop sélectif.

Q : Sur quoi devons-nous mettre le plus l'accent : dire à quel point le produit est indispensable et faire l'analyse de la concurrence, ou prouver aux investisseurs qu'ils obtiendront une rentabilité de x % ?

R : Le premier cas, jamais le second. Personne ne peut prédire quand et comment aura lieu la liquidité. Essayer de le faire vous fera passer pour un idiot.

Q : Quand un entrepreneur doit-il abandonner l'idée d'obtenir du capital auprès d'un investisseur ?

R : Je n'ai jamais vu un entrepreneur faire revenir un investisseur sur sa décision négative en argumentant. Quand un investisseur dit non (avec beaucoup de mots, comme nous l'avons vu plus tôt), abandonnez la partie avec le sourire.

Mais revenez quand vous avez une « pièce à conviction », un argument qui puisse vraiment peser dans la balance. Cet argument peut être que votre produit est terminé, que vous avez décroché de gros contrats, levé des fonds auprès d'autres sources de capital et constitué une équipe de qualité. La persévérance, avec des preuves, peut parfois payer.

Q : Quel est le salaire raisonnable que peut se verser un PDG sans terrifier un investisseur et le voir partir en courant ?

R : Il est difficile de donner des chiffres sans aucune information. En 2014, pour des start-up dans la technologie, la réponse est probablement 125 000 dollars par an. La solution qui consiste à ce que le PDG ne se paye pas plus de quatre fois la somme qu'il verse à son employé à plein temps le moins bien payé a fait ses preuves et je vous la conseille.

Q : Les business angels aiment que les entrepreneurs se mouillent un peu financièrement. Comment faire si je n'ai pas d'argent pour investir dans l'affaire ? Quelle est la position des capital-risqueurs sur le sujet ?

R : Pour un capital-risqueur ou un business angel, l'implication financière d'un entrepreneur est une bonne chose, mais pas une nécessité. Évidemment, ne croyez pas que, parce que vous avez été assez stupide pour mettre de l'argent dans une mauvaise idée, d'autres investisseurs le feront.

Si la seule raison pour laquelle un investisseur potentiel a refusé votre projet est votre absence d'implication financière, c'est que la réponse était négative de toute façon. Ce qui importe davantage est la durée pendant laquelle vous avez travaillé sur le produit et les progrès réalisés.

Inversement, si l'investisseur est d'accord pour ajouter du capital essentiellement parce que vous êtes impliqué personnellement, c'est que cet investisseur est un imbécile et vous ne devriez pas accepter sa proposition. Aussi, peu importe si votre participation prend une dimension financière ou non : vous serez forcément très impliqué dans votre projet car vous aurez investi en ayant su faire face à des mois de galère et de sueurs froides.

Q : Si un angel demande quelle sera la rentabilité de son investissement, quelle est la meilleure réponse à lui donner ?

R : Dites-vous bien que ce n'est pas un investisseur averti car si c'était le cas, il ne poserait pas une question à laquelle il n'y a pas de réponse. Mais vu que vous n'avez sans doute pas le culot de lui répondre cela, vous pouvez lui proposer à la place de parcourir avec vous vos projections financières puis lui poser cette question : « Qu'est-ce qui serait réaliste, à votre avis ? »

Q : **Comment dois-je m'habiller lors des rendez-vous avec des capital-risqueurs si je suis aux États-Unis ?**

R : Tout dépend de la partie des États-Unis dans laquelle vous êtes. Sur la côte Est, soyez en veste et cravate. Sur la côte Ouest, vous pouvez vous habiller de manière plus informelle – des Docksides et un polo font souvent l'affaire. Mais après tout, peu importe où vous êtes. Si vous êtes un génie de la technologie, vous pouvez arriver en t-shirt propre et en jean.

Q : **Des investisseurs peuvent-ils être intéressés par un versement de dividendes ou par un rachat du capital par les fondateurs de la société dans cinq ou dix ans ?**

R : Seulement si l'investisseur est votre mère. Si les investisseurs sont des professionnels, ne levez pas de capitaux si vous n'avez pas en vue une entrée en Bourse ou une acquisition. Les business angels peuvent parfois investir dans votre entreprise sous l'effet d'un coup de cœur – alors la question de la liquidité n'est pas aussi importante. Mais les dividendes ou le rachat attirent très peu d'investisseurs.

Q : Comment puis-je protéger une idée puisque peu d'investisseurs acceptent de signer un accord de confidentialité ?

R : Vous avez raison : peu d'investisseurs en signeront un, et même s'ils le faisaient, le simple fait d'entendre votre idée ne la rend pas copiable. Je n'ai jamais vu d'entrepreneur se faire voler son idée par un investisseur après lui en avoir parlé.

> « C'est la réalisation des idées qui est difficile – et c'est là que se trouve l'argent. »

Les investisseurs recherchent des gens qui sont capables de mettre en œuvre des idées et pas simplement capables d'en avoir. Avoir des idées, c'est facile. C'est la réalisation des idées qui est difficile – et c'est là que se trouve l'argent. Très franchement, peu d'investisseurs sont capables de concrétiser une idée – c'est bien pour ça qu'ils sont investisseurs... Mais je m'éloigne du sujet.

Voici les points importants sur l'utilisation d'un accord de confidentialité :

- Si vous demandez un accord de confidentialité pour simplement parler de votre idée, gardez le poste que vous avez actuellement, parce que vous êtes un vrai paumé. Une personne signant un accord de confidentialité pour simplement entendre votre idée n'est pas un investisseur souhaitable.

- Faites circuler votre sommaire exécutif et votre présentation PowerPoint librement. Ces documents ont pour but de convaincre les investisseurs de passer à l'étape suivante. Ils ne doivent pas révéler vos ingrédients secrets.

- Demandez un accord de confidentialité si un investisseur est intéressé par votre affaire et veut plus de détails sur votre produit. Au stade de l'audit, c'est normal qu'un investisseur demande ce genre de choses. Il est alors raisonnable de lui demander de signer un accord de confidentialité.

- Une fois que les brevets ont été déposés et que vous avez un accord de confidentialité, vous devriez vous sentir plus libre lorsque vous parlez plus en détail de votre projet – ce qui ne veut pas dire que vous aurez le temps ou les moyens d'attaquer pour contrefaçon. Le meilleur moyen de protéger une idée est de bien concrétiser cette idée.

Q : Quand dois-je arrêter d'essayer de trouver/négocier un meilleur accord et prendre ce qu'on m'offre ?

R : C'est une bonne idée d'arrêter de chercher et de négocier si vous ne pouvez pas verser de salaire à vos employés. Si l'arrangement qu'on vous offre est à 20 % près ce que vous vouliez, acceptez-le. Concentrez-vous sur la construction de votre affaire, et non sur la recherche du meilleur accord. Sur le long terme, la qualité de votre entreprise est ce qui détermine combien d'argent vous allez produire, pas l'arrangement que vous faites des années auparavant avec un investisseur.

Q : Qu'est-ce qui devrait me préoccuper le plus : la dilution du capital, les besoins réels de mon entreprise ou le montant que veut mettre l'investisseur ?

R : Voici l'ordre des priorités : les besoins réels de votre société, le montant que veut mettre l'investisseur, puis, à la fin, et vraiment à la fin, la dilution.

LECTURE RECOMMANDÉE

Randall E. Stross, *eBoys: The First Inside Account of Venture Capitalists at Work*, Crown Business, 2000.

CHAPITRE 6

L'art de faire un pitch

Reconsidérez un peu votre réponse,
de peur qu'elle ne nuise à votre fortune.

William Shakespeare, *Le roi Lear*

L'ESSENTIEL

Oubliez la formule « Je pense, donc je suis ». Pour un entrepreneur, elle devient : « Je fais un *pitch*[1], donc je suis. » Savoir faire un pitch n'est pas seulement utile pour lever des fonds, c'est essentiel pour conclure un accord, qu'il s'agisse de choses positives comme des ventes, d'un partenariat ou du recrutement d'un employé.

QUESTION : Comment savoir si un entrepreneur est en train de faire un pitch ?

RÉPONSE : Ses lèvres bougent.

---

1. Le mot *pitch*, en anglais comme en américain, a de multiples sens, parmi lesquels le fait de raconter une histoire avec facilité et en exagérant un peu pour retenir l'attention. Dans le jargon des jeunes entreprises, un pitch est la présentation concise, compréhensible et convaincante de ce que fait la société. Selon le contexte, nous avons utilisé « présentation » ou gardé pitch (NDT).

L'ART DE SE LANCER 2.0

Dans ce chapitre, vous allez apprendre comment présenter votre start-up et votre produit de manière simple et efficace.

Soyez préparé

S'il n'y a pas de projecteur quand vous arrivez à une réunion, c'est votre faute. Si votre ordinateur portable et le projecteur ne sont pas compatibles, c'est votre faute. Si l'ampoule saute au milieu de votre présentation, c'est votre faute. Si vous avez du mal à vous mettre dans le bain, semblez désorganisé et paraissez complètement perdu, c'est votre faute.

Vous voyez où je veux en venir ?

Il est presque impossible de se rattraper lorsqu'on a mal commencé, donc arrivez bien en avance et profitez-en pour planter le décor. Apportez votre projecteur personnel. Enregistrez votre présentation sur deux ordinateurs portables. Apportez deux adaptateurs VGA et une copie de votre présentation sur une clé USB. Apportez des versions imprimées de votre présentation pour le cas où rien ne marcherait.

> *En plantant le décor pour que tout le monde soit sur la même longueur d'onde, vous partez avec une belle longueur d'avance.*

Plantez le décor

Quand la réunion commence, plantez le décor tout de suite pour la suite du pitch. La question à poser est : « Combien de temps avez-vous ? » Cette question montre que vous respectez les contraintes horaires de votre auditoire. Mais elle oblige aussi votre auditoire à s'engager pour un minimum de temps.

Posez ensuite la question suivante : « Quels sont les trois points qui sont les plus importants pour vous ? » Il se peut que vous découvriez qu'ils sont déjà au point sur quelque chose dont vous vouliez parler, donc cela vous permet de laisser tomber cette partie-là. Et vous pouvez aussi découvrir que vous ne pouvez pas passer sur un point que vous croyiez acquis.

Enfin, demandez-leur : « Cela ne vous dérange pas si je fais rapidement ma présentation et que je réponds à vos questions à la fin ? » Faites en sorte que votre auditoire s'engage à ne pas interrompre le cours de votre pitch.

Votre partenaire devrait vous avoir communiqué ces informations avant la réunion, mais si ce n'est pas le cas, vous devriez avoir ces réponses en cinq minutes environ et en plantant ainsi le décor pour que tout le monde soit sur la même longueur d'onde, vous partez avec une belle longueur d'avance.

Expliquez-vous en six minutes

Malheureusement, beaucoup d'entrepreneurs croient qu'un pitch est une histoire débutant par un premier chapitre autobiographique. De tels contes sont supposés convaincre l'auditoire que l'équipe est fantastique. Mais pendant ce temps-là, l'investisseur se demande : « *Que fait cette start-up ?* » Pour utiliser une analogie propre à l'aviation, la présentation donne l'impression qu'on est dans un 747 qu'on entend à trois kilomètres. Imitez plutôt un F18 s'élançant d'un porte-avion de 100 mètres de long.

Dès la sixième minute de votre présentation (et pas plus tard), vous devez être en train d'expliquer ce que fait votre start-up. Une fois que votre auditoire sait ce que vous faites, il peut écouter votre pitch calmement et rester concentré.

Ne partez pas dans des déclarations comme « une solution, dont le brevet est d'ailleurs en cours de validation, un saut quantique, déployable, révolutionnaire, avec un avantage au premier entrant, une innovation de rupture, orientée client ». Dites les choses simplement :

- « Nous vendons du logiciel. »
- « Nous vendons du matériel. »
- « Nous donnons des cours à des enfants défavorisés. »
- « Nous prévenons la maltraitance des enfants. »

EXERCICE

Vous avez une minute (ni plus, ni moins) pour faire cet exercice. Expliquez ce que fait votre start-up à des amis. Demandez-leur ensuite d'écrire ce que fait votre start-up. Rassemblez les réponses et comparez-les avec ce que vous pensez avoir dit.

Respectez la règle du 10/20/30

J'ai la maladie de Ménière, le terme médical qui désigne la combinaison d'un tintement constant dans l'oreille, d'une perte auditive et de vertiges. Il n'y a pas de remède, mais il y a beaucoup de théories sur sa cause ou son traitement. Je suis convaincu que ma maladie de Ménière vient du fait que j'ai écouté des milliers de pitchs médiocres.

Selon le principe de Pareto, 80 % des effets résultent de 20 % des causes. Selon la loi de Metcalfe, la valeur d'un réseau est proportionnelle au carré de son nombre d'utilisateurs. La règle du 10/20/30 s'applique quant à elle aux présentations. Vous devez utiliser dix slides en vingt minutes avec un corps de texte d'au moins 30 points. C'est la règle la plus importante à connaître sur l'art de faire vos présentations. En plus, elle aidera à prévenir une épidémie de la maladie de Ménière.

> *Je suis convaincu que ma maladie de Ménière vient du fait que j'ai écouté des milliers de pitchs médiocres.*

Dix slides

L'objectif d'un pitch est de stimuler l'intérêt, non de couvrir tous les aspects de votre start-up et d'assommer votre auditoire. Votre but est de générer suffisamment d'intérêt pour déclencher l'envie d'une seconde réunion. C'est pourquoi le nombre recommandé de slides pour un pitch est de dix. Ce nombre extraordinairement bas vous force à vous concentrer sur ce qui est absolument essentiel. Vous pouvez en ajouter quelques-unes de plus, mais n'excédez jamais quinze. Plus vous aurez besoin de slides, moins votre idée sera convaincante. Les dix slides comprennent :

- **UN TITRE.** Le nom de votre organisation, votre nom et votre titre, votre adresse, votre adresse mail et votre numéro de portable. Quand cette slide apparaît, posez les questions qui plantent le décor et expliquez ce que fait votre start-up. Allez droit au but !

- **UN PROBLÈME / UNE OPPORTUNITÉ.** Décrivez le mal que vous soulagez. Le but est que tout le monde croie à l'utilité de votre produit. Évitez d'apparaître comme une solution en quête d'un problème. Minimisez ou éliminez les citations provenant d'études de consultants sur la taille potentielle du marché.

Si vous ne soulagez pas un mal, mais permettez aux gens de faire des choses qu'ils ne pouvaient pas faire avant, dépeignez le meilleur des mondes que vous offrez.

> *Si une image vaut 1 000 mots, un prototype vaut 10 000 slides.*

- **UNE PROPOSITION DE VALEUR.** Expliquez comment vous soulagez le mal et le sens que vous produisez. Assurez-vous que votre auditoire comprend ce que vous vendez et votre proposition de valeur. Ce n'est pas le moment pour une explication technique approfondie. Dites l'essentiel sur votre start-up ; par exemple : « Nous sommes un site de voyages low cost. Nous avons conçu un logiciel qui fait des recherches sur tous les sites de voyages et réunit les prix dans un seul rapport. »

- **UNE MAGIE SOUS-JACENTE.** Décrivez la technologie, votre ingrédient secret ou la magie de votre produit. Moins vous avez de texte, plus vous avez de figures, de schémas et tableaux, mieux c'est. Par cette unique slide, vous devez convaincre que vous avez une idée techniquement viable. Si vous avez un MVVVP, un prototype opérationnel ou une démo, c'est le moment de le montrer. Si vous avez de la chance, vous ne passerez jamais les slides restantes. Comme le disait Glen Shires de Google, « si une image vaut 1 000 mots, un prototype vaut 10 000 slides ».

- **UN BUSINESS MODEL.** Expliquez comment vous produisez de l'argent : qui vous paie, quels sont vos canaux de distribution et votre marge brute. D'une manière générale, un business model qui est unique et non testé fait peur. Si votre business model est révolutionnaire, décrivez-le en des termes qui sont familiers. C'est l'occasion pour vous de donner les noms des organismes qui utilisent déjà votre produit.

- **UNE STRATÉGIE DE COMMERCIALISATION.** Expliquez comment vous allez atteindre vos clients et résumez vos leviers de marketing. Persuadez votre auditoire que vous avez une stratégie de commercialisation efficace qui ne va pas coûter des fortunes. (Résistez à la tentation de parler de viralité parce que c'est se bercer d'illusions, ce n'est pas une stratégie.)

- **UNE ANALYSE CONCURRENTIELLE.** Donnez une vue d'ensemble de la concurrence. Trop est mieux que trop peu. Ne traitez pas la concurrence à la légère. Tout le monde – les clients, les investisseurs et les partenaires – veut savoir pourquoi vous êtes bon, et non pourquoi les concurrents sont mauvais.

- **UNE ÉQUIPE DE DIRECTION.** Présentez les acteurs clés de votre équipe de direction, les membres de votre conseil d'administration, les conseillers ainsi que les principaux investisseurs. Pas de problème si vous n'avez pas une équipe parfaite – si vous étiez le co-fondateur de Cisco ou de YouTube, vous ne seriez pas en train de lever des fonds. Vous devez simplement montrer que votre formation et votre expérience professionnelle font sens pour le marché que vous visez. Toutes les start-up ont des failles – ce qui est important, c'est de savoir que la vôtre en a et que vous allez régler ça.

- **DES PRÉVISIONS FINANCIÈRES ET DES CHIFFRES CLÉS.** Fournissez des prévisions sur cinq ans, non seulement en termes de revenus mais aussi pour les chiffres clés, comme le nombre de clients et le taux de conversion. Faites des projections ascendantes (voir le chapitre 4). Prenez en compte des cycles de vente longs et les effets saisonniers. Faites comprendre aux gens que les hypothèses sous-jacentes à vos projections sont aussi importantes que les chiffres que vous donnez.

- **LA SITUATION ACTUELLE, LES RÉALISATIONS À CE JOUR, LE PLANNING ET L'UTILISATION DES FONDS LEVÉS.** Dites où en est votre produit, comment vous voyez le futur proche et comment vous allez utiliser les fonds que vous essayez de lever. Donnez des détails sur votre élan positif et votre traction. Utilisez ensuite en conclusion une slide orientée action.

Un mot concernant la liquidité : aucun entrepreneur ne sait quand, comment, ni s'il arrivera un jour à la liquidité ; et pourtant, beaucoup insistent sur l'idée d'ajouter une slide qui dirait : « Il y a deux options : une entrée en Bourse ou une acquisition. » Soit. Quand un investisseur vous pose la question de votre stratégie de sortie, cela veut souvent dire que c'est un paumé. Si votre réponse est l'une de ces deux options, vous avez beaucoup en commun.

Le seul moment où vous pourriez inclure une slide sur la liquidité, c'est lorsque vous donnez une liste de trois acquéreurs dont l'investisseur n'a jamais entendu parler – cela montre que vous connaissez le secteur. Inversement si vous dites que Google ou le Google de votre domaine va vous acheter, les investisseurs, sauf les plus idiots, vous riront au nez.

En plus de vos dix slides, vous pouvez avoir des slides supplémentaires qui donnent plus de détails sur votre technologie, votre stratégie marketing, vos clients actuels et autres éléments clés de votre stratégie. Il est bon de les avoir en réserve pour le cas où on vous demanderait davantage d'explications. Cela dit, ne les utilisez que s'il y a une demande.

Vingt minutes

Les réunions durent généralement une heure. Vous devez cependant être capable de faire votre pitch en vingt minutes, pour deux raisons :

- Il se peut que vous ne disposiez pas d'une heure complète si la présentation précédente a pris du retard. Malheureusement, votre présentation doit finir à l'heure parce que les investisseurs veulent rattraper ce retard.

- Vous voulez avoir du temps pour la discussion. Peu importe qu'il s'agisse d'un pitch en 20 minutes suivi d'une discussion de 40 minutes ou d'une séquence slide/discussion, slide/discussion, slide/discussion.

Vous pensez sans doute : « *Guy parle des gens ordinaires*[1], *des ploucs et des guignols. Eux, ils devraient n'utiliser que dix slides et vingt minutes, mais pas nous. Nous, nous avons une technologie inédite et en passe d'être brevetée qui représente un bond en avant, et va faire changer les mentalités* » C'est pourtant bien à *vous* que je m'adresse. Peu m'importe que vous vendiez de la nourriture pour chien, la vie éternelle, des nanoparticules, des composants optiques ou le remède contre le cancer : dix slides et vingt minutes, c'est tout ce dont vous disposez.

30 points de corps de texte

Cette recommandation vaut pour tout pitch rétro-projeté. Pensez à une chose : la plupart des capital-risqueurs ne sont pas de la première jeunesse et ont souvent une vue qui se détériore. Le calcul est simple : il faut diviser l'âge de l'investisseur le plus âgé par deux et utiliser ce nombre comme taille de caractères. Pensez aussi que la taille de caractères peut être un bon indicateur quant à la qualité de l'intervenant – Steve Jobs utilisait du 150 points. Vous utilisez du 8 points.

Servez-vous des slides comme d'un fil directeur, non comme d'un document à lire. Elles doivent confirmer ce qui sort de votre bouche car les gens lisent plus rapidement que vous ne parlez. Si

---

1. Guy Kawasaki utilise ici l'expression « hoi polloi » soit « le populo » (NDT).

L'art de faire un pitch

vous mettez trop d'informations sur la diapo, l'auditoire va lire et n'écoutera pas ce que vous dites.

> **EXERCICE**
>
> Imaginez qu'on vous offre 100 dollars pour chaque mot que vous supprimerez de votre pitch. À quoi ressemblerait-il au final ?

Si vous avez besoin d'utiliser une petite taille de caractères pour faire rentrer tout votre contenu sur une slide, c'est que vous mettez trop de détails. Chaque diapo doit illustrer un point principal. Le texte et les puces doivent servir à étayer ce point.

L'ART DE SE LANCER 2.0

Maîtrisez les subtilités

> *Dans certains cas (...) le couteau peut se retourner sauvagement sur la personne qui le manie... Vous utilisez le couteau avec précaution parce que vous savez qu'il se fiche de qui il coupe.*
>
> Stephen King

Si vous respectez la règle du 10/20/30, vos pitchs seront meilleurs que ceux de 90 % des entrepreneurs. Pour approcher la perfection, tâchez de maîtriser les subtilités suivantes :

> "Croyez-vous vraiment qu'ajouter une animation entrant par le coin en bas à gauche de l'écran va améliorer votre présentation ?"

- **NE LISEZ JAMAIS VOS DIAPOS.** Le texte de vos diapos est un repère. Les mots qui sortent de votre bouche sont des explications, des embellissements.

- **UTILISEZ UN FOND SOMBRE.** Un fond sombre donne l'impression que votre contenu est complet et sérieux. Un fond blanc ou clair fait *cheap* et amateur. De plus, regarder une présentation sur fond blanc pendant 20 ou 60 minutes fatigue les yeux. Avez-vous déjà vu un générique de film en caractères noirs sur fond blanc ?

- **AJOUTEZ VOTRE LOGO SUR CHAQUE SLIDE.** Toute présentation est l'occasion de construire l'image de marque de votre start-up. Donc n'hésitez pas à mettre votre logo sur chaque slide. En faisant cela, vous vous assurez que votre logo sera visible tout le temps.

- **CHOISISSEZ DES POLICES HABITUELLES ET SANS EMPATTEMENT.** Une présentation n'est pas l'occasion de montrer que vous avez accumulé la collection de polices de caractères la plus vaste du monde. Servez-vous de polices habituelles, car un jour vous devrez peut-être utiliser un ordinateur qui a une collection de polices différente de la vôtre. Utilisez des polices sans empattement qui ont l'avantage d'être plus lisibles. Vous ne ferez jamais d'erreur en ayant recours à l'Arial.

- **ANIMEZ VOTRE CORPS, PAS VOS SLIDES.** PowerPoint propose plus de 60 façons d'animer du texte ou des images. Il y en a 59 de trop. Nombre d'entrepreneurs utilisent les animations et les transitions entre les slides pour égayer leurs présentations. Croyez-vous vraiment qu'ajouter une animation entrant par le coin en bas à gauche de l'écran va améliorer votre présentation ? Ne vous donnez pas de mal : n'utilisez pas d'animations fantaisistes. Utilisez votre corps, pas les effets et animations proposés par PowerPoint. Cela vous permettra d'être davantage expressif, de communiquer vos émotions et votre enthousiasme.

- **UTILISEZ DES PUCES.** La plupart des gens ne s'en servent pas. Ils affichent et lisent de gros blocs de texte. C'est une erreur. Les puces permettent d'écrire des phrases courtes qui résument l'idée clé. Alors que beaucoup d'entrepreneurs utilisent des puces, ils les mettent toutes d'un coup ce qui donne la possibilité à leur auditoire de lire tout de suite ce qui va suivre. C'est également une erreur. Construisez vos puces : cliquez sur la puce 1, expliquez, cliquez sur la puce 2, expliquez, cliquez sur la puce 3, expliquez. C'est le seul type d'animation qui vous sera utile tout au long de votre présentation.

- **N'UTILISEZ QU'UN SEUL NIVEAU DE PUCES.** L'utilisation de puces à l'intérieur des puces signifie que vous essayez de communiquer trop d'informations sur une même diapo. Chaque slide ne devrait communiquer qu'un seul point, s'appuyant sur quelques puces. De toute façon, si vous respectez les 30 points de la règle du 10/20/30, il est difficile d'avoir des puces en cascade.

- **UTILISEZ DES DIAGRAMMES ET DES GRAPHIQUES.** Une puce est préférable à un bloc de texte, mais un diagramme ou un graphique est préférable à une puce. Faites des diagrammes pour expliquer le fonctionnement de votre business. Utilisez des graphes pour expliquer les tendances et les résultats chiffrés. Et construisez les diagrammes et les images par clics progressifs, comme pour les puces.

- **FAITES DES SLIDES IMPRIMABLES.** Il faut faire attention à une chose lorsqu'on ajoute des diagrammes et des graphiques. Parfois, ces objets graphiques se construisent les uns sur les autres et en recouvrent d'autres. Cela ne pose pas de problème durant la présentation mais pour l'impression, oui. Donc assurez-vous que vos slides fonctionnent dans les deux cas.

Ne laissez parler qu'une seule personne

Beaucoup d'entrepreneurs s'imaginent que les investisseurs veulent travailler avec des équipes et que les équipes doivent prouver leur capacité à travailler ensemble lors du pitch. Sur la base de ce raisonnement, ils croient que quatre ou cinq personnes de leur société doivent participer au pitch et que chacune doit y jouer son rôle.

C'est une logique qui pourrait coller pour un spectacle à l'école primaire. Les parents et les grands-parents ont l'occasion de voir leurs précieux trésors en action et de les filmer. La vie est belle et équitable. Mais, un pitch n'est pas un spectacle à l'école.

Dans un pitch, le PDG doit disposer de 80 % du temps de parole. Le reste de l'équipe (et il ne doit pas y avoir plus de deux personnes en plus du PDG) peut présenter la slide ou les deux slides qui relèvent spécifiquement de leur compétence. Ils peuvent aussi donner des réponses détaillées si besoin est. Et si le PDG ne se sent pas capable de prendre en charge la plus grosse partie du pitch lui-même, il doit s'exercer jusqu'à ce qu'il puisse le faire. Ou bien, il faut un nouveau patron.

Souvent les membres de l'équipe essayent de venir au secours du PDG si l'auditoire n'adhère pas à ce qu'il dit. Par exemple, supposez que quelqu'un veuille discuter votre système de distribution pour la vente de vos produits. Quelqu'un de l'équipe, avec les meilleures intentions du monde, déclare : « Je pense que vous avez raison. Cela fait longtemps que je crois que nous devrions vendre directement au client. » Mauvaise idée. Cette intervention ne montre ni flexibilité, ni ouverture d'esprit, ni compétence, elle montre juste un manque de cohésion. La seule bonne réponse doit venir du PDG et la voici : « Vous soulevez une bonne question. Puis-je revenir vers vous plus tard sur ce sujet ? »

L'ART DE SE LANCER 2.0

Mettez-vous en vol stationnaire à 300 mètres de haut

Je vous le promets, ce sera la seule et unique analogie militaire de ce livre. Considérez ces trois méthodes de défense :

- **LE B-1B LANCER.** C'est un avion de combat pour des missions intercontinentales, capable de pénétrer dans des systèmes de défense sophistiqués. Il peut voler jusqu'à 15 000 mètres au-dessus du sol. Il coûte 200 millions de dollars.

> « Si les pitchs étaient des armes, la majorité serait malheureusement des B-1B Lancer ou des Navy Seals. »

- **LES NAVY SEALS.** Ces forces sont formées pour des opérations spéciales en territoire ennemi. Elles fournissent des capacités d'armement non conventionnel et visent des cibles en temps réel, sur mer comme sur terre.

- **LE A-10 WARTHOG.** C'est un avion d'attaque au sol conçu pour le support aérien des troupes. Il est simple et efficace. Il opère à basse altitude (300 mètres) et coûte 13 millions de dollars.

L'art de faire un pitch

Si les pitchs étaient des armes, la majorité serait malheureusement des B-1B Lancers ou des Navy Seals. Le pitch B-1B est là-haut dans les nuages. Il y a beaucoup de mouvements de mains, des animations PowerPoint géniales, et on y utilise des termes comme « stratégique », « partenariats », « alliances », « avantage au premier entrant », et « technologie brevetée ». Typiquement, ce genre de pitch est délivré par un entrepreneur issu d'un MBA ou ayant eu une formation dans la finance ou de consultant.

Les geeks, ceux qui ont des hélices sur la tête, et les ingénieurs, donnent des pitchs à la Navy Seal. Ils partent dans les nuances de leur technologie et utilisent toutes sortes de sigles qu'eux seuls comprennent. Il est clair qu'ils connaissent leur technologie sur le bout des doigts – et ils adoreraient vous l'expliquer.

Le pitch B-1B voit le monde de trop haut : les gens qui écoutent veulent savoir précisément ce que vous faites et pourquoi vous allez réussir, et non entendre parler des grandes tendances et d'ambitions mégalomaniaques. Le pitch Navy Seal vole trop bas et se focalise sur les bits, les bytes et les petites bêtes – mais un pitch n'a rien à voir avec un audit effectué au microscope.

Le bon pitch pour votre affaire est fondé sur l'analogie avec le A-10 Warthog (300 mètres). Votre pitch n'a pas besoin de partir dans les nuages ou d'être cloué au sol avec un couteau entre les dents. Donnez assez de détails pour montrer que vous pouvez mettre en pratique votre idée et une vue suffisamment aérienne pour prouver que vous avez un plan.

L'ART DE SE LANCER 2.0

Répondez au petit bonhomme

Bill Joos, un ancien collègue de Garage, m'a dit que lorsqu'il a commencé sa carrière chez IBM, la société l'avait formé à imaginer qu'il y avait un petit bonhomme sur son épaule pendant ses présentations. À chaque fois que Bill disait quelque chose, le petit bonhomme[1] lui chuchotait : « Et alors ? »

Vous devriez vous aussi imaginer ce petit bonhomme sur votre épaule et l'écouter parce que ce que vous dites ne va pas toujours de soi ou n'impressionne pas forcément. À chaque fois que vous énoncez quelque chose, imaginez la question du petit bonhomme. Après lui avoir répondu, enchaînez avec les deux mots les plus puissants de votre pitch : « Par exemple... », puis évoquez un scénario d'utilisation de votre produit ou service dans le monde réel. Voici quelques exemples :

VOUS AVEZ DIT	LE PETIT BONHOMME A DEMANDÉ	VOUS LUI AVEZ RÉPONDU	VOUS AVEZ AJOUTÉ
« Nous utilisons un processeur de signal numérique dans nos appareils acoustiques. »	« Et alors ? »	« Notre produit améliore la netteté des sons. »	« Par exemple, si vous êtes à une soirée et que plusieurs conversations se déroulent autour de vous, vous pourrez entendre ce que les gens vous disent. »

---

1. Allusion à un livre de Mendele Mocher Sforim publié en 1865 (NDT).

L'art de faire un pitch

VOUS AVEZ DIT	LE PETIT BONHOMME A DEMANDÉ	VOUS LUI AVEZ RÉPONDU	VOUS AVEZ AJOUTÉ
« Nous fournissons une méthode de cryptage utilisant des clefs de 128 bits dans un appareil portable. »	« Et alors ? »	« Il est sacrément difficile de craquer notre système. »	« Par exemple, c'est utile si vous êtes dans une chambre d'hôtel et que vous voulez avoir une conversation téléphonique sécurisée avec le siège social. »
« Madame... (nom célèbre) fait partie de notre groupe de conseillers. »	« Et alors ? »	« Ce que nous faisons est suffisamment intéressant pour attirer des célébrités. »	« Par exemple, elle nous a déjà ouvert des portes dans son secteur d'activité. »
« Nous utilisons les méthodes Montessori dans notre nouvelle école. »	« Et alors ? »	« Notre école considère les enfants comme des personnes responsables et leur permet d'apprendre à gérer leurs études de façon autonome. »	« Par exemple, nous permettons aux enfants doués dans certaines disciplines d'avancer plus rapidement que les autres élèves. »

N'arrêtez jamais de pitcher

L'expérience alimente le contenu. Si vous connaissez parfaitement votre pitch, vous serez en mesure de le délivrer plus efficacement.

L'ART DE SE LANCER 2.0

Il n'y a pas trente-six façons de parvenir à cette aisance : il faut pitcher encore et encore. Vingt-cinq répétitions sont nécessaires pour la plupart des gens. Vous pouvez vous entraîner en vous adressant aux cofondateurs de l'entreprise, aux employés, à votre famille, à vos amis et même à votre chien. Oubliez la théorie qui prétend que l'on peut « se montrer à la hauteur » sans s'exercer. Steve Jobs s'entraînait pour ses introductions de produit pendant des heures – et vous n'êtes pas Steve Jobs. Si vous êtes médiocre lorsque vous vous entraînez, vous serez tout aussi médiocre le jour J – et s'il y a bien quelque chose de pire que d'avoir la maladie de Ménière, c'est de la provoquer.

> « Si vous êtes médiocre lorsque vous vous entraînez, vous serez tout aussi médiocre le jour J. »

EXERCICE

Filmez-vous en train de faire votre pitch. Si vous pouvez le regarder sans vous sentir mal à l'aise, c'est que vous êtes prêt.

Fournissez les bons chiffres

> *Le socialisme n'a jamais pris en Amérique parce que les pauvres ne se voient pas comme du prolétariat exploité mais comme des millionnaires temporairement gênés.*
>
> John Steinbeck

Les investisseurs n'étalent pas les business plans sur une table pour choisir les sociétés qu'ils vont financer sur la base de leurs projections financières et de leurs ratios de retour sur investissement. La plupart des pitchs soumis aux investisseurs ont plus de ressemblances que de différences. En particulier, ils projettent tous des ventes de 50 millions pour la quatrième ou cinquième année. Quiconque sait utiliser Excel peut arriver à ces résultats théoriques.

Généralement, les capital-risqueurs veulent voir trois à cinq ans de projections pour :
– mieux comprendre la taille de votre affaire ;
– examiner les hypothèses de votre business model ;
– déterminer le montant de capital nécessaire.

Voici comment trois grands capital-risqueurs décrivent ce à quoi ils s'attendent en matière de projections financières.

- **MOHANJIT JOLLY / DRAPER FISHER JURVETSON.** « J'attends des projections sur cinq ans avec des hypothèses détaillées pour les deux premières années, là où il y a un certain niveau de visibilité. Les années suivantes servent plus à analyser la croissance des revenus, voir si l'entrepreneur pense grand et comprend les facteurs déterminants, comme les besoins en capital, l'augmentation des effectifs, etc. En fin de compte, ces analyses financières servent principalement à vérifier si l'affaire peut devenir suffisamment importante en un temps raisonnable pour donner le type de retour qu'attendent les investisseurs, et voir si les hypothèses avancées sont crédibles. »

L'ART DE SE LANCER 2.0

- **DOUGLAS LEONE / SEQUOIA CAPITAL.** « Croyez-moi au non, les prévisions financières pour les start-up sont devenues sans intérêt », a été la réponse de Douglas. Je lui ai alors demandé : « Donc pour un pitch ou un business plan, d'après vous, les gens n'ont pas besoin d'en parler ? Cela vous est totalement indifférent ? » Ce à quoi il m'a répondu : « Totalement ! En ce qui concerne les start-up, nous nous intéressons à la taille du marché, au temps qu'il faut pour le développer, au nombre d'ingénieurs, à l'engagement et ainsi de suite. »

- **IAN SOBIESKI / BAND OF ANGELS.** « Je sais que pour mes investissements à un stade précoce, il n'y aura pas de correspondance avec les états financiers pro forma sur cinq ans, mais je souhaite néanmoins que l'entrepreneur en ait de suffisamment détaillés pour me montrer comment il voit son affaire. Ce n'est pas de la science ; il s'agit plutôt d'un tableau impressionniste de ce que l'entrepreneur essaie de construire. Je veux ensuite voir ce plan organisé en hypothèses et expérimentations validables, qui permettent à l'entrepreneur de tester des morceaux de son modèle au fur et à mesure de la croissance de l'entreprise. Ces morceaux sont des points d'inflexion naturels du business plan, permettant des pivots, et ce sont aussi des étapes naturelles pour différents tours de financement : les séries A, B, et C. »

En réalité, les investisseurs n'attendent pas de projections détaillées. Ils veulent avoir une vue d'ensemble et comprendre les hypothèses sous-jacentes à votre affaire. Une façon d'améliorer les prévisions est de les construire de façon ascendante et non de façon descendante. Regardons d'abord ce qu'il ne faut pas faire : partir d'un gros chiffre et y appliquer une part de marché facile à avoir. Appliquons ce raisonnement à la vente de nourriture pour chien.

- Selon la société américaine de protection des animaux, il y a 85 millions de chiens aux États-Unis.

- Un chien consomme deux boîtes de nourriture par jour.

- Le marché total est donc de 170 millions de boîtes par jour.

- Prenons l'hypothèse prudente que vous aurez 1 % de ce marché, soit 1,7 million de boîtes par jour.

- Prenons aussi pour hypothèse qu'une boîte coûte 1 dollar.

- Cela veut dire que votre société aura 1,7 million de dollars de revenus par jour, soit 620 millions par an.

Examinons maintenant la bonne façon de faire, qui est de partir de la base avec zéro dollar et d'estimer combien on peut attendre de clients et ce qu'on peut leur vendre :

- En tirant parti de toutes les optimisations en référencement sur Internet, des partenariats et des réseaux sociaux, vous pouvez faire venir 50 000 visiteurs par mois sur votre site.

- 1 % d'entre eux, soit 500 personnes, achèteront les 60 boîtes nécessaires pour un mois, donc le chiffre d'affaires mensuel est de : 500 personnes x 60 boîtes x 1 dollar/boîte = 30 000 dollars.

- Il se peut que vous ayez plus de visiteurs et que vous amélioriez votre pourcentage de ventes, mais la référence de base est celle-ci : 30 000 dollars par mois et 360 000 dollars par an.

360 000, c'est loin de 620 millions. Ces 360 000 dollars sont peut-être pessimistes, mais vos ventes réelles seront plus proches de cela que de 620 millions.

Dévoilez tout

S'il y a des problèmes qui n'ont pas été réglés ou ne peuvent pas l'être immédiatement, dites-le aux investisseurs. Et faites-le tôt dans le processus. Plus vous attendrez, plus ce sera difficile et plus vous mettrez en danger votre crédibilité.

Par exemple, Garage a investi un jour dans une société qui révéla qu'un investisseur potentiel avait aussi un contrat de consultant. Cet arrangement fut dévoilé peu avant la clôture du financement. Cet investisseur allait à la fois acheter des parts, recevoir des parts et être rémunéré pour ses services de consultant. Aucun autre investisseur n'avait d'arrangement comparable. Quand les autres investisseurs ont découvert la chose, l'accord était à deux doigts d'échouer. Si la société avait révélé cet arrangement aux autres investisseurs et avait expliqué pourquoi il faisait sens (ce qui était effectivement le cas), les choses se seraient passées plus en douceur. Malheureusement, un investisseur qui pesait lourd s'est retiré de l'affaire à cause de cet incident de dernière minute.

Que se passe-t-il s'il y a quelque chose de pas clair dans vos antécédents, par exemple si vous avez démarré une entreprise ou travaillé pour une entreprise qui a échoué ? Il est vain d'essayer de le cacher car les investisseurs le découvriront. Il est aussi maladroit de rejeter la responsabilité sur le marché, sur d'autres employés ou clients et plus particulièrement sur des investisseurs (et peu importe la vérité).

Je vous recommande de faire votre *mea culpa*, c'est-à-dire d'accepter les blâmes autant que faire se peut, et de « confesser » vos péchés. Les investisseurs avisés trouvent pareille honnêteté admirable et ceux qui se sont enrichis en pariant sur des entrepreneurs dont les initiatives antérieures avaient échoué ne sont pas rares. L'important c'est que vous ayez appris de ces échecs et que vous vous lanciez de nouveau avec enthousiasme.

Taisez-vous, prenez des notes, résumez, régurgitez et assurez le suivi

> *La plupart des personnes sont plus intéressantes lorsqu'elles cessent de parler.*
>
> Mary Pauline Lowry

J'ai accompagné un jour le PDG d'une start-up et son directeur des opérations pour un pitch chez un capital-risqueur. Quelques jours plus tard, je rencontre ce capital-risqueur. Quand nous avons abordé le sujet de la Direction (avec un « D » majuscule), voici ce qu'il m'a dit : « J'ai remarqué que le PDG parlait beaucoup mais que le directeur des opérations prenait des notes. Le PDG n'a rien écrit. Je crois que le directeur des opérations est un bon. »

> « Montrer que l'on prend des notes veut dire : « Je pense que vous êtes intelligent. Vous dites quelque chose qui vaut la peine d'être noté. Je suis disposé et désireux d'apprendre. Je suis consciencieux. » »

Je ne me souviens plus si, lors de la réunion, le capital-risqueur disait des choses qui valaient la peine d'être notées, mais là n'est pas la question. Se taire, prendre des notes et écouter véritablement pour trouver des moyens de s'améliorer est une bonne chose lors d'une réunion de présentation, où les actions les plus petites peuvent être décisives.

Montrer que l'on prend des notes veut dire : « Je pense que vous êtes intelligent. Vous dites quelque chose qui vaut la peine d'être noté. Je suis disposé et désireux d'apprendre. Je suis consciencieux. » Prendre des notes vous donne la possibilité de vous faire bien voir et, en plus, vous permet de récolter des informations précieuses. Qui dit mieux ?

Aussi, à la fin de la réunion, résumez ce que vous avez entendu en le répétant dans l'ordre pour vous assurer que vos notes sont correctes. Puis faites un suivi dans les 24 heures sur tout ce que vous avez promis pendant la présentation, comme, par exemple, de fournir des informations supplémentaires.

Repartez de zéro

Après la Seconde Guerre mondiale, beaucoup de Jeeps de l'armée américaine furent données ou vendues aux Philippins. Ces véhicules, que l'on appelle des Jeepneys, furent transformés par les Philippins pour augmenter le nombre de places et repeints de couleurs vives, les rendant ainsi splendides et méconnaissables. Certaines se transformèrent même en Mercedes.

L'art de faire un pitch

Au bout d'un moment, nombreux sont les pitchs qui finissent par ressembler à ces voitures. Ils ont commencé comme des documents simples et informatifs, mais les entrepreneurs ont continué à les réviser sur la base du feedback d'investisseurs potentiels. Chaque réunion générant une nouvelle révision, des corrections ou des retouches, le message fondamental devient alors méconnaissable. Après une dizaine de présentations, vous devriez mettre votre présentation à la poubelle et repartir de zéro. Donnez une chance à cette version 2.0 de refléter l'esprit de ce que vous avez appris à ce jour au lieu d'être un patchwork.

L'ART DE SE LANCER 2.0

Le pitch, puis le plan – et pourquoi il n'y a pas de chapitre sur les business plans dans ce livre

> *Je n'ai pas vu de plan depuis cinq ans. Seulement des présentations.*
>
> Douglas Leone, Sequoia Capital

Selon la British Library, dans les mythes celtes, il y avait des chaudrons magiques capables de satisfaire les goûts et les besoins de ceux qui s'y nourrissaient ou s'y abreuvaient. Ces mythes ont conduit à la légende du Saint Graal. Jusqu'à une période récente, l'équivalent moderne du Saint Graal pour les entrepreneurs était le *business plan*.

Jadis, les entrepreneurs écrivaient un business plan et en extrayaient des slides PowerPoint. Ils voyaient le business plan comme le tout et la chose et le pitch comme un sous-ensemble de sa magnificence. Le business plan était censé satisfaire aux goûts et besoins de tous ceux qui le lisaient, et créer des effets magiques – en particulier, le désir irrésistible de financer.

Ce raisonnement est démodé et les business plans qui seraient le Saint Graal sont inaccessibles et de l'ordre du mythe. En pratique, l'époque des business plans est révolue. Peu d'investisseurs avertis y verront une première étape ; ils veulent tous entendre votre pitch, et non lire votre plan.

Dans une société en phase de démarrage, vous n'avez besoin que d'un pitch PowerPoint ou Keynote. Il y a un léger risque que des investisseurs vous demandent un business plan, mais dans ce cas, c'est qu'ils ont déjà décidé sans lui.

Beaucoup plus tard, lors d'un financement « mezzanine », juste avant d'entrer en Bourse, il est possible que vous ayez à produire un business plan, mais à ce stade, vous aurez recours à des banquiers et des avocats qui écriront des fumisteries pour protéger votre postérieur.

Addenda

Mini-chapitre : Relooking d'un pitch

Je suis le conseiller d'une société qui s'appelle Enthrill. Elle offre aux éditeurs des moyens de vendre des ebooks par l'intermédiaire de magasins de détail classiques. Le PDG de la société, Kevin Franco, m'avait demandé de revoir son pitch de 90 secondes pour le Tech Showcase de 2014 à Calgary, au Canada. Je reproduis ce qu'il m'a envoyé à l'origine et la façon dont je l'ai revu (pour parler gentiment) afin de vous montrer comment faire un pitch efficace (mes commentaires, ou ma touche perso, sont en italique).

> Bonjour, je m'appelle Kevin Franco. Je suis le co-fondateur et PDG d'Enthrill Distribution Inc. Nous cherchons 750 000 dollars pour nous aider à commercialiser notre technologie de distribution d'ebooks. **MA TOUCHE PERSO :** *Pas de chiffres ! Et si quelqu'un veut investir 2 millions ?*
>
> L'un des problèmes majeurs de l'édition aujourd'hui est l'obstacle que représentent « les chasses gardées ». **MA TOUCHE PERSO :** *« Chasses gardées » n'est pas clair pour tout le monde, sauf pour ceux qui sont très familiers avec le monde de l'édition. J'en suis très familier et je ne suis pas certain de comprendre ce que vous voulez dire.*

Amazon, Apple, Kobo, Nook et Sony ne peuvent proposer des livres que sur leurs propres appareils. Cela limite les éditeurs aux *consumer trade sales*, soit une fraction des ventes totales. **MA TOUCHE PERSO :** *Combien vont comprendre la signification de* « consumer trade sales » *?*

Enthrill a résolu ce problème. Notre technologie délivre les ebooks sur tous types d'appareils. Nous avons deux applications qui aident les éditeurs à vendre des ebooks :

A. Les ventes B2B (ou vente en gros d'ebooks aux entreprises). **MA TOUCHE PERSO :** *Je comprends parfaitement l'édition. Je comprends parfaitement le sens de B2B. J'essaie d'imaginer ce que signifie le B2B dans l'édition.*

B. Vente au détail (ou ventes d'ebooks via des chaînes de distributeurs).

Dans le segment B2B, nous voyons une opportunité globale de plus 4 milliards pour les éditeurs grâce à notre solution SaaS (Software as a Service). **MA TOUCHE PERSO :** *Laissez-moi réfléchir :* « *Euh... en quoi une solution SaaS peut-elle permettre à des éditeurs de vendre des livres ? Oh, vous voulez dire que Enthrill offre une solution SaaS, et non pas que ce sont les éditeurs qui l'offrent. En quoi Enthrill est-il différent de Salesforce ? De quoi diable s'agit-il ?* »

Dans le commerce de détail, nous voyons l'occasion pour les éditeurs de tirer parti du trafic chez les détaillants traditionnels et du marché en pleine expansion de la carte cadeau (en vendant du contenu numérique par des cartes cadeau ebook).

Dans quelques semaines, Enthrill mettra sa technologie sur le marché. Walmart annoncera sa librairie en ligne rendue possible par Enthrill et un programme de carte cadeau ebook Enthrill dans tous ses magasins

L'art de faire un pitch

canadiens. Enthrill va vendre sa carte cadeau ebook chez plus de 1 000 détaillants au Canada pour les fêtes. **MA TOUCHE PERSO** : *Cela devient enfin intéressant.*

Nous avons signé des contrats avec HarperCollins, Macmillan, Harlequin, Scholastic et bien d'autres éditeurs, ainsi qu'avec Walmart, Target, Safeway, Air Miles, Toys "R" Us, Home Hardware, InComm, Blackhawk Network et CMMI. J'aimerais vous rencontrer pour discuter de cette opportunité plus en détail.

Voici ma version corrigée :

Je m'appelle Kevin Franco. Je suis le co-fondateur et PDG d'Enthrill Distribution. Nous sommes probablement la seule entreprise présente à cet événement avec un contrat de service signé, verrouillé et prêt à lancer notre produit avec Walmart.

Dans quelques semaines, les clients de Walmart pourront acheter les ebooks d'éditeurs comme HarperCollins, Macmillan, Harlequin et Scholastic. Vous connaissez certainement les cartes cadeaux. [Brandissez une carte à ce moment-là.] Notre produit est similaire mais au lieu d'être une carte de paiement comptant, elle permet de payer pour un livre.

Les gens achètent la carte pour un ebook, rentrent chez eux, entrent en ligne le code sur la carte et téléchargent leur livre. Ils peuvent offrir cette carte. Sans notre technologie, les éditeurs ne peuvent pas distribuer d'ebooks dans les magasins de détail. Ils sont complètement dépendants des ventes en ligne d'Amazon, Apple, Kobo, Nook et Sony – et vous savez ce qu'ils en pensent.

Notre produit est intéressant pour tout le monde. Les éditeurs nous adorent parce qu'Amazon et les autres ne contrôlent plus leur distribution. Walmart et les détaillants nous adorent parce qu'ils peuvent exploiter le marché de l'ebook et pas simplement celui du livre imprimé. De plus, nos cartes prennent moins de place et, de ce fait, les éditeurs peuvent offrir plus de titres (et il est plus facile de retourner des cartes que des palettes de livres invendus).

De plus, les gens nous adorent parce qu'ils découvrent de nouveaux ebooks quand ils font leurs achats.

Une dernière chose… Nous avons signé des contrats avec Target, Safeway, Toys "R" Us, ainsi que Home Hardware. D'ici Noël, les cartes Enthrill seront disponibles dans plus de 1 000 points de ventes aux Canada.

Voici les leçons à tirer de cette réécriture :

- **DÉMARREZ FORT.** Si vous êtes sur le point de faire affaire avec un géant comme Walmart, clamez-le haut et fort. Commencez par les meilleures nouvelles, quelles qu'elles soient.

- **N'UTILISEZ PAS DE JARGON.** Dites aux gens ce que vous faites, comment vous le faites et qui sont vos clients le plus simplement possible.

- **DONNEZ TOUS LES GRANDS NOMS POSSIBLES.** Si vous êtes en relation avec des gens connus, donnez les noms ! L'auditoire attend la preuve de votre réussite future. Les clients renommés contribuent largement au succès.

- **SUSCITEZ L'IMAGINATION.** Notez qu'il n'y a pas de foutaises sur les chiffres du secteur ou d'évaluation de la taille du marché. Une solution comme celle-ci est séduisante pour la plupart des éditeurs ; on n'a pas besoin d'être mathématicien pour savoir que les ebooks se vendent beaucoup

- **FINISSEZ EN BEAUTÉ.** Comme le disait Steve Jobs : « Une chose encore... » Gardez quelque chose de superbe pour la fin.

Mini-chapitre : Comment gagner un concours de business plan

Des organisations dans le monde entier organisent des concours de business plan pour promouvoir l'innovation et l'entrepreneuriat. Le point positif est que ces concours forcent les entrepreneurs à se préparer pour une date butoir ; ce qui les oblige à stimuler leur équipe. Le point négatif est que les business plans ne sont plus nécessaires, ce qui fait que ces concours n'utilisent pas le bon modèle. Ces organismes devraient plutôt faire des concours de pitchs. J'ai été juré pour de nombreux concours de business plans. J'ai simplement lu les sommaires exécutifs et écouté les pitchs pour voter.

L'autre problème, c'est que ces concours sont conçus pour rendre les start-up attirantes pour des investisseurs. Mon humble opinion est que cette méthode ne rend pas service aux entrepreneurs. Plutôt que de rendre une start-up attirante dans le cadre d'un concours de beauté, il vaut mieux la rendre viable dans la vie réelle.

Par exemple, un débutant peut ne pas être attirant pour des investisseurs s'il ne vise pas un marché validé avec une équipe de direction et une technologie qui ont fait leurs preuves (les trois éléments que les investisseurs attendent). Pourtant, des équipes qui n'ont pas fait leurs preuves, visant un marché qui n'est pas validé et n'ayant pas encore une technologie à toute épreuve produisent souvent de fantastiques start-up.

Dans le monde réel, la viabilité est plus importante que la capacité à être financé, et ce pour trois raisons : premièrement, vous avez besoin de moins de capital de départ parce que tout est gratuit ou peu cher – infrastructure, méthodes de marketing et outils. Deuxièmement, le crowdfunding peut fournir plusieurs centaines de milliers de dollars en liquidité. Peu importe que vous n'ayez pas la start-up la plus finançable si vous n'avez pas besoin de financement. Troisièmement, ce qui est difficile quand on lance une société, c'est d'arriver à ce qu'elle soit viable, non à lever des fonds. En quoi est-il important d'avoir une start-up finançable si elle n'est pas viable ?

Mais je digresse.

> « Vous avez environ une minute pour gagner ou pour perdre. »

Je ne peux pas défendre le point de vue selon lequel il est mauvais de gagner un concours de business plan ou de business pitch, parce que la visibilité est toujours bonne à prendre. Il est donc possible que vous deviez en passer par là pour entrer dans la compétition ; mais le jugement final est fondé sur le pitch. Alors, pour gagner, concentrez-vous sur votre pitch (cf. ci-dessus, « L'art de faire un pitch ») :

- **EXERCEZ-VOUS.** Exercez-vous jusqu'à ce que vous n'en puissiez plus de votre présentation. Peu de gens sont en mesure de se passer de s'entraîner pour faire leur pitch. La probabilité que vous en fassiez partie est quasi nulle.

- **ALLEZ DROIT AU BUT.** Expliquez à quoi sert votre produit pendant les premières 30 secondes. Dites quel est le problème ou le mal qu'il soulage dans les 30 suivantes. Vous avez environ une minute pour gagner ou pour perdre. Souvenez-vous : F18, non 747.

- **RACONTEZ UNE HISTOIRE.** Fournissez une raison logique qui explique l'existence de votre produit, secteur ou domaine. Des histoires commençant par « Ma copine voulait vendre ses jouets de collection en ligne » ont généré des milliers de dollars.

- **TITILLEZ L'IMAGINATION.** N'essayez pas de prouver qu'il y a un marché gigantesque pour votre produit en citant des statistiques et des études de consultants. C'est ce que tout le monde va faire. Peignez un paysage si captivant et si sympathique que les juges se mettront à rêver sur votre potentiel et feront les calculs dans leur tête.

- **UTILISEZ UN GRAND CORPS DE CARACTÈRES.** Les juges ne sont probablement pas tout jeunes et ne peuvent pas lire un texte en petits caractères sur vos slides. La salle est sans doute pleine, et les gens au fond ont eux aussi besoin de lire vos slides.

- **UTILISEZ DE GRANDS GRAPHIQUES.** Vos concurrents vont utiliser du texte en petits caractères et pas d'images. Pensez différemment. Utilisez autant de graphiques et de photos que vous le pouvez et le moins possible de mots. Les captures d'écran sont puissantes parce qu'elles semblent donner à votre idée plus de réalité.

- **FAITES VOS RECHERCHES.** Vous saurez d'avance qui sont les juges. Trouvez donc tout ce que vous pouvez sur eux et adaptez votre présentation en fonction : la présentation n'en sera que plus intéressante, mais les juges verront surtout que vous avez été assez malin et investi pour le faire.

- **ÉVITEZ LES DIGRESSIONS SUR LA GENÈSE DE VOTRE ÉQUIPE.** Par définition, si vous participez à l'un de ces concours, c'est que vous et votre équipe n'avez pas des CVs susceptibles de déclencher des crises cardiaques. Essayer de camoufler des faiblesses ne produit pas de forces. Montrez seulement que vos antécédents sont cohérents pour votre affaire.

- **EXERCEZ-VOUS ENCORE PLUS.**

Mini-chapitre : Les dix mensonges principaux des entrepreneurs

Dans sa journée type, un investisseur rencontre deux ou trois start-up (et voit quatre ou cinq sommaires exécutifs). Chacune d'entre elles prétend être une opportunité unique et révolutionnaire avec une équipe qui a fait ses preuves, une technologie confirmée et un marché établi. Aucune entreprise ne se positionne comme une bande de ratés ne sachant pas ce qu'elle fait.

Pour le bien des investisseurs fatigués d'entendre les mêmes vieux mensonges, et celui des entrepreneurs, qui nuisent à leur cause en les racontant, voici la liste des dix mensonges les plus fréquents. Étudiez-les avec soin et préparez-vous, au moins, à raconter des mensonges innovants.

1. « Nos projections sont prudentes. » Non seulement vos projections sont prudentes, mais vous allez faire 100 millions de dollars à la fin de la troisième année. En fait, la société aura la croissance la plus rapide de l'histoire de l'humanité. Vos projections ne sont pas conservatrices.

La vérité est que vous n'avez aucune idée de ce que seront vos ventes. Je rêve du jour où un entrepreneur me dira : « Nos projections, nous les avons faites en prenant des chiffres au hasard. Nous les choisissons assez élevés pour que vous soyez intéressés, mais assez bas pour ne pas avoir l'air idiot. Nous n'en aurons vraiment aucune idée jusqu'à ce que nous vendions le produit et voyions comment il sera accepté. » Au moins, cet entrepreneur est honnête.

2. « Les experts disent que notre marché sera de 50 milliards de dollars dans cinq ans. » Ne citez pas des chiffres de ce genre en espérant impressionner les investisseurs. Personne ne se présente en disant : « Nous sommes sur un petit marché minable. » Tout le monde fait ce que vous faites. Il est bien mieux de susciter l'imagination.

3. « Amazon signe un contrat avec nous la semaine prochaine. » La traction est une bonne chose. Cela vous rend finançable. Mais tant qu'un contrat n'est pas signé, il n'y a pas de contrat. Si l'investisseur vérifie dans une semaine et que le contrat n'est pas signé, vous perdez votre crédibilité. En cinq ans, je n'ai jamais vu un contrat signé en temps et en heure. Parlez d'Amazon et de vos gros marchés quand ils sont là.

4. « Des employés clés vont nous rejoindre quand nous serons financés. » Soyons clairs : vous êtes deux types dans un garage, vous essayez de lever quelques centaines de milliers de dollars ; votre produit ne sera fini que dans douze mois et vous me dites que des gens connus vont démissionner de leurs postes à 250 000 dollars par an avec des bonus et des actions pour rejoindre votre société ?

Quand les investisseurs contactent ces employés clés qui doivent rejoindre la société, leur réponse est souvent la suivante :

« Je me souviens vaguement avoir rencontré le PDG lors d'un cocktail. » Si vous voulez raconter ce genre d'histoire, assurez-vous que ces employés potentiels sont prêts à venir.

5. « Plusieurs investisseurs en sont déjà à la phase d'audit. » Vous voulez dire : « Si vous ne vous pressez pas, quelqu'un d'autre va investir chez nous et vous raterez cette occasion » ? Cela marche bien pendant les périodes d'exubérance irrationnelle, mais autrement, c'est une tactique risible. La réalité est que celui qui vous écoute pense ceci : « *Ils ont fait leur pitch à quelques autres investisseurs qui ne les ont pas encore rejetés.* »

Il y a de fortes chances pour que les investisseurs se connaissent mieux entre eux que vous, vous ne les connaissez. Ils peuvent facilement appeler leurs copains et savoir quel est le niveau d'intérêt d'une autre firme pour votre affaire. Pour que votre mensonge marche, il faut que vous soyez ou un excellent bluffeur ou que vous ayez un truc d'enfer, sinon vous n'avez aucune chance face au réseau des investisseurs.

6. « Microsoft est trop vieux, trop grand, trop stupide et trop lent pour être une menace. » Microsoft, Oracle, Apple, Facebook... Choisissez une société qui a réussi. En faisant ce genre de déclarations, de nombreux entrepreneurs pensent (1) convaincre l'investisseur de leur détermination, (2) pouvoir battre un concurrent inébranlable et (3) établir un avantage concurrentiel.

En réalité, ce qu'ils démontrent est leur naïveté sur ce qu'il faut pour créer une société qui marche. Il y a une raison pour laquelle des gens comme Larry Ellison peuvent maintenir ouvert l'aéroport de San José tard le soir pour leur jet privé, alors que vous et moi grignotons des cacahuètes sur Southwest

Airlines. Et ce n'est pas parce sa société est vieille, grande, stupide et lente.

Il est déjà assez effrayant pour des investisseurs que vous soyez en concurrence avec une société établie ; ne vous enfoncez pas davantage en montrant votre stupidité et en dénigrant ce genre de concurrence. Expliquez plutôt comment vous pouvez contourner la concurrence, renforcez votre position en visant des créneaux différents et en restant sous leur radar. Si vous ne faites rien d'autre, montrez au moins que vous entreprenez quelque chose de difficile et à haut risque et que vous êtes conscient du défi.

7. « Les brevets protègent notre activité. » Des brevets ne protègent pas une activité. Ils peuvent fournir un avantage concurrentiel – notamment aux sociétés spécialisées dans les sciences de la matière, les appareils médicaux ou la biotechnologie – mais c'est à peu près tout. Je vous en prie, déposez des brevets si vous le voulez, mais ne comptez pas faire autre chose qu'impressionner vos parents, sauf si vous avez le temps (des années) et de l'argent (des millions) pour attaquer en justice.

Quand vous parlez à des investisseurs, vous ne pouvez mentionner qu'une seule fois le fait que votre technologie est brevetable. Ne pas pouvoir le dire est mauvais parce que cela signifie que vous n'avez rien à vous. Mais le faire plus d'une fois veut dire que vous n'avez pas d'expérience.

8. « Tout ce que nous avons à faire, c'est emporter 1 % du marché. » C'est ce que les capital-risqueurs appellent le mensonge du soda chinois, à savoir : « Si seulement 1 % de gens en Chine buvaient notre soda, nous aurions plus de succès que n'importe quelle société dans l'histoire de l'humanité. »

Il y a plusieurs problèmes avec ce type de raisonnement. Premièrement, il n'est pas facile de faire en sorte que 1 % de Chinois boivent votre soda. Deuxièmement, très peu d'entrepreneurs vont vraiment s'attaquer à un marché aussi vaste que celui de la Chine. Troisièmement, la société qui s'est présentée avant vous a dit quelque chose de similaire à propos d'un autre marché. Il en ira de même de celle qui suivra. Quatrièmement, une société qui vise seulement 1 % de part de marché n'est pas si intéressante que cela.

9. « Nous avons l'avantage d'être les premiers sur ce marché. » Il y a au moins deux problèmes dans ce mensonge. Premièrement, il est possible que vous n'ayez pas cet avantage. Comment pouvez-vous savoir que personne d'autre n'est en train de faire ce que vous faites ? Objectivement parlant, si vous réalisez quelque chose de bien, cinq autres entreprises sont en train de faire la même chose. Si vous entreprenez quelque chose de génial, il y en a dix.

Deuxièmement, être le premier entrant n'est pas nécessairement une chance. Être un second rapide pourrait être préférable – laissez à quelqu'un d'autre le soin d'être le pionnier pour le concept, tirez des leçons de ses erreurs et devancez-le.

10. « Nous avons une équipe d'envergure internationale qui a fait ses preuves. » Dans ce contexte, *l'envergure internationale* et *qui a fait ses preuves* signifient que les fondateurs ont rapporté énormément d'argent à des investisseurs dans une société antérieure ou ont des postes dans des sociétés très respectées et importantes. Surfer sur la vague d'une société qui a réussi et dans laquelle on a eu un rôle subalterne, avoir travaillé pour McKinsey comme consultant, ou passé deux ans dans une banque d'investissement, ce ne sont pas des antécédents qui prouvent que vous avez fait vos preuves.

> **EXERCICE**
>
> Donnez la liste de ces mensonges à un ami et demandez-lui d'écouter votre pitch. Parmi ces mensonges, combien en avez-vous racontés ? Vous avez échoué s'il y en a plus de deux.

FAQ

Q : Comment faire un pitch mémorable ?

R : Le problème n'est pas que les pitchs ne sont pas mémorables. Dans l'absolu, beaucoup sont passionnants, que ce soit parce qu'il y a la prime du premier entrant sur le marché, ou une technologie brevetée, ou un marché de 50 milliards de dollars et des équipes chevronnées composées de génies très motivés. Le problème est que tous les pitchs se ressemblent parce qu'ils disent la même chose. Vous rendrez le vôtre mémorable en respectant des règles de base : une présentation brève (dix slides, vingt minutes) avec une histoire intéressante sur comment vous résolvez un vrai problème ou tirez parti d'une opportunité.

Il y a une chose de plus que vous pouvez faire : une démo qui emballe les gens. De ce fait, vous n'avez plus à vous soucier de slides PowerPoint car après la démo, cela déclenchera beaucoup de discussions.

Partez toujours du principe que votre auditoire a déjà eu une longue journée de réunions barbantes derrière lui ; les gens sont à peine éveillés et encore moins attentifs ; ils ne souhaitent qu'une chose : rentrer chez eux. La plupart du temps, c'est à ce genre de situation que vous serez confronté, donc préparez-vous dans cette optique.

Q : Dois-je imprimer mon pitch en couleurs et en donner des versions reliées aux investisseurs ?

R : En couleur ou reliées, les foutaises restent des foutaises. Préoccupez-vous de choses plus importantes, comme le contenu et la façon de le délivrer, plutôt que de l'imprimer ou le relier.

Q : Dois-je envoyer ma présentation en avance aux participants ?

R : Non, une bonne présentation n'a que des fragments de texte (en gros caractères !), donc les destinataires auront du mal à la comprendre sans votre intervention passionnante.

Q : Dois-je distribuer ma présentation au début de la réunion ?

R : Non. Si vous le faites au début, votre auditoire va la feuilleter et ne vous écoutera pas, puisqu'ils savent lire plus rapidement que vous ne savez parler. Cela dit, prendre des notes s'avère également difficile. L'alternative est de donner la présentation au début de la réunion tout en demandant aux gens de ne pas la lire à l'avance.

LECTURES RECOMMANDÉES

John Nesheim, *High Tech Start Up: The Complete Handbook for Creating Successful New High Tech Companies*, Free Press, 2000.

Garr Reynolds, *Presentation Zen: Simple Ideas on Presentation Design and Delivery*, New Riders, 2008.

LA PROLIFÉRATION

CHAPITRE 7

L'art de construire une équipe

Il est essentiel d'employer et de récompenser des gens dont l'optique est radicalement différente de la vôtre, et de leur faire confiance. C'est aussi quelque chose d'inhabituel car cela requiert des capacités d'humilité, de tolérance et de sagesse hors du commun.

Dee Hock

L'ESSENTIEL

Il y a peu de tâches plus passionnantes dans une start-up que celle de recruter des gens formidables, et il y a peu de facteurs aussi cruciaux pour le succès de cette start-up que de constituer une équipe de personnes formidables. Le fait que le candidat ait les qualifications nécessaires n'est pas une condition suffisante pour l'embaucher. Il doit aussi croire à votre produit parce que travailler pour une start-up, c'est plus proche d'une religion que d'un moyen de gagner sa vie. Ce chapitre explique comment construire une équipe de choc.

L'ART DE SE LANCER 2.0

Évitez ce qui n'est pas approprié

Il y a une pénurie de très bons employés dans le monde. En conséquence, il est stupide (pour ne pas dire illégal) de prendre des décisions d'embauche sur des critères non pertinents. L'art de construire une équipe requiert que vous passiez outre toute considération de couleur de peau, principes, préférences sexuelles et religion. Concentrez-vous plutôt sur trois choses :

> Les employés de la première heure d'Apple, Google, Facebook, Twitter ou Microsoft n'auraient pas tous été forcément de fantastiques employés pour une start-up.

1. Le candidat est-il capable de faire ce dont vous avez besoin ?

2. Le candidat croit-il à ce que vous êtes en train de créer ?

3. Le candidat est-il sympathique et digne de confiance ?

Bien des gens accordent trop d'importance à l'expérience et aux antécédents des candidats. Il est parfois payant d'ignorer des antécédents imparfaits ou sans rapport avec votre affaire, et il est tout aussi payant d'ignorer des antécédents parfaits ou en rapport avec votre business.

- **EXPÉRIENCE DANS UNE START-UP QUI A RÉUSSI.** Les gens qui ont travaillé dans une entreprise qui est parvenue au succès n'ont pas nécessairement contribué à ce succès. Les employés de la première heure d'Apple, Google, Facebook, Twitter ou Microsoft n'auraient pas tous été forcément de fantastiques employés pour une start-up. En tout état de cause, à ce stade, ils sont probablement trop riches pour se tuer de nouveau au travail.

- **EXPÉRIENCE DANS UNE GRANDE ENTREPRISE.** Un « pedigree grande entreprise » n'est pas une garantie de succès dans un environnement de start-up. Les compétences nécessaires diffèrent selon le contexte. Un vice-président chez Google (qui a une image établie, des ressources infinies et 80 % du marché) n'est probablement pas la bonne personne pour une organisation de type « deux gars dans un garage ».

- **EXPÉRIENCE DANS UNE SOCIÉTÉ QUI A ECHOUÉ.** C'est l'inverse d'une expérience dans une start-up qui a réussi ou dans une grande entreprise. Plusieurs facteurs ont pu entraîner l'échec d'une société, parmi lesquels, peut-être, le candidat lui-même. Toujours est-il qu'on apprend souvent bien plus de l'échec que du succès, particulièrement quand il s'agit de l'argent d'une autre société.

- **ÉDUCATION.** Vous voulez des gens intelligents, pas nécessairement des gens diplômés. Ce n'est pas la même chose. Steve Jobs n'a jamais terminé sa scolarité à Reed College. Steve Case, le fondateur d'AOL, est allé à Punahou[1]. La moitié des ingénieurs du groupe Macintosh n'a jamais terminé son cursus universitaire. J'ai abandonné la faculté de droit et la Stanford Business School a rejeté ma candidature.

- **EXPÉRIENCE DANS UNE FONCTION IDENTIQUE.** Une expérience antérieure dans une fonction identique est à double tranchant. Apple a un jour engagé un dirigeant qui venait

---

1. C'est une blague entre Hawaiiens. 'Iolani est l'université qu'a fréquentée Guy Kawasaki. Punahou est une université rivale (NDT).

du secteur de l'hygiène féminine pensant qu'il fallait des compétences sur le marché de la grande consommation pour vendre le Macintosh comme une serviette hygiénique. Erreur. Il y a des postes, comme la comptabilité, qui requièrent des compétences spécifiques, mais pour bien des fonctions dans une start-up, la sélection du « meilleur athlète » est la seule efficace.

- **EXPÉRIENCE DANS LE MÊME SECTEUR.** Une expérience dans le même secteur est aussi à double tranchant. D'un côté, il est utile de comprendre un secteur et d'y avoir des relations. De l'autre, un candidat qui est enfermé dans la vision d'un secteur (« un fabricant d'ordinateurs ne peut pas avoir sa propre chaîne de distribution ») peut constituer un problème. Une fois de plus, considérez l'approche du « meilleur athlète ».

Il y a une dernière caractéristique dont il ne faut pas tenir compte : les faiblesses. On ne peut pas dire que l'un des points forts de Steve Jobs ait été la compassion. Et le design industriel n'est pas le point fort de Bill Gates. S'agit-il de bonnes raisons pour ne pas embaucher le prochain Steve Jobs ou le prochain Bill Gates ? Il y a deux théories :

- Trouver le candidat qui n'a pas de faiblesses majeures (même s'il n'a pas de points forts majeurs).

- Trouver le candidat qui a des points forts majeurs (même s'il a des faiblesses majeures).

La première ne tient pas la route car chaque individu a des faiblesses, qui se manifestent tôt ou tard. Trouver des personnes douées dans un domaine est déjà assez difficile ; en trouver qui savent tout faire, c'est mission impossible.

La seconde est celle qu'il faut adopter. Une équipe composée de personnes avec des points forts de diverses natures, c'est ce dont votre organisation a besoin aux prémices de son existence, quand les effectifs sont faibles et qu'il ne peut être question de licenciement. Les gens très performants tendent à avoir des faiblesses majeures. Les gens sans faiblesses majeures ont tendance à être médiocres.

EXERCICE

Rappelez-vous vos premiers jobs.
Vrai ou faux ?
– J'étais parfaitement qualifié.
– J'impose aux candidats des critères plus exigeants que ceux qu'ont utilisés les personnes qui m'ont embauché.

Dramatisez vos attentes

Faites bien comprendre aux candidats que travailler dans une start-up est vraiment différent de ce à quoi ils ont pu être habitués dans les grandes entreprises où ils travaillaient auparavant, et diffère aussi de ce qu'on voit dans les films et les sitcoms (si les candidats regardent beaucoup la télé). Vous devez leur demander s'ils sont prêts à voyager en classe économique, à fonctionner sans assistante et à s'accommoder d'une chambre d'hôtel bon marché. Il est possible que vous fassiez ainsi fuir quelques bons candidats, mais cela vaut le coup de prendre ce risque pour éviter de vous retrouver avec des gens qui ne peuvent pas s'adapter à un environnement de start-up.

COMPÉTENCES REQUISES POUR UNE GRANDE ENTREPRISE	COMPÉTENCES REQUISES POUR UNE START-UP
Cirer les pompes du patron	Être le patron
Générer des profits sur papier	Générer de la trésorerie
Gagner des poursuites anti-trust	Mettre en place une tête de pont
Faire évoluer les produits	Créer des produits
Faire des études de marché	Vendre
Éreinter les circuits de distribution	Établir un circuit de distribution

On ne peut pas décrire une start-up comme étant une partie de plaisir ou une voie rapide vers la richesse. La description réaliste d'une start-up montre qu'il faut quatre ou cinq ans de labeur avec un bas salaire, des moments de joies incroyables mais aussi de dépression devant la peur constante de n'avoir plus d'argent. Et cela, si tout va bien.

Ne retenez que les données pertinentes

Vous allez rencontrer deux types de scénarios de recrutement qui vous portent à suivre votre intuition. Dans le premier, la formation et les antécédents du candidat ne sont pas tout à fait comme il faudrait et certains collègues vous expliquent que vous ne devriez pas l'engager. Votre côté rationnel vous dit de ne pas le recruter car il n'a pas l'expérience mais votre intuition vous dit de le prendre.

Dans le second scénario, le candidat est parfait sur le papier (formation, expérience professionnelle, etc.) et le reste de l'équipe pense que vous devriez le prendre, mais votre intuition vous dit de laisser tomber.

La sagesse populaire vous dit de faire confiance à votre intuition dans ce genre de situations. Malheureusement, votre intuition a souvent tort. Il est possible qu'un candidat vous ait plu pour son apparence physique, parce qu'il a fréquenté la même université que vous ou partage votre passion pour le hockey – ce qui vous a fait relâcher votre vigilance aussi bien lors de l'entretien que lorsque vous avez vérifié ses références. Ou bien, il se peut que vous ayez tendance à vous fier aveuglément à votre intuition parce que vous ne vous souvenez que des fois où elle s'est avérée bonne, non de celles où elle vous a conduit à l'erreur. Voici un processus qui vous aidera à prendre de bonnes décisions :

- **PRÉPAREZ LA STRUCTURE DE L'ENTRETIEN.** Vous et votre équipe devez décider avec exactitude du style, du type de connaissances, du genre de personnalité et de l'expérience nécessaires pour le poste avant de conduire les entretiens. Ne laissez pas les employés mener des entretiens non structurés parce qu'ils se croient bons juges.

- **POSEZ DES QUESTIONS RELATIVES À DES SITUATIONS DE TRAVAIL SPÉCIFIQUES.** La compatibilité et l'alchimie entre les gens sont importantes, mais les compétences le sont aussi. Commencez par vérifier que la personne est capable de faire le travail avant de décider que vous l'aimez. À titre d'exemple, voici les bonnes questions à poser à un futur responsable du marketing :
  – Comment avez-vous géré un lancement de produit ?

- Comment avez-vous défini les fonctionnalités d'un nouveau produit ?
- Comment avez-vous convaincu l'ingénierie de créer ces fonctionnalités ?
- Comment avez-vous choisi votre agence de relations publiques ?
- Comment avez-vous choisi votre agence de publicité ?
- Comment avez-vous géré une crise, comme l'existence d'un produit défectueux ?

> « Vous devez vérifier les références du candidat avant de décider qu'il est bon, et non pour confirmer un choix que vous avez déjà fait. »

- **TENEZ-VOUS-EN AU SCÉNARIO.** Réduisez au maximum les questions spontanées. Le but est d'avoir un échantillon de candidats qui ont répondu aux mêmes questions afin de pouvoir les comparer avec précision.

- **FAITES L'ENTRETIEN INITIAL PAR TÉLÉPHONE.** Une façon de traiter tous les candidats de la même manière est de faire l'entretien initial par téléphone. C'est un moyen de réduire les facteurs subjectifs tels que les attributs physiques, l'habillement, les origines...

- **NE DONNEZ PAS TROP DANS LE SENTIMENTAL.** Tout candidat acceptable peut bluffer quand on lui pose une question comme « Pourquoi voulez-vous travailler pour cette start-up ? ». Des questions plus précises sont plus judicieuses : « Quelles sont les réalisations dont vous êtes le plus fier ? », « Quels sont vos plus gros échecs ? » ou encore « Quelle expérience vous a le plus appris ? ». Une fois de plus, pensez avant tout à la compétence.

- **FAITES COÏNCIDER LE POSTE AVEC LA PERSONNE.** Faites attention aux faux positifs afin de ne pas embaucher une personne sympathique mais incompétente. Et faites attention aussi aux faux négatifs, vous risqueriez d'écarter une personne moins sympathique mais compétente. Par exemple, les meilleurs ingénieurs ne sont pas nécessairement charismatiques et vice-versa.

- **PRENEZ DES NOTES.** Prenez des notes pendant l'entretien pour vous souvenir de ce qu'a dit chaque candidat. Ne vous fiez pas à votre mémoire, au risque de rendre difficile par la suite l'évaluation précise et équitable des candidats.

- **VÉRIFIEZ LES RÉFÉRENCES AVANT L'ENTRETIEN.** Bien des entreprises vérifient les références d'un candidat une fois qu'elles ont décidé de lui faire une offre. C'est la méthode la plus efficace pour n'entendre et ne vouloir entendre que les commentaires qui vous conforteront dans votre décision. Grosse erreur. Vous devez vérifier les références du candidat avant de décider qu'il est bon, et non pour confirmer un choix que vous avez déjà fait. (Pour plus d'information sur la vérification des références, voir la fin de ce chapitre.)

- **SERVEZ-VOUS DE LINKEDIN.** Les candidats fourniront des références qui leur seront favorables (même s'il peut y avoir des surprises), mais vous pouvez utiliser LinkedIn pour trouver des gens qui ont travaillé dans des sociétés à la même époque que ces candidats. Cela peut vous donner une vision à 360 degrés du candidat.

Ce qu'il y a de bien dans ce processus, c'est que son caractère rigide et standardisé vous permettra de réunir de meilleures informations et d'améliorer votre intuition, que vous pourrez désormais suivre. Suivre mon intuition m'a souvent été bénéfique dans le passé (mais ma mémoire est sélective) et je serais hypocrite si je vous disais de vous fier seulement aux faits parce que Apple m'a un jour engagé, moi un ancien vendeur de bijoux avec un diplôme de psychologie, pour promouvoir le produit le plus important de son histoire. Si vous voulez savoir toute l'histoire, Apple m'a embauché parce que c'est mon copain de dortoir à la fac, Mike Boich, qui s'est mouillé pour moi. Sur le papier, je n'étais pas, ni de près ni de loin, la personne qu'il fallait comme second évangéliste du Macintosh pour les développeurs. Quand Steve m'a reçu en entretien, il a dit à Mike : « Je l'aime bien, mais il n'a pas l'expérience qu'il faut, donc je vais lui dire "non", sauf si tu as envie de mettre ton propre job en jeu. »

Utilisez toutes vos armes

Que les temps soient bons ou mauvais, il est difficile d'embaucher des acteurs de série A+, donc soyez prêt à utiliser toutes les armes dont vous disposez. La plupart des gens pensent que l'arsenal du recrutement se limite au salaire, à l'attribution d'actions et d'avantages. Mais vous avez plus d'atouts à votre disposition :

- **VOTRE VISION.** Pour beaucoup, l'argent n'est pas la motivation la plus importante. Ceux-là seront d'accord pour travailler pour moins si c'est pour créer plus de sens et changer le monde.

- **VOTRE ÉQUIPE.** Ne limitez pas les entretiens du candidat aux entretiens avec son futur supérieur hiérarchique immédiat ou à ses collègues. Si vous avez des administrateurs, des conseillers et des investisseurs, faites-les intervenir dans cette étape de recrutement.

- **ÉTOFFER SON CV.** Ne nous faisons pas d'illusions : peu de gens travaillent dans la même entreprise pendant toute leur carrière. Il n'y a rien de mal à obtenir de bons et loyaux services de la part de vos employés durant quelques années et les aider ensuite à bâtir leur CV. En plus, on ne sait jamais, ils peuvent rester plus longtemps que vous ne le pensez.

Évangélisez tous ceux qui influenceront la prise de décision

On prend rarement seul la décision de travailler pour une start-up. Comme les employeurs les plus clairvoyants prennent aussi en compte le conjoint, la décision d'un candidat implique habituellement un réseau complexe de relations.

Parmi les décideurs, il peut aussi y avoir les parents, les amis et collègues du candidat. On peut facilement imaginer qu'un jeune demande à ses parents s'il ferait bien de travailler dans une start-up et que ceux-ci lui répondent : « C'est trop risqué. Trouve un job dans une société sûre qui est installée depuis longtemps, comme Lehman Brothers, Andersen ou Enron. » N'omettez pas par conséquent de demander au candidat quelles sont les personnes de son entourage qui auront une influence importante dans sa décision et comment répondre à leurs préoccupations. Cela dit, soyez conscient que certains candidats pourront penser que c'est une question piège (« Si j'admets que mes parents sont impliqués dans le processus, on va penser que je suis une mauviette et on ne va pas m'engager »). Donc faites de votre mieux pour qu'ils comprennent que c'est un moyen d'améliorer les chances d'embauche des candidats que vous aimez.

Attendez pour parler rémunération

Beaucoup d'entreprises font l'erreur d'envoyer une lettre de proposition trop tôt. Mettre les détails de la rémunération sur papier est selon elles un argument montrant à quel point elles sont intéressées et prêtes à conclure l'embauche. C'est une erreur.

La question de la rémunération devrait arriver à la fin du processus de recrutement. Il ne s'agit pas d'un moyen de convaincre le candidat d'accepter le job. Voyez-y plutôt un moyen de confirmer un accord oral. C'est comme une demande en mariage : vous la faites quand vous êtes certain que la réponse sera « oui » et non pour prouver que vous êtes sérieux.

Sachez interpréter les mensonges

Quand elle travaillait à Garage, Amy Vernetti, qui est maintenant partenaire à True Capital, avait dressé une liste des dix mensonges principaux des candidats à un emploi. Étudiez-les ; cela vous aidera à éviter les erreurs d'embauche. C'est une liste complète, donc si votre candidat en a d'autres, c'est qu'au moins, il est créatif.

L'art de construire une équipe

MENSONGE	VÉRITÉ
J'ai déjà trois autres offres, donc il faut que vous vous décidiez rapidement.	J'ai eu trois autres entretiens mais personne ne m'a encore fait de proposition.
J'avais la responsabilité de l'alliance stratégique de ma société avec Google.	J'ai réceptionné l'enveloppe de FedEx venant de Google.
Je quitte mon entreprise après seulement quelques mois car elle ne correspond pas à ce que le PDG m'en avait dit.	Je ne sais pas faire un audit préalable.
Je ne suis jamais resté dans une société plus d'un an parce que je m'y ennuie rapidement.	Les gens mettent un an pour se rendre compte que je suis nul.
Je n'avais pas vraiment de chef direct dans ma société précédente.	Personne ne voulait de moi dans son département.
Ceux qui peuvent me recommander sont, pour la plupart, des amis parce que ce sont eux qui me connaissent le mieux.	Personne, parmi les gens avec qui j'ai travaillé, ne veut me recommander.
Vous n'avez jamais entendu parler de mes trois employeurs précédents parce que leurs projets sont encore confidentiels.	Toutes les entreprises pour lesquelles j'ai travaillé se sont effondrées.
Je ne travaille plus avec l'entreprise, mais je garde d'excellents rapports avec les gens.	Il a fallu que je signe des clauses de non-dénigrement pour obtenir des indemnités de départ.
Je suis vice-président, mais je n'ai pas de subordonnés.	On m'a mis à l'écart.
Je m'attends à au moins doubler la rémunération que j'avais.	J'étais surpayé et je comprends que je dois m'attendre à être moins payé si je trouve une bonne occasion.

Faites le test du centre commercial

> « La vie est trop courte pour qu'on travaille avec des gens qu'on n'aime pas, surtout dans une start-up. »

Il reste encore un test intéressant pour un candidat, celui du centre commercial, dont l'idée m'est venue alors que j'étais dans le centre commercial de Stanford. J'avais aperçu un développeur de logiciels pour Macintosh qui ne m'avait pas encore remarqué ; à cet instant précis, j'ai fait demi-tour brusquement pour éviter d'avoir à lui parler car il était casse-pieds. Cette expérience m'a conduit à créer le test du centre commercial.

Voici comment il fonctionne. Supposez que vous êtes dans un centre commercial. Vous voyez un candidat avant que lui ne vous remarque. À ce stade, vous pouvez faire trois choses :

1. Vous précipiter vers lui pour lui dire bonjour.
2. Vous dire que s'il vous voit, ça va, mais que si ce n'est pas le cas, vous vous en porterez tout aussi bien.
3. Prendre votre voiture pour vous rendre dans un autre centre commercial.

Quoi que vous suggère votre intuition, même vérifiée, n'engagez que des gens vers lesquels vous iriez tout de suite pour engager une conversation. Si vous vous trouviez dans une situation qui vous fasse choisir les options 2 ou 3, ne prenez pas cette personne. La vie est trop courte pour qu'on travaille avec des gens qu'on n'aime pas, surtout dans une start-up. (Et si vous choisissez les options 2 ou 3 pour quelqu'un qui travaille déjà dans votre start-up, corrigez le problème ou trouvez un moyen de vous débarrasser de la personne.)

Définissez une période d'essai

En dépit de tous vos efforts, votre processus de recrutement ne se passe pas comme prévu et le nouvel employé ne répond pas à vos attentes. Pour moi, une des tâches les plus difficiles est d'admettre cette erreur et de la corriger. Toutefois, s'il y a une chose plus pénible encore que de licencier quelqu'un dont vous ne voulez pas, c'est de renvoyer des gens que vous voudriez garder. Si vous ne faites pas ces corrections en temps voulu ou si vous ne licenciez pas les gens avec qui ça ne marche pas, vous augmentez la probabilité de devoir faire licencier des gens avec qui ça marche si votre start-up échoue.

À la fois pour l'entreprise et pour l'employé (car c'est aussi un soulagement pour lui que de cesser de travailler dans une organisation qui ne lui convient pas), établissez une période d'essai avec une progression par étapes. Plus les objectifs sont précis, mieux c'est. Par exemple, les objectifs pour un commercial pourraient être ceux-ci :

- Terminer la formation sur le produit.

- Terminer la formation commerciale.

- Participer à cinq rendez-vous avec des clients.

Cette période doit être plus longue que la période d'idylle suivant l'embauche, mais plus courte que le temps qu'il vous faudra pour vous dire : « Pourquoi avons-nous embauché cette personne ? »

En bref, trois mois.

Mettez-vous d'accord sur le fait que, au terme de ces trois mois, vous ferez le point ensemble sur ce qui va bien, ce qui va mal et sur ce que vous pouvez améliorer. Certains problèmes seront de votre fait !

Ne pensez jamais que c'est gagné

En 2000, Garage a recruté un investisseur connu d'une banque d'affaires, elle-même connue, après des semaines de pourparlers et deux allers-retours d'offres et de contre-propositions, car son employeur du moment avait entre-temps amélioré sa rémunération. Finalement, nous avons réussi à l'avoir au sein de notre équipe. Tout était en place. Il était même venu avec sa famille au barbecue pour les familles organisé par notre société. La vie était belle. Il a commencé à travailler chez nous quelques semaines plus tard. Après quelques jours, il a prétendu être malade et n'est pas venu travailler. Tard un soir, j'ai reçu un e-mail de sa part m'annonçant qu'il démissionnait. Il a quitté Garage pour un ancien client de sa banque d'affaires. Et quelques mois plus tard, il était de retour chez son employeur d'origine.

J'ai compris que nous ne devons jamais penser que c'est gagné. Le recrutement ne s'arrête pas au moment où un candidat accepte votre offre. Ni quand il démissionne de chez son employeur. Ni le dernier jour chez son employeur. Pas même quand il commence dans votre entreprise. En vérité, recruter est sans fin. Chaque jour est un nouveau contrat entre une start-up et un employé.

Addenda

Mini-chapitre : L'art de vérifier les références

> *Vous ne pouvez pas vous créer une réputation sur ce que vous allez faire.*
>
> Henry Ford

Vérifier les références est crucial pour le recrutement d'une équipe de choc. Pourtant, les start-up s'en occupent habituellement à la va-vite et de façon informelle – en général après que la société a pris la décision d'embauche. Voici une brève leçon sur la vérification des références qui vous permettra d'améliorer vos résultats. C'est un cadeau d'Amy Vernetti.

Le but de la vérification des références n'est pas de disqualifier le candidat mais de rechercher une cohérence dans sa manière de se présenter et sur ce que ses références disent de lui. Vous cherchez aussi des indices pour savoir si le candidat sera efficace dans votre start-up.

Pour avoir un portrait complet du candidat, parlez à au moins deux de ses subordonnés, de ses collègues, de ses supérieurs hiérarchiques et de ses clients. Des investisseurs ou des administrateurs sont aussi des références intéressantes. Voici des suggestions de questions pertinentes :

- Comment connaissez-vous cette personne ? Depuis combien de temps ?
- Quelles sont vos impressions générales sur elle ?

- Comment la classeriez-vous par rapport à d'autres dans des postes semblables ?
- À quoi a-t-elle participé dans votre entreprise ?
- Comment la perçoit-on dans la société ?
- Quelles sont ses compétences propres ? Quelle tâche accomplit-elle le mieux/le moins bien ?
- Quel est son style de communication et de management ?
- Dans quels domaines doit-elle s'améliorer ?
- Peut-elle opérer efficacement dans une petite structure ?
- Comment qualifieriez-vous son éthique professionnelle ?
- L'engageriez-vous à nouveau ? Pourriez-vous à nouveau travailler avec elle ?
- Avec qui d'autre pensez-vous qu'il serait intéressant que j'en discute ?

Ajoutez à ces suggestions d'Amy des références non sollicitées de personnes que le candidat n'a pas mentionnées. LinkedIn est super pour cela. Trouvez quelqu'un qui connaît lui-même quelqu'un de cette société et renseignez-vous sur le candidat grâce à cette personne.

FAQ

Q : Durant l'entretien avec un candidat, dois-je être honnête sur les faiblesses et les points forts de l'entreprise ?

R : Mettons bien les choses au clair : vous vous demandez si vous devez mentir aux candidats, en sachant que s'ils prennent le job, ils vont découvrir les failles de votre entreprise ? Dites toujours ce qu'il en est. Minimisez les espérances. Votre franchise suscitera trois types de réponses :

- Certains candidats voudront simplement une explication honnête de ce que sont les problèmes. Il y a des chances qu'ils veuillent seulement savoir dans quoi ils s'engagent et vous ne les effraierez pas.

- D'autres candidats aiment les challenges. Pour eux, les problèmes sont des tremplins. Pensez à une phrase de ce genre : « Vous êtes celui dont nous avons besoin pour gagner. Êtes-vous capable de monter au créneau et d'être un héros ? »

- Vous allez effrayer le troisième type de candidat. Mais de toute façons, c'est qu'il n'était pas fait pour travailler dans une start-up. Vous vous êtes fait un cadeau.

Q : N'avoir qu'un petit nombre d'employés est-il mal perçu de l'extérieur ? Vaut-il mieux avoir six employés à mi-temps plutôt que trois employés à plein temps ?

R : Avoir six employés à mi-temps pour avoir l'air plus grand est dément. Si vous faites cela pour d'autres raisons – comme offrir des horaires flexibles en vue d'avoir des gens meilleurs, par exemple – ça va. Mais pas pour la raison idiote que vous donnez.

Q : Quel est le bon moment pour recruter des cadres dirigeants : avant ou après le financement de l'organisation ?

R : Beaucoup de gens pensent que les débuts d'une organisation se font dans un ordre précis. Souvenez-vous, l'entrepreneuriat est une affaire de processus parallèles : vous faites A, B, et C en même temps. Pour répondre à votre question, faites vos recrutements avant, pendant et après le processus de financement.

Attention, cependant, à ne pas tomber dans le piège suivant : un investisseur vous dit qu'il investirait si vous aviez un directeur « d'envergure internationale ». Vous interprétez cela comme un feu vert, vous recrutez cette personne, et vous retournez voir l'investisseur qui trouve autre chose pour se défiler : « C'est bien. Maintenant, montrez-nous qu'il y a des clients qui sont vraiment prêts à payer votre produit. » Moralité : ne recrutez pas pour faire plaisir à un investisseur. Recrutez pour construire une super start-up.

Q : Dois-je dépenser de l'argent en payant un chasseur de têtes ou dois-je compter sur mes propres capacités pour attirer les talents ?

R : Avant le financement, vous devez chercher dans votre réseau afin de trouver la bonne personne sans dépenser d'argent. Après le financement, faites ce que vous devez faire – y compris payer un chasseur de têtes. Mais avant le financement, ne payez pas un chasseur de tête pour trouver des employés parce que vous n'en avez pas les moyens.

L'art de construire une équipe

Q : Si on me le demande, dois-je donner une approximation du salaire ?

R : Non. Si un candidat vous le demande, répondez ceci : « Nous paierons ce qu'il faut pour avoir un très bon candidat. » Puis demandez : « Quel est votre salaire actuel... pour savoir où commencer ? » Cela lui apprendra à poser des questions délicates.

Il est prématuré de donner des chiffres au début du processus d'entretien. Les candidats se souviendront de ce que vous avez dit – notamment ceux qui sont sur le dessus du panier. Et le chiffre que vous lancerez, quel qu'il soit, pourrait affecter les réponses des candidats pendant l'entretien.

Q : Si mon objectif est de recruter « des gens qui sont meilleurs que moi », comment puis-je garder le contrôle et éviter d'être éjecté de ma propre entreprise ?

R : Cette question en dit plus sur vous que vous n'imaginez. Votre objectif ne devrait pas être de « garder le contrôle » et « d'éviter d'être renvoyé », mais de construire une start-up formidable Il se peut que vienne le moment où vous devrez vous mettre à l'écart. Faites-vous à cette idée. Préférez-vous une société médiocre qui échouerait, mais dont vous auriez le contrôle jusqu'à la dernière minute ?

Q : Je travaille avec mon meilleur ami. Dois-je formaliser notre accord ?

R : Oui, absolument. Les temps changent, les gens changent et les entreprises changent. Aussi difficile et inapproprié que cela puisse paraître, vous devez le faire. Un accord en bonne et due forme peut s'avérer une excellente chose pour votre amitié et pour votre start-up. Faites-le dès le début parce qu'il y a beaucoup de sujets sur lesquels vous devrez batailler. Plus vous attendrez, plus il sera difficile de mettre en place un accord. Les difficultés apparaîtront au moment où vous avez le plus besoin de cet accord.

Q : Quelle rémunération est raisonnable pour un administrateur ?

R : La moyenne varie entre 0,25 et 0,5 %, mais pour une vraie superstar, j'irais jusqu'à 1 % du capital de la société. S'il faut plus que cela pour faire venir le candidat, laissez tomber ; il est plus intéressé par le fait de se faire de l'argent que par celui de créer du sens.

Q : Que faites-vous lorsque vous devez renvoyer le partenaire qui a conçu le projet de l'entreprise, vous a fait venir pour la gérer, vous fait confiance et est maintenant clairement dépassé par les évènements ?

R : Vous le prenez à part et vous discutez en privé avec lui pour expliquer la situation. Vous envisagez ensemble la possibilité de lui confier un rôle moindre, mais vous êtes clair sur la nécessité de cette mesure. Un rôle moindre peut être un poste différent ou une position d'administrateur ou de conseiller. Essayez de respecter son amour-propre. Dans la plupart des cas, ce sera l'explosion. Vous devez vous y attendre. Il est possible qu'il faille des années pour réparer vos relations avec cette personne, mais c'est comme ça.

LECTURES RECOMMANDÉES

Michael Lewis, *Moneyball: The Art of Winning an Unfair Game*, Thorndike Press, 2003.
David G. Myers, *Intuition: Its Powers and Perils*, Yale University Press, 2002.

CHAPITRE 8

L'art d'évangéliser

> *Au lieu d'imposer de nouvelles contraintes, [les chrétiens] devraient apparaître comme des gens qui veulent partager la joie, montrent un horizon de beauté et invitent les autres à un délicieux banquet.*
>
> Pape François

L'ESSENTIEL

Le terme « évangélisme » provient du mot Grec qui signifie quelque chose comme « proclamer la bonne nouvelle ». J'ai été le second évangéliste logiciel chez Apple et je proclamais la bonne nouvelle suivante : « Macintosh peut rendre les gens plus créatifs et plus productifs. »

L'évangélisme ne se compromet pas dans le désir de tuer les concurrents ou de faire fortune. Les clients se fichent que vous vouliez détruire la concurrence. Ils veulent connaître les avantages à utiliser votre produit. L'évangélisme porte sur ce que vous faites pour vos clients, non sur ce que vous voulez devenir.

Chez Apple, et plus tard en tant qu'entrepreneur, j'ai appris que si les gens croient en votre produit, ils contribueront à son succès en faisant

> *J'ai appris que si les gens croient en votre produit, ils contribueront à son succès en faisant du prosélytisme crédible, continu et à peu de frais.*

du prosélytisme crédible, continu et à peu de frais. Ce chapitre explique à la fois comment évangéliser et recruter des évangélistes.

La « Golden Touch »

J'ai essayé d'évangéliser les gens pour des trucs géniaux, et aussi pour des trucs nuls. Évangéliser pour des trucs géniaux est tellement plus facile. J'appelle cela la « Golden Touch de Guy ». Cela ne veut pas dire que tout ce que je touche se transforme en or. J'aimerais bien ! Je veux plutôt dire : « Tout ce qui est en or, Guy le touche. »

J'ai expliqué dans le chapitre 2 le concept de DICEE. Revenons-y ici. Si vous voulez être un évangéliste, il vous faut créer ou trouver un produit qui soit :

- **DENSE.** Un produit dense a beaucoup de fonctionnalités parce qu'il anticipe le besoin des gens.

- **INTELLIGENT.** Un produit intelligent montre aux gens que vous savez comment soulager leur peine et leur faire plaisir.

- **COMPLET.** Un produit complet inclut tout ce dont a besoin un client (du support, de la documentation, des améliorations...).

- **ÉPANOUISSANT.** Un produit épanouissant améliore la vie des gens. Vous n'avez pas à vous battre pour arriver à l'utiliser ; il devient une partie de vous-même.

- **ÉLÉGANT.** Un produit élégant n'est pas simplement fonctionnel. Son design permet aux gens de l'utiliser facilement et rapidement.

Élevez-vous et serrez à droite

Une autre façon de comprendre et positionner un produit digne d'être évangélisé est de montrer qu'il se situe dans la partie supérieure droite de ce tableau.

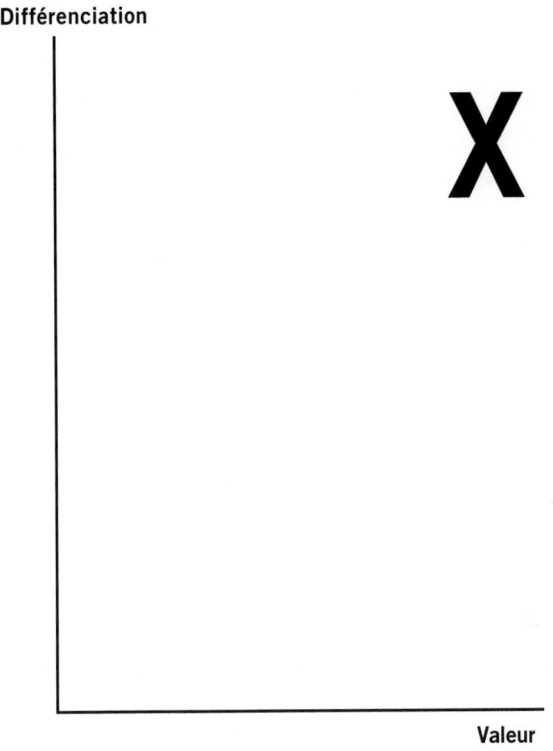

L'axe vertical indique le degré de différenciation et l'axe horizontal indique la valeur. Vous voulez donc un produit unique et qui ait de la valeur. Au total, il existe quatre types de produits :

- **LES PRODUITS DE VALEUR MAIS INDIFFÉRENCIÉS.** Ces produits satisfont un besoin, mais ils fonctionnent comme d'autres produits qui existent déjà. Vous pouvez en vendre beaucoup, mais votre marge est toujours menacée parce que d'autres sociétés vendent des produits semblables.

- **LES PRODUITS DIFFÉRENCIÉS MAIS SANS VALEUR.** Ces produits sont sans intérêt. Ils ciblent un marché qui n'existe pas ou offrent des fonctionnalités dont personne ne veut.

- **LES PRODUITS INDIFFÉRENCIÉS ET SANS VALEUR.** Ce sont les produits les pires. Personne ne les demande et un grand nombre de sociétés les fabriquent.

- **LES PRODUITS DIFFÉRENCIÉS ET AVEC DE LA VALEUR.** Le Graal de l'évangélisme. Quand vous fournissez un produit de valeur que personne n'a, l'évangéliser est facile. C'est le coin supérieur droit du graphique ci-dessus où vous créez du sens, obtenez de la marge et faites de l'argent.

Si vous êtes un ingénieur, pensez à créer un produit qui a de la valeur et qu'aucune autre société ne peut produire. Si vous êtes un évangéliste, pensez à la manière de convaincre le monde que le produit a de la valeur et diffère de tout ce qui existe sur le marché. Voici des exemples de ce type de produits :

- **LA BREITLING EMERGENCY.** Cette montre est capable d'émettre un signal qu'un avion peut recevoir. C'est l'une des rares montres qui peut vous sauver la vie, donc si vous êtes un aventurier inconditionnel, c'est un produit différencié et de valeur.

- **LA SMART.** Il y a beaucoup de voitures qu'on peut garer le long d'un trottoir quand on a assez de place. La Smart, elle, peut se garer perpendiculairement au trottoir. Peu de voitures sont aussi petites.

- **TESLA.** Peu de voitures peuvent passer de 0 à 100 kilomètres à l'heure en moins de quatre secondes avec une autonomie de 500 kilomètres et loger cinq personnes… Si vous voulez une voiture qui ne consomme pas d'essence et conduire votre famille rapidement et loin, la Tesla Model S est votre seule option.

Prenez à cœur l'intérêt des autres

La différence entre les évangélistes et la plupart des gens est que les évangélistes prennent à cœur l'intérêt des autres. Ils croient tant à leur produit qu'ils veulent que les autres l'utilisent aussi.

La Tesla Model S est un exemple de ce concept. En 2014, l'État de l'Iowa a interdit à la société Tesla de vendre des voitures à ses habitants parce qu'elle n'avait pas de distributeurs autorisés dans cet État. Les propriétaires de voitures Tesla du Minnesota sont allés à Urbandale dans l'Iowa, et ont invité des résidents de l'Iowa à regarder et essayer leur voiture. Ces propriétaires n'étaient pas des employés de Tesla, et à moins qu'ils aient été des actionnaires, rien ne nous permet de soutenir qu'ils aient pu retirer un quelconque avantage financier de cette initiative. Et même s'ils étaient actionnaires, je doute que leur motivation première ait été d'augmenter la valeur du titre de Tesla. Non, c'était des évangélistes pour la Tesla et ils ont fait cela parce qu'ils voulaient que d'autres achètent une voiture qu'ils adoraient. C'est cela, le pouvoir de l'évangélisation.

Soyez humain

Pensez à plusieurs grandes marques : Virgin, Levi Strauss, Nike, Harley-Davidson et Etsy. Elles sont toutes parvenues à donner un sentiment d'humanité : c'est par exemple le style enchanteur de Virgin, la jeunesse de Levi Strauss, le culot de Nike, l'aspect rebelle de Harley-Davidson et la bonté artisanale d'Etsy.

Certes, il y a de grandes marques qui ne manifestent pas ces qualités : Microsoft, Oracle et United Airlines, pour n'en citer que quelques-unes. Je suis peut-être romantique, mais n'est-il pas plus facile d'évangéliser un produit fondé sur des valeurs humaines ? Si vous êtes du même avis, voici comment y arriver :

- **CIBLEZ LES JEUNES.** Peu importe qui achète en réalité votre produit ou votre service, cibler les jeunes vous incite à créer une image humaine. Je n'ai pas de statistiques pour étayer mon point de vue, mais il semble que des quantités de gens âgés achètent des produits qui s'adressent aux jeunes. Par exemple, regardez le nombre de chauves qui conduisent des Toyota Scion et des Mini Cooper.

- **FAITES DE L'HUMOUR.** Les entreprises en sont, pour la plupart, incapables. Elles y voient quelque chose de suicidaire : « Les gens ne vont pas nous prendre au sérieux si nous-mêmes ne le faisons pas. » Ou elles sont si obnubilées par leur propre image qu'elles ont peur de donner l'impression d'en perdre le contrôle. Pourtant, comme on dit, « l'erreur est humaine ». Donc n'ayez pas peur de faire une erreur, d'en rire et de faire de l'humour sur votre start-up.

- **AMUSEZ-VOUS.** La capitalisation boursière en 2014 d'une certaine entreprise que vous connaissez bien était d'environ 400 milliards de dollars. Pour célébrer les anniversaires, les jours fériés et la vie de gens intéressants, cette entreprise change son logo ces jours-là. N'est-ce pas amusant ?

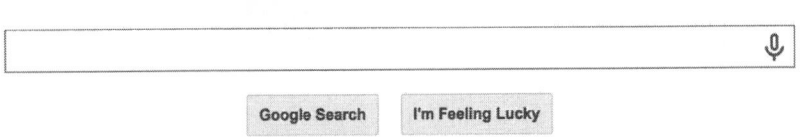

Un autre exemple, encore plus parlant : Richard Branson a perdu un jour un pari avec Tony Fernandes, qui possède AirAsia. Branson a dû se raser les jambes, mettre du rouge à lèvres, s'habiller comme une hôtesse de l'air et travailler sur un vol d'AirAsia. Avez-vous déjà vu le PDG de United en jupe ? Savez-vous même qui est le PDG de United ?

- **PARLEZ DE VOS CLIENTS.** Les entreprises qui parlent de leurs clients dans leurs documents commerciaux respirent l'humanité. Y a-t-il un meilleur exemple que GoPro ? Les vidéos réalisées par ses clients et présentées sur son site Web ainsi que sur sa chaîne YouTube laissent penser que n'importe qui peut tourner une vidéo formidable avec une caméra GoPro.

- **AIDEZ LES DÉMUNIS ET LES DÉFAVORISÉS.** Les initiatives philanthropiques des entreprises sont un succès pour deux raisons : non seulement vous vous acquittez d'une obligation morale vis-à-vis de la communauté, mais vous accroissez aussi l'impact de votre image. C'est même un triple succès parce que ces programmes philanthropiques sont un outil important de recrutement et de fidélisation d'employés.

> **EXERCICE**
>
> Allez sur les sites Internet de vos entreprises préférées et trouvez l'information sur les demandes de subvention et la participation à leurs initiatives bénévoles.

Soyez personnel

> *Tout homme est Napoléon pour son chien ;*
> *d'où la grande popularité des chiens.*
>
> Aldous Huxley

J'ai rencontré une entrepreneuse qui voulait démarrer un service en ligne permettant de léguer ses biens à ses animaux domestiques. Son pitch reposait sur le fait que tous les ans aux États-Unis, on pratique l'euthanasie de 9 millions d'animaux domestiques.

Ma première réaction a été de penser qu'il est possible que 9 millions d'animaux domestiques soient mis à mort, mais que tous ne le sont peut-être pas à la suite du décès de leur maître. Le marché n'était donc pas si grand qu'elle le croyait. Ma deuxième réaction, en tant que propriétaire de deux chiens, a été de me dire qu'elle n'avait finalement pas tort. Qu'adviendrait-il de Bane et Jersey si nous

"Un positionnement est plus efficace s'il joue sur la corde sensible, car il est alors plus facile pour le client potentiel d'imaginer comment le produit va satisfaire son besoin."

disparaissions tous ? Ils ne figurent sur aucun des fidéicommis ou des testaments de la famille.

Moralité : positionnez votre produit de façon personnelle. La question « Qu'adviendra-t-il de Bane et Jersey ? » est beaucoup plus puissante que « Qu'advient-il des animaux appartenant aux 2 millions et demi de gens qui décèdent tous les ans aux États-Unis ? ». Si vous reliez les gens à leur propre préoccupation, vous pouvez développer leur ressenti pour les millions de gens dans leur cas. Un positionnement est plus efficace s'il joue sur la corde sensible, car il est alors plus facile pour le client potentiel d'imaginer comment le produit va satisfaire son besoin.

IMPERSONNEL	PERSONNEL
Notre système d'exploitation est un standard industriel qui permet aux départements informatiques de contrôler et réduire leurs coûts.	Apple : « Notre système d'exploitation vous permet d'être plus créatif et plus productif. »
Nous sommes engagés à réduire la taille de la couche d'ozone.	Nous vous protégeons du mélanome.
À partir de nos différents centres, des douzaines d'avions survolent les États-Unis.	Southwest Airlines : « Vous avez maintenant la liberté de vous déplacer dans tout le pays. »
Améliorer la moyenne des enfants dans l'école de votre quartier.	Nous veillons à ce que votre fils sache lire.

Apprenez à schmoozer[1]

> *La question n'est pas ce que vous savez*
> *ou qui vous connaissez, mais qui vous connaît.*
>
> Susan RoAne

Il est beaucoup plus facile de construire des partenariats avec des gens que vous connaissez déjà ou, plus précisément, avec des gens qui vous connaissent déjà. Le processus

❝Personne n'est plus fascinant qu'une personne qui sait écouter.❞

---

1. Du yiddish *shmuesn*. « Faire du schmoozing » ou « schmoozer » signifie « converser de façon informelle » (NDT).

qui permet de construire ces relations sociales s'appelle le « schmoozing ».

Si vous avez des réticences sur le schmoozing, parce que vous êtes timide, que vous trouvez cela choquant ou pensez que c'est de la manipulation, rassurez-vous. Darcy Rezac, dans son livre *The Frog and the Prince*[1], définit le networking (soit – pour les goys – le « schmoozing ») comme l'art de « découvrir ce que vous pouvez faire pour quelqu'un[2] ».

Les schmoozeurs d'envergure adoptent le style de Rezac, qui consiste à demander d'emblée : « Que puis-je faire pour vous ? » C'est capital pour se construire des connexions durables et nombreuses. Partant de ce principe, voici comment faire en sorte d'être connu du plus grand nombre :

- **SORTEZ.** Le schmoozing est un sport de contact. Vous ne pouvez pas le pratiquer au bureau tout seul, donc forcez-vous à aller aux expositions, aux assemblées, aux séminaires, aux conférences et aux cocktails. Skype et Google Hangouts sont super mais le contact direct est encore le meilleur moyen de schmoozer.

- **POSEZ DES QUESTIONS PERTINENTES ET ENSUITE TAISEZ-VOUS.** Les bons schmoozeurs ne dominent pas les conversations. Ils les ouvrent avec des questions intéressantes et ensuite, ils écoutent. Personne n'est plus fascinant qu'une personne qui sait écouter.

---

1. Darcy Rezac, *The Frog and the Prince: : Secrets of Positive Networking To Change Your Life*, Frog & Prince Networking Corp, 2003.
2. Darcy Rezac, *The Frog and the Prince*, Frog and Prince Networking Corporation, 2003, p. 14.

L'art d'évangéliser

- **SOYEZ FACILE À CONTACTER.** Cela peut vous sembler un comble mais nombreux sont les gens qui prétendent être de fantastiques schmoozeurs mais sont difficiles à contacter. Par exemple, ils ne mettent pas leur numéro de portable sur leur carte de visite ou ils n'indiquent pas comment on peut les contacter dans la signature de leur e-mail.

- **N'EN RESTEZ PAS LÀ.** Recontactez la personne dans les 24 heures qui suivent une rencontre. Envoyez un e-mail, passez un coup de fil, adressez un exemplaire de votre nouveau livre... Peu de gens font ce suivi, donc ceux qui le font méritent qu'on les connaisse.

- **RÉVÉLEZ VOS PASSIONS.** Si vous ne savez que parler de votre travail, vous êtes ennuyeux. Les bons schmoozeurs parlent avec passion de sujets multiples. Ces passions sont des moyens supplémentaires d'établir le contact avec autrui. Je ne veux pas dire que vous devez vous trouver un hobby parce que c'est bon pour les affaires. Je préfère être pauvre plutôt que de jouer au golf. Cependant, je me suis fait beaucoup de relations professionnelles par le biais du hockey – et je me suis aussi fait beaucoup de relations dans le hockey par le travail.

- **RENDEZ SERVICE.** Il y a un tableau d'affichage sur le karma dans le ciel (pour en savoir plus sur ce sujet, voir le chapitre 13). Ce tableau piste ce que vous faites pour les gens. Si vous voulez être un schmoozeur d'envergure, faites en sorte d'avoir beaucoup de points positifs sur ce tableau.

L'ART DE SE LANCER 2.0

Apprenez à bien utiliser les e-mails

> *Je vous écris une longue lettre parce que je n'ai pas le temps d'en écrire une courte.*
>
> Blaise Pascal

L'e-mail est un outil crucial pour un bon évangéliste. C'est rapide, presque gratuit et universel. Malheureusement il est mal utilisé par la plupart des gens. Voici comment améliorer son efficacité pour en faire un outil puissant d'évangélisation :

- **OPTIMISEZ L'OBJET DU MESSAGE.** Si les gens ne reconnaissent pas votre nom ou votre e-mail, ce qu'ils regarderont juste après sera l'objet du message. Formulez-le comme le sommaire de votre message. S'il ne donne pas envie de lire votre e-mail, vous avez échoué avant même d'avoir commencé. Les titres qui marchent pour ma part sont : « J'ai aimé votre livre », « J'ai aimé votre discours » et « Je vous contacte par le biais de [quelqu'un que je connais ou dont j'ai entendu parler] ».

- **PLANIFIEZ VOTRE E-MAIL POUR LE MARDI.** Stephen Brand, professeur d'entrepreneuriat à l'Olin College of Engineering, émet une idée intéressante quand il dit que le mardi matin est le meilleur moment pour envoyer des e-mails. Ce jour-là, les gens sont en effet venus à bout du retard accumulé à cause du week-end et ne sont pas encore inondés par les e-mails du reste de la semaine.

- **RENVOYEZ LES E-MAILS LAISSÉS SANS RÉPONSE.** Stephen Brand vous conseille aussi de renvoyer les e-mails pour lesquels vous n'avez pas eu de réponse accompagnés d'une brève note disant quelque chose comme : « Avez-vous eu le temps de lire cet e-mail ? » Selon lui, quand une personne reçoit le même e-mail deux fois, elle est poussée à agir (et peut se sentir fautive).

- **RÉPONDEZ DANS LES 48 HEURES.** Comme je l'ai dit précédemment, être réactif est un moyen important pour cimenter une relation. Vous devez répondre tant que l'objet de l'e-mail est d'actualité. Les messages qui se trouvent en dehors de la première page de la boîte de réception sont souvent oubliés.

- **N'UTILISEZ PAS DE MAJUSCULES.** Un texte tout en lettres capitales est plus difficile à lire et c'est comme si vous HURLIEZ. C'est en tout cas le signe que vous êtes un plouc en matière d'e-mail et cela ne favorise pas un schmoozing efficace.

- **CITEZ LE TEXTE.** Sélectionnez la question ou la section de l'e-mail à laquelle vous répondez et citez-la pour que l'expéditeur sache à quoi vous vous référez. Les gens reçoivent des dizaines de messages par jour, donc un simple « Oui, je suis d'accord » est inutile.

- **SOYEZ BREF ET SIMPLE.** Pas de baratin. Allez droit au but. La longueur idéale d'un e-mail : cinq phrases. Si vous ne pouvez pas vous limiter à cinq phrases, c'est que vous n'avez pas grand-chose à dire.

- **UTILISEZ LE MODE TEXTE BRUT ET OUBLIEZ L'HTML.** Je présume que les e-mails en HTML sont du spam et je n'y jette qu'un simple coup d'œil. Si vous avez quelque chose de significatif à dire, vous n'avez pas besoin de texte en gras, souligné, ombré ou rouge, ni de graphiques pour l'exprimer.

- **ÉVITEZ DE JOINDRE DES FICHIERS DE PLUS DE 5 MÉGAS.** Imaginez que votre destinataire soit dans une chambre d'hôtel avec une connexion lente et que vous ayez envoyé un fichier PowerPoint de 10 mégas. Croyez-vous que la personne sera contente ? De plus, beaucoup de personnes ont tendance à considérer les pièces jointes venant d'inconnus comme étant des virus.

- **UTILISEZ LA FONCTION CCI POUR LES E-MAILS S'ADRESSANT À UN NOMBRE IMPORTANT DE DESTINATAIRES.** Quand vous envoyez un e-mail à plusieurs personnes, faites-le toujours en copie cachée (« Cci ») pour éviter la divulgation des adresses ou qu'un des destinataires envoie sa réponse à tout le monde involontairement.

- **LIMITEZ LES CC.** Quand je reçois quelque chose en copie, je suppose que d'autres s'en occupent et j'ignore l'e-mail. Ou bien une personne doit recevoir un e-mail ou bien elle ne le doit pas. Un « Cc » est un entre-deux qui n'a pas de sens. Les Cc sont communément utilisés pour se couvrir (« Mais vous étiez en copie ! ») ou menacer (« J'ai mis votre patron en copie donc vous avez intérêt à faire ce que je vous demande. »).

- **AYEZ UNE BONNE SIGNATURE.** Une signature est composée de quelques lignes de texte que votre logiciel de messagerie ajoute automatiquement à la fin de tout message. Une bonne signature donne votre nom, votre entreprise, adresse postale, numéro de téléphone, adresse e-mail et l'URL de votre site Internet. C'est utile pour copier et coller des informations dans un calendrier ou une base de données. Vous ne voulez tout de même pas que les gens cherchant à vous contacter soient contraints de courir après l'information.

- **NE RÉPONDEZ PAS QUAND VOUS N'ÊTES PAS D'HUMEUR.** Bien qu'il faille toujours répondre aux e-mails dans les 48 heures, il y a un cas où vous devez attendre plus longtemps : quand vous êtes en colère, offensé ou contrarié. Les e-mails que vous écrivez alors sous le coup de l'émotion tendent à empirer les problèmes.

Demandez de l'aide

Passons de l'art d'évangéliser à l'art de dénicher des évangélistes. Pour commencer, il faut que vous demandiez à vos clients leur avis. Dites-leur que vous voulez atteindre une masse critique et que vous avez besoin de leur aide pour répandre la bonne parole. C'est une preuve d'intelligence, pas de faiblesse.

Si votre produit est extraordinairement viral, il est possible que vous n'ayez même pas besoin de demander de l'aide – il se peut que les clients aient déjà commencé à l'évangéliser (c'est ce qui s'est passé avec Macintosh). Mais si vous demandez de l'aide, vous pouvez en obtenir beaucoup et rapidement. Cela dit, beaucoup d'entreprises hésitent à le faire :

- « Si nous demandons de l'aide, les gens vont croire que nous sommes faibles. Une entreprise forte ne demande jamais de l'aide à ses clients. »

- « Les gens vont attendre des choses en échange : des remises, un traitement spécial, etc. Que ferons-nous alors ? »

- « Nos clients, même si nous les aimons beaucoup, ne peuvent pas nous aider. Nous savons quoi faire et pouvons le faire nous-mêmes. »

- « Il sera trop coûteux de maintenir des programmes spéciaux. Ce ne sont pas des actions rentables. »

Ces raisons sont bidons, stupides ou arrogantes. Quand les clients veulent vous aider, vous devez vous en réjouir, et non freiner leur élan. Donc arrêtez votre paranoïa, mettez de côté votre fierté et acceptez leur proposition. Les évangélistes seront vos meilleurs vendeurs.

Créez un programme

❝Ne chipotez pas sur la façon dont les évangélistes vous aident.❞

À la fin des années 1990, un groupe d'hommes d'affaires et de leaders communautaires lancèrent une association : les Ambassadeurs des Calgary Flames. Il s'agissait de fans des Flames qui paniquaient à l'idée que leur équipe en ligue nationale puisse s'installer dans une autre ville. Selon le président du groupe, Lyle Edwards, « les ambassadeurs quadrillèrent Calgary, forçant la main aux gens pour qu'ils achètent des billets ».

Autour de 2004, les Flames n'avaient plus besoin d'aide pour vendre des billets, mais le groupe a continué. Les membres donnent du temps, soutiennent des programmes communautaires, gèrent l'accueil des supporters à l'entrée des stades et continuent à aider à la vente de billets. En d'autres termes, ce sont des fans payants et ils rendent service gratuitement. C'est cela l'évangélisme !

L'intérêt de recruter des évangélistes est de construire une communauté autour de votre produit. Voici des entreprises qui ont ce genre de communauté. Regardez ce qu'elles font et adaptez leurs programmes à vos besoins.

- Adobe Groups.
- Apple User Groups.
- Articulate.
- Flipboard Club.
- Google Android Developers.
- Google Top Contributors.
- Harley Owners Group.
- HubSpot User Groups.
- Ubuntu LoCo Teams.

Ces communautés fournissent un service clientèle, du support technique et un réseau social qui améliorent l'usage du produit. Vous pouvez faire naître une communauté en appliquant ces conseils :

- **LAISSEZ ÉCLORE CENT FLEURS.** Ce principe s'applique à l'évangélisme comme à l'art de faire venir la pluie[1]. Ne chipotez pas sur la façon dont les évangélistes vous aident. Ils font ce qu'ils peuvent. Ils vous indiqueront des manières de vendre votre produit que vous n'auriez jamais envisagées.

- **DISPATCHEZ LES TÂCHES ET ATTENDEZ-VOUS À CE QU'ELLES SOIENT MENÉES À BIEN.** Vous êtes-vous déjà porté volontaire pour aider une association qui ne vous a jamais répondu ? Il y a quelque chose de pire que d'être trop sollicité : qu'on vous demande de ne rien faire du tout. Quand des évangélistes ont décidé de s'investir pour vous, vous vous devez d'utiliser leur aide au mieux.

- **DONNEZ-LEUR LES OUTILS POUR ÉVANGÉLISER.** Rendez la vie facile à ceux qui croient en vous en leur fournissant des informations en quantité et des supports promotionnels. Par exemple, SCOTTeVEST, une société de vêtements « technologiques », incorpore plusieurs cartes de témoignages dans chaque vêtement. Ces cartes présentent un client et son témoignage et expliquent comment acheter les produits SCOTTeVEST.

---

1. Le faiseur de pluie chez les Indiens d'Amérique est un sorcier qui fait venir la pluie par des rites et des incantations (NDT).

L'art d'évangéliser

- **RÉPONDEZ AUX DEMANDES.** Vous devez revoir votre produit en fonction des désirs de vos évangélistes, et ceci pour deux raisons : premièrement, ils sont bien placés pour savoir ce qu'il faut pour l'améliorer ; deuxièmement, en montrant que vous les écoutez, vous renforcez leur fidélité et leur enthousiasme.

- **DONNEZ DES GOODIES.** Le pouvoir d'un t-shirt gratuit, d'une tasse à café, d'un stylo ou d'un bloc-notes est stupéfiant (à un moment donné, Apple dépensait 2 millions de dollars par an en t-shirts). Les évangélistes adorent ce genre de goodies. Cela leur donne le sentiment de faire partie de l'équipe et d'être exceptionnel. C'est de l'argent bien dépensé. Mais ne donnez jamais d'objet de plus de 25 dollars – c'est là que la frontière entre un cadeau et le bakchich devient floue.

- **EMBAUCHEZ QUELQU'UN DONT LA SEULE MISSION EST D'ENTRETENIR UNE COMMUNAUTÉ.** Un champion en interne qui s'occupe de la communauté fera deux choses : il évangélisera les évangélistes et se battra pour avoir des ressources nécessaires. Quand vous aurez atteint un certain niveau de réussite, construisez un département autour de cette personne pour institutionnaliser le soutien de la communauté.

- **CRÉEZ UN BUDGET POUR SOUTENIR LA COMMUNAUTÉ.** Vous n'avez pas besoin de beaucoup et le but n'est pas d'acheter des évangélistes, mais vous avez besoin d'un budget pour les voyages, les divertissements, les réunions et les différentes choses mentionnées plus haut.

- **INTÉGREZ LES ÉVANGÉLISTES DANS VOS CAMPAGNES COMMERCIALES, MARKETING ET EN LIGNE.**

Le fait qu'une start-up ait des évangélistes est un gage de grande valeur pour un produit. Cela fait dire que ce produit a tellement de succès que des groupes d'utilisateurs se sont constitués. C'est pourquoi vous devez rendre le phénomène public. Les évangélistes vous aident à conclure des ventes et sont des ressources supplémentaires pour vos clients.

- **HÉBERGEZ VOTRE COMMUNAUTÉ.** Autrement dit, donnez la possibilité à ses membres d'utiliser vos bureaux pour leurs réunions et fournissez-leur une assistance numérique, comme une section sur votre site Internet, la possibilité d'organiser des webinaires et de chatter.

- **ORGANISEZ UNE CONFÉRENCE.** Personne n'aime plus que moi la communication digitale, mais les rencontres sont importantes pour l'évangélisation. Pendant ces conférences, les évangélistes peuvent se rencontrer et interagir avec vos employés.

- **ENTRETENEZ CET ESPRIT DE CAMARADERIE.** Être un bon évangéliste, c'est comme être un bon père ou une bonne mère. Vos enfants seront toujours vos enfants : ils ne quittent jamais vraiment le nid. Les évangélistes sont pareils : ils ont envie qu'on continue à les aimer.

Addenda

Mini-chapitre : Comment obtenir une *standing ovation*

> *No hables al menos que puedas mejorar el silencio.*
> *(Ne parlez que pour améliorer le silence.)*
>
> Jorge Luis Borges

Quand j'ai commencé à travailler chez Apple en 1986, j'avais peur de parler en public. Le fait est que travailler dans un département dirigé par Steve Jobs était intimidant : « Comment pourrais-je jamais rivaliser avec Steve ? » Mais si vous voulez réussir comme

> « Il est bien plus facile de faire un super discours quand on a quelque chose à dire. Fin de la discussion. »

évangéliste ou PDG, vous devez apprendre à faire des discours.

Il m'a fallu 20 ans pour me sentir à l'aise lors de discours en public et ce chapitre vous explique ce que j'ai appris. C'est bien de survivre à un discours, mais ce que je veux, c'est que vous obteniez des *standing ovations* de la part de votre auditoire.

- **AYEZ QUELQUE CHOSE D'INTÉRESSANT À DIRE.** C'est 80 % de la bataille. Il est bien plus facile de faire un super discours quand on a quelque chose à dire. Fin de la discussion. Si vous n'avez rien d'intéressant à communiquer, ne parlez pas. Si vous ne voulez pas décliner l'invitation qui vous a été faite pour intervenir, faites quelques recherches et trouvez quelque chose d'intéressant.

- **OUBLIEZ LES PITCHS COMMERCIAUX.** Le but de la plupart des discours d'ouverture est de distraire et d'informer un auditoire, rarement de vous offrir l'opportunité de faire un pitch sur votre produit. Le discours le pire que vous puissiez faire est un discours que les gens interpréteront comme de la propagande commerciale.

- **AJOUTEZ VOTRE TOUCHE PERSONNELLE.** Personnaliser les premières minutes de mon discours est la technique qui m'a le plus aidé. Vous montrez ainsi que vous avez fait une recherche préalable et que vous avez fait l'effort de préparer un discours qui sera pour votre auditoire une expérience unique. Je fais cela de deux façons :

– Premièrement, j'essaie de trouver un lien avec mon auditoire. Par exemple, quand j'ai parlé chez Acura, j'ai montré des images des deux véhicules de cette marque que je possédais. Quand j'ai parlé chez SC Johnson, j'ai montré des images de produits d'entretien que j'avais dans mes placards.

– Deuxièmement, quand je me déplace à l'étranger, j'arrive généralement la veille et je visite l'endroit. Puis je montre les photos des sites que j'ai visités et j'exprime mon intérêt pour la culture locale. Voici un exemple de photo que j'ai utilisée quand j'ai parlé à Istanbul.

- **DIVERTISSEZ VOTRE PUBLIC.** Beaucoup de coachs ne seront pas d'accord avec moi, mais ils ne font pas 50 conférences par an comme moi je le fais. Je pense que le but d'un discours est de divertir. Si les gens s'amusent, vous pourrez faire passer des pépites. Si votre discours est ennuyeux, aucune information ne le rendra génial.

- **ADAPTEZ VOTRE LOOK À VOTRE AUDITOIRE.** Mon père, qui était un homme politique à Hawaii, était un bon orateur. Quand j'ai commencé à parler en public, il m'a donné ce conseil : « Ne sois jamais moins bien habillé que ton auditoire. Par exemple, si tu penses que les gens seront en costume, porte un costume. Si tu es moins habillé, le message que tu communiques est le suivant : « Je suis plus intelligent/riche/puissant que vous. J'ai le droit de vous insulter et de ne pas vous prendre au sérieux et vous n'y pouvez rien. » Ce n'est pas vraiment la manière de se faire aimer d'un auditoire.

- **NE DÉNIGREZ PAS LA CONCURRENCE.** Ne critiquez pas la concurrence dans un discours parce que cela montre que vous tirez profit du fait d'avoir l'attention de votre auditoire. Vous ne lui faites pas l'honneur d'être là. C'est l'auditoire qui vous fait l'honneur de vous recevoir. Donc ne vous dévalorisez pas en utilisant cette occasion pour descendre la concurrence.

- **RACONTEZ DES HISTOIRES.** La meilleure façon de vous détendre quand vous faites un discours est de raconter des histoires. Des histoires sur votre jeunesse. Des histoires sur vos enfants. Des histoires sur vos clients. Des histoires sur des choses que vous avez lues. Quand vous racontez une histoire, vous vous perdez dans cette histoire. Vous n'êtes plus en train de « faire un discours ». Vous discutez. Les bons orateurs sont des bons conteurs et les bons orateurs racontent des histoires qui illustrent leur message.

- **DÉPLACEZ-VOUS DANS LA SALLE AVANT DE PARLER.** L'auditoire veut que votre discours se passe bien. Vrai ou faux ? La réponse est : vrai. Un auditoire n'a pas envie de vous voir échouer ; pourquoi les gens voudraient-ils perdre leur temps à ça ? Votre auditoire aura encore plus envie de vous voir réussir si vous vous déplacez dans la foule avant votre discours. Parlez aux gens, permettez-leur d'établir le contact avec vous, notamment ceux des premiers rangs ; lorsque vous serez sur scène, vous verrez leur expression amicale. Votre assurance montera en flèche. Vous serez plus détendu. Et vous serez génial.

- **PARLEZ AU DÉBUT D'UN ÉVÉNEMENT.** Si vous avez la possibilité de choisir, prenez la parole au début d'une manifestation. Le public est plus frais, plus disposé à vous écouter, à rire de vos plaisanteries et à suivre vos histoires. Au troisième jour d'une conférence, les gens sont fatigués, moins nombreux et ne pensent plus qu'à une chose : rentrer chez eux. Il est déjà assez difficile de faire un discours ; pourquoi se compliquer la tâche en ayant en plus la lourde mission de faire sortir le public de sa torpeur ?

- **DEMANDEZ UNE PETITE SALLE.** Si vous le pouvez, parlez dans le plus petit espace possible. Si vous êtes dans une grande salle, demandez à ce qu'elle soit organisée comme une salle de classe – avec des tables et des chaises – plutôt que comme dans un théâtre. Une salle bondée a plus d'impact. Il est préférable d'avoir 200 personnes dans un espace qui ne peut contenir que 200 personnes que d'en avoir 500 dans une salle qui peut en contenir 1 000.

- **EXERCEZ-VOUS ET FAITES DES DISCOURS CONSTAMMENT.** C'est évident mais ce n'en est pas moins pertinent. Il faut faire un discours au moins 20 fois pour le faire bien. Faites ce discours 19 fois à votre chien si vous voulez, mais il est nécessaire de pratiquer et de répéter. Comme le disait Jascha Heifetz : « Si je ne m'entraîne pas un jour, je le sais. Si je ne m'entraîne pas deux jours, mes critiques le savent. Si je ne m'entraîne pas pendant trois jours, tout le monde le sait. » J'espère que vous n'aurez pas besoin de 20 ans pour arriver à cette conclusion. Il m'a fallu autant de temps, en partie parce que personne ne m'avait expliqué l'art de faire des discours, mais aussi parce que j'étais trop stupide pour faire des recherches moi-même. Maintenant, mon but à chaque fois que je monte sur la scène est de recevoir une standing ovation.

Mini-chapitre : Comment briller lors d'une table ronde

> *L'homme réclame la liberté de s'exprimer*
> *et de faire savoir qu'il compte.*
> *Mais une fois qu'on lui en a offert*
> *la possibilité, il prend peur.*
>
> Robert C. Murphy

Dans toute conférence, il y a dix fois plus de participants à des tables rondes qu'il n'y a d'orateurs principaux. En conséquence, vous avez beaucoup plus de chances de participer à une table ronde que d'être orateur. Briller dans une table ronde est donc aussi une faculté importante pour un évangéliste.

Faire partie d'une table ronde a l'air facile. Il y a quatre ou cinq personnes et la table ronde ne dure que 60 minutes. Où est le problème ? Le voici : comme tout le monde pense que c'est facile et rapide, personne ne s'y prépare. Pourtant, participer à une table ronde est un exercice plus difficile qu'un discours individuel parce que vous n'avez pas autant de contrôle et vous avez beaucoup moins de temps de parole.

> Faites l'amour au micro.

Voici comment faire si vous voulez être la personne à qui tout le monde vient parler après la table ronde.

- **SOYEZ INCOLLABLE SUR LE SUJET.** Si vous êtes invité à une table ronde sur un sujet que vous ne connaissez pas, déclinez l'offre. Peu importe que l'opportunité semble merveilleuse. Si vous pouvez l'éviter, ne donnez jamais au public l'occasion de lui faire savoir que vous êtes nul.

- **FAITES EN SORTE QUE L'ON VOUS PRÉSENTE CONVENABLEMENT.** La première erreur de la plupart des participants aux tables rondes est de laisser la responsabilité à l'animateur de se procurer lui-même votre biographie correcte et à jour. Ou bien l'animateur ne sait rien de vous, ou bien il a fait une recherche rapide sur Google et a trouvé une bio incorrecte. Donc avant le début de la table ronde, donnez-lui une bio en trois lignes et demandez-lui de la lire mot pour mot.

L'ART DE SE LANCER 2.0

- **PARLEZ FORT.** La distance optimale entre vos lèvres et le micro est de deux centimètres et demi. Vous êtes assis, les épaules un peu rentrées, votre voix ne porte pas, donc rapprochez-vous du micro et parlez fort. Faites l'amour au micro.

- **NE VOUS CONTENTEZ PAS D'INFORMER, DIVERTISSEZ.** Comme dans les discours d'ouverture, votre but principal est de divertir, non d'informer. Plus vous serez marrant, plus les gens vous croiront intelligent, parce qu'il faut de l'intelligence pour être marrant. J'irais même jusqu'à taquiner l'animateur ou un autre participant. Amusez-vous !

- **DITES LA VÉRITÉ, SURTOUT SI ELLE EST ÉVIDENTE.** Si vous avez de la chance, l'animateur essaiera de vous perturber avec des questions difficiles. C'est bien parce que cela vous donne l'occasion d'être (1) amusant et (2) direct. « The truth will get you glee[1]. » Si tout le monde connaît la vérité, n'essayez pas de mentir. Il vaudrait bien mieux dire : « Je prends le cinquième amendement[2] ». Cela aura l'avantage de faire rire.

- **RÉPONDEZ À LA QUESTION, SANS VOUS EN ARRÊTER LÀ.** Quand on vous pose une question, répondez aussi rapidement que possible, mais sentez-vous libre d'orienter la conversation dans une direction qui vous plaît. Par exemple, imaginez que l'animateur demande : « Pensez-vous que les téléphones portables seront bientôt attaqués

---

1. « La vérité vous donnera de la joie » : proverbe anglais (NDT).
2. Le cinquième amendement de la Constitution des États-Unis permet à tout citoyen américain de refuser de témoigner contre lui-même dans une affaire pénale.

par les virus ? » Vous avez parfaitement le droit de répondre : « Oui, je pense que c'est un problème, mais le vrai problème des portables est l'absence de bonne couverture réseau », si c'est ce dont vous voulez parler.

- **SOYEZ CLAIR, SIMPLE ET CONCIS.** Supposons que vous soyez dans une table ronde d'experts et que l'animateur en soit un aussi. L'animateur pose une question. Vous dirigez votre réponse vers l'animateur et les autres experts participants en utilisant des acronymes en vogue. Grosse erreur. Le public est un public, pas un groupe d'experts. Réduisez les problèmes complexes et techniques à quelque chose de simple et concis et vous vous distinguerez.

- **FAITES SEMBLANT DE VOUS INTÉRESSER.** C'est peut-être l'un des aspects les plus difficiles dans une table ronde. Imaginez que les autres participants se lancent dans des réponses longues, ennuyeuses et pleines de jargon. La tentation est de se mettre à checker ses e-mails et d'essayer d'éviter de montrer son ennui. Ne faites pas ça. Faites semblant d'être intéressé, car dès que vous aurez l'air de vous ennuyer, un photographe vous prendra en photo et le cameraman affichera votre visage sur un écran de trois mètres de haut.

- **NE REGARDEZ JAMAIS L'ANIMATEUR.** L'animateur joue le rôle d'intermédiaire avec le public. Quand vous répondez, regardez le public parce que les gens n'ont pas envie de vous voir de profil. En fait, un bon animateur ne vous regardera jamais de face, ce qui vous forcera à regarder le public.

- **NE DITES JAMAIS : « JE SUIS DU MÊME AVIS. ».** Un animateur pose souvent la même question à chaque participant. Si vous n'êtes pas le premier à répondre, il est tentant de dire : « Je suis d'accord avec ce que mon confrère vient de dire. » C'est une réponse idiote. Trouvez quelque chose de différent ou dites : « Je pense qu'on a répondu à la question. Par respect pour l'auditoire, passons à autre chose. »

FAQ

Q : Est-ce que les connotations religieuses du mot « évangéliste » posent problème ?

R : Dans certains pays, le terme a trop de connotations pour qu'on l'utilise en toute tranquillité. Dans le secteur des technologies, cependant, pas de problème. La chrétienté, après tout, représente 30 % du marché, ce qui est plus que la plupart des sociétés.

Q : Que se passe-t-il si des gens aiment votre produit mais ne veulent pas aider à répandre la bonne parole ?

R : Vous ne pouvez pas forcer les gens à devenir évangélistes. Ou ils pigent, ou ils ne pigent pas. Et ou ils veulent aider ou ils ne le veulent pas. Si les gens aiment un produit, mais ne l'aiment pas assez pour avoir envie de l'évangéliser, cela veut dire qu'ils ne l'aiment peut-être pas autant que vous le croyez.

Q : Naît-on ou devient-on évangéliste ?

R : On devient un évangéliste en faisant et en trouvant de beaux produits ou en étant déniché par eux. Presque n'importe qui, sauf un psychopathe, peut être l'évangéliste d'un produit qui le touche.

LECTURE RECOMMANDÉE

Guy Kawasaki, *Selling the Dream: How to Promote Your Product, Company, or Ideas and Make a Difference – Using Everyday Evangelism*, HarperCollins, 1991.

CHAPITRE 9

L'art d'être connecté

*Enfin terminé mon invention.
Déçu de découvrir que personne ne sait lire.*
@JGutenberg, 3 octobre 1439. Tweet historique.

L'ESSENTIEL

Les médias sociaux sont le tiercé gagnant du marketing : rapidité / gratuité / omniprésence. À l'époque où j'évangélisais le Macintosh, le téléphone, le fax et l'avion étaient les outils de marketing puissants. Avoir de l'influence consistait à réunir quelques centaines de personnes dans la salle de bal d'un hôtel.

Les réseaux sociaux sont le meilleur cadeau jamais donné aux entrepreneurs. De nos jours, les start-up peuvent toucher des millions de gens n'importe où dans le monde en quelques secondes et sans frais. Mais l'utilisation des médias sociaux n'est pas aussi facile qu'on a tendance à le croire. Vous trouverez dans ce chapitre des explications sur la façon de tirer parti de cette fabuleuse ressource.

Faites un plan

Je ne crois pas à la planification pour les médiaux sociaux si vous entendez par ce terme une réflexion qui dure six mois ou le recrutement d'une agence chargée de mettre en place des objectifs stratégiques et de les réaliser. Ma version de la planification stratégique est celle-ci :

- Déterminez votre business model.

- Déterminez le type de personnes que vous voulez attirer pour que votre business model marche.

- Déterminez le genre de choses que les gens veulent lire.

- Partagez ce genre de choses.

Peu de gens vous donneront des conseils aussi désinvoltes, mais ne confondez pas sérieux et savoir. Les consultants et les agences vont vous dire de créer un plan stratégique ou vous demander d'utiliser leurs services pendant trois mois. Ce sont des foutaises. Vous n'avez pas le temps de cogiter et vous ne devriez pas gaspiller votre argent en faisant appel à des consultants et à des agences. Vous devez plonger dans l'univers des médias sociaux, regarder ce qui marche et vous adapter continuellement. Se mettre au boulot est plus important que de planifier les choses. Les réseaux sociaux, c'est comme le reste de ce que vous faites : cela nécessite de travailler longtemps, sérieusement et d'expérimenter.

Différenciez bien les plateformes

En 2015, les plateformes principales à prendre en compte sont Google+, Facebook, Instagram, LinkedIn, Pinterest et Twitter. Voici une courte présentation de chacune d'elles :

- **FACEBOOK.** C'est le McDonald des réseaux sociaux, « servant plus d'un milliard de gens », c'est aussi la plateforme utilisée par la plupart des sociétés pour atteindre leurs clients. Malheureusement, une sorte de magie noire nommée EdgeRank décide qui de ceux qui vous suivent vont voir vos posts sur la base des algorithmes mystérieux de Facebook. Il paraît que seulement 10 % de vos amis voient ce que vous partagez (je crois que c'est encore moins que cela). Mais vous pouvez payer pour promouvoir vos posts à un plus grand nombre.

- **GOOGLE+.** Beaucoup d'« experts » se plaisent à détester Google+. Ils trouvent que le réseau est trop petit parce qu'en nombre absolu, c'est la moitié de Facebook. Mais il n'y a pas quelque chose de semblable au EdgeRank de Facebook, si bien que tous ceux qui mettent votre société dans leurs cercles voient vos posts ; cela compense le fait que Google+ est plus petit. De plus, c'est Google, et il est idiot d'ignorer quoi que ce soit venant de Google.

- **INSTAGRAM.** Instagram permet de raconter des histoires à travers des photos. Les entreprises partagent des images de leurs produits et des photos de leurs fans. Un post Instagram ne peut être lié à votre site Internet, mais beaucoup de sociétés font un travail excellent en se connectant avec leurs fans et en construisant des communautés solides grâce à ce service.

- **LINKEDIN.** C'est le héros méconnu des réseaux sociaux. Il a ajouté des fonctions sociales assez tard, mais le sérieux de ses contenus et des commentaires en fait une plateforme de marketing utile. Cessez de penser que LinkedIn est seulement un endroit où chercher des jobs car c'est aussi une plateforme sociale.

- **PINTEREST.** Pinterest est une plateforme visuelle où les gens découvrent et conservent les choses qu'ils aiment. Les entreprises se connectent aux clients en créant des campagnes et des tableaux Pinterest qui présentent leurs produits. C'est de loin la plus jolie plateforme sociale.

- **TWITTER.** Considérez Twitter comme un fleuve : il peut vous transporter rapidement mais aussi vous noyer. Twitter est une plateforme géniale pour la promotion et le support de votre produit par des messages de 140 caractères. Twitter est aussi une ressource puissante vous permettant de surveiller vos concurrents et le niveau de présence de votre entreprise ou de votre produit dans les conversations sur les réseaux sociaux.

- **YOUTUBE.** Le site YouTube de Google est un outil puissant si vous avez la possibilité de créer des vidéos intéressantes et pédagogiques. De nos jours, ce n'est pas très difficile car les vidéos d'amateurs enthousiastes sont souvent plus efficaces que celles des professionnels policés. Vous pouvez créer votre propre canal YouTube et vos clients peuvent y souscrire.

Quelles sont les plateformes sur lesquelles vous devez vous concentrer ? Toutes. Je vous conseillerais mal si je vous recommandais de vous concentrer sur une ou deux. Je vous conseillerais tout aussi mal si je vous disais que vous devez prévoir une équipe de quatre à six personnes pour s'y atteler. Un ou deux bons bosseurs peuvent y arriver.

Améliorez vos profils

Les plateformes sociales disposent toutes d'une page vous permettant de décrire le profil de votre entreprise. Ce profil est d'une importance capitale car c'est sur cette base que les gens se feront une idée immédiate de la qualité de votre entreprise. Voici comment optimiser le CV de votre business en une page :

- **CINQ SECONDES POUR RETENIR L'ATTENTION.** Les gens n'*étudient* pas un profil. Ils prennent une décision en quelques secondes. Si les plateformes étaient des sites de rencontres en ligne, elles seraient plus proche de Tinder (si un profil vous plaît, vous faites glisser votre doigt vers la droite, sinon vous le faites glisser vers la gauche) que d'eHarmony (où vous devez remplir un questionnaire de personnalité).

- **VOTRE HISTOIRE EN IMAGES.** Un profil comporte deux éléments graphiques racontant votre histoire. Le premier est un avatar, une petite photo dans un cercle ou un carré. Pour les comptes personnels, c'est votre visage. Pour un compte d'entreprise, mettez votre logo.

On appelle la deuxième photo, plus grande, « photo de couverture » (Facebook, Google+ et LinkedIn) ou « image d'en-tête » (Twitter). Cette image doit communiquer l'identité de votre start-up. Voici des sociétés qui ont d'excellents avatars et photos :

- Cadbury.
- Audi.
- Nike.

Les plateformes changent constamment les dimensions optimales de ces photos d'en-tête ou de couverture, donc prenez soin de surveiller régulièrement leurs standards. Vous pouvez consulter le post « Quick Tips for Great Social Media Graphics » si vous voulez vérifier quelles sont ces tailles optimales. Canva, la société dont je suis l'évangéliste en chef, a créé des centaines de designs d'en-têtes ou de couvertures pour Google+, Facebook, Twitter et Pinterest. Vous pouvez aller voir ça sur Canva.com.

- **CRÉEZ UN MANTRA.** La plupart des plateformes vous permettent d'ajouter un slogan à votre profil : deux à quatre mots suffisent pour expliquer la raison d'être de votre start-up (reportez-vous au chapitre 1). Voici trois mantras qui feraient de bons slogans :
  – Nike : « Athlète source d'inspiration ».
  – FedEx : « Tranquillité d'esprit ».
  – Google : « Démocratisation de l'information ».

- **DONNEZ TOUTES LES INFORMATIONS.** Votre avatar, votre slogan et vos photos d'en-tête et de couverture conditionnent l'impression initiale des gens sur votre entreprise. Ensuite, et si vous avez attiré leur attention, ils liront le reste de l'information sur le profil de votre société ; donc fournissez autant de données que possible. Une fois de plus, considérez ce profil comme un CV.

- **AYEZ UNE URL PERSONNELLE (VANITY URL).** Vous avez la possibilité de disposer d'une URL personnelle pour vos comptes Google+, Facebook et LinkedIn. Cela veut dire que les gens verront un lien du type https://plus.google.com/+canva/posts. Si vous n'en avez pas, les gens verront un lien beaucoup plus difficile à mémoriser, à copier et partager. Il se présentera comme suit : https://plus.google.com/+112374836634096795698/posts. Google+, Facebook et LinkedIn vous expliquent tous comment faire. Comme c'est le cas pour les noms de domaine, bien des URL personnelles ne sont plus disponibles, mais n'importe quoi est préférable à 21 chiffres aléatoires. De plus, trouver une bonne URL personnelle est une bonne preuve d'ingéniosité.

- **PASSEZ EN NAVIGATION PRIVÉE.** Quand vous êtes satisfait du profil de votre société, regardez-le en mode privé. Il s'agit d'une fenêtre de navigation privée dans votre browser qui vous permet de voir votre profil tel que le voient les autres. Pour passer en mode incognito sur Chrome, lancez « Nouvelle fenêtre de navigation privée » dans le menu Fichier. Vous pouvez le faire sur tous les browsers. Tapez « navigation privée » sur Google et complétez par le nom du browser pour savoir comment faire.

Réussissez le « test du partage »

Le test du partage est le plus important concept du marketing sur les médias sociaux. Il est sympathique de voir des « j'aime » et des « +1 » de ses posts. C'est super quand les gens ajoutent des commentaires. Ces actions s'apparentent au pourboire que l'on laisse à un serveur. Mais, le partage de vos posts est la preuve ultime que les gens sont prêts à risquer leur réputation sur ce que vous avez posté. C'est un peu comme recommander un restaurant à vos amis. Partager, c'est montrer qu'on aime. Pour tout ce que vous faites sur les réseaux sociaux, le test le plus important est :

VOTRE POST SERA-T-IL PARTAGÉ ?

Tout post doit réussir ce test. Pour cela, il doit apporter quelque chose de neuf dans la vie des gens. Quatre types de contenus le permettent :

- **L'INFORMATION.** Que s'est-il passé ? Par exemple, le secrétaire d'État à la Défense, Chuck Hagel, a déclaré qu'il était prêt à réexaminer le statut des transsexuels dans l'armée.

- **L'ANALYSE.** Qu'est-ce que cela veut dire ? Exemple : Mother Jones explique pourquoi l'incident lors duquel la star de football uruguayenne, Luis Suárez, a mordu un joueur de l'équipe adverse posait un gros problème d'hygiène.

- **L'AIDE.** Comment ça marche ? Exemple : le site CNET.com explique comment envoyer un SMS d'urgence au 911.

- **LE DIVERTISSEMENT.** Comme quoi ? Exemple : chaque année, deux églises de Vrontados en Grèce simulent une guerre au lance-roquettes pour fêter Pâques.

Essayez de reproduire ce que j'appelle le modèle NPR (National Public Radio). NPR fournit un contenu de qualité 365 jours par an. De temps en temps, NPR fait une campagne de financement pour lever des fonds. La raison pour laquelle NPR peut se le permettre est qu'elle apporte une véritable valeur ajoutée.

En réussissant le test du partage, vous gagnez le droit de faire votre propre campagne, qui, dans le contexte professionnel, équivaut à la promotion de votre produit.

Nourrir le monstre en contenu

Le plus grand challenge sur les médias sociaux, c'est de trouver du contenu à partager. J'appelle cela « nourrir le monstre en contenu ». Il existe deux façons de le faire : la création ou la curation de contenu. La création de contenu implique de rédiger de longs articles, de prendre des photos ou de faire des vidéos. Nous savons par expérience qu'il est difficile de créer plus de deux éléments de contenu par semaine de manière durable (et, du fait de l'importante compétition qui règne sur les médias sociaux pour attirer l'attention, nous savons que ce n'est pas suffisant). C'est pour cette raison que l'objet de ce chapitre n'est hélas pas de vous aider à maîtriser la création de contenu.

> Beaucoup d'entreprises ont une vision trop restrictive de ce qui est intéressant et pertinent pour leurs followers.

La curation de contenu consiste à trouver des articles intéressants écrits par d'autres personnes, à les résumer et à les partager. C'est un tiercé gagnant pour tout le monde : vous avez besoin de contenu à partager, les blogs et sites Internet ont besoin de plus de trafic et les gens ont besoin de filtres réduisant le flux d'informations. Les techniques de curation présentées ci-après vous permettent d'alimenter le monstre :

- **UTILISEZ LES SERVICES DE CURATION ET D'AGRÉGATION.**
Je suis le co-fondateur du site Alltop, qui m'aide

beaucoup dans la curation de contenu. C'est l'agrégation de flux RSS de A (adoption) à Z (zoologie) organisée en plus d'un millier de thèmes, par exemple l'alimentation, la photographie, Macintosh, les voyages, l'adoption.

- **PARTAGEZ CE QUI EST DÉJÀ POPULAIRE.** Vous pensez que c'est de la triche et vous avez raison, mais il n'y a rien de mal à exploiter du contenu déjà populaire. Quel que soit le nombre de gens à l'avoir déjà vu, tout le monde ne l'a pas encore vu. J'ai partagé des vidéos YouTube qui dataient de plusieurs années et qui ont eu un grand succès. Jetez un coup d'œil à la section « Explore » de Google+ pour trouver de bonnes idées.

- **TIREZ PARTI DES LISTES, CERCLES, COMMUNAUTÉS ET GROUPES.** Les gens et entreprises ayant des intérêts communs sont organisés en « listes » (Twitter et Facebook), « cercles » et « communautés » (Google+) et « groupes » (Facebook et LinkedIn). Ces regroupements sont un très bon moyen de trouver du contenu de qualité.

- **PARTAGEZ DES CONTENUS GÉNÉRÉS PAR DES UTILISATEURS.** Partagez les photos de vos produits que les gens ont prises. C'est bien pour tout le monde : le fait que les gens photographient vos produits est une reconnaissance sociale, et pour ceux qui font les photos, c'est une forme de gratitude et une attention qui fait chaud au cœur.

Beaucoup d'entreprises ont une vision trop restrictive de ce qui est important et pertinent pour leurs followers, ce qui les empêche de nourrir le monstre. Voici des exemples montrant comment des posts peuvent rester cohérents avec l'image de marque d'une entreprise tout en étant plus intéressants, et à même de générer plus de partages.

TYPE D'ENTREPRISES	FOLLOWERS ESPÉRÉS	EXEMPLES
Restaurant	Gastronomes	Les particules atomiques permettent de lutter contre la fraude aux vins ; découper un gâteau de façon scientifique.
Motorola	Fans d'Android	Les 100 meilleures applications Android de 2014 ; six bons conseils pour les utilisateurs d'Android.
Compagnie aérienne	Voyageurs	Les derniers ciné-parcs aux États-Unis ; photos de voyage qui font réfléchir ; comment satisfaire vos clients même si vous ne desservez pas le Japon.
Agence de design	Marketeurs	Pourquoi ce n'est pas un problème si votre publicité apparaît en dessous de la ligne de flottaison d'un site Internet ; principales conclusions de l'étude sur la fidélité des clients.

TYPE D'ENTREPRISES	FOLLOWERS ESPÉRÉS	EXEMPLES
Monster	Passionnés de musique et de sport	*Weird Al*, la parodie de la chanson *Happy* de Pharrell Williams par Yankovic ; sauts effrayants et fun.

Servez-vous d'un calendrier éditorial

Je ne crois pas aux calendriers éditoriaux car je suis partisan d'une approche qui consiste à arroser au « petit bonheur la chance » et de prier ensuite, c'est-à-dire à publier beaucoup d'articles en espérant que certains auront du succès. Cela dit, si vous préférez une approche plus scientifique, plusieurs outils peuvent vous aider à gérer un calendrier éditorial :

- **EXCEL.** Ce bon vieux logiciel vous permettra de conserver d'anciens articles par date de publication.

- **GOOGLE DOCS.** Google Docs vous permet de travailler en temps réel avec les membres de votre équipe. Tout le monde a accès au calendrier depuis n'importe quel appareil, ce qui évite les allers-retours par e-mail et réduit le risque de perdre certaines modifications.

- **CALENDRIER ÉDITORIAL DE HUBSPOT.** Ce calendrier éditorial peut vous servir quand vous faites du brainstorming pour votre blog. Il vous aide à gérer le contenu et suivre les progrès de ceux qui écrivent pour vous. C'est une matrice Excel destinée à établir le calendrier des activités d'une équipe sur les réseaux sociaux. Vous pouvez ajouter des mots-clés, des thèmes et établir un plan d'action pour chaque poste.

- **BUFFER, SPROUT SOCIAL ET HOOTSUITE.** Ces trois services offrent des fonctionnalités de planification axées sur le partage de posts. Buffer est une simple plateforme de programmation et ne vous permet pas de répondre aux commentaires. Avec Sprout Social et Hootsuite, vous pouvez planifier et suivre votre activité sur les médias sociaux, ainsi que commenter et répondre. (Pour information, je suis un conseiller de Buffer.)

- **STRESSLIMIT.** C'est un calendrier éditorial que vous pouvez ajouter à WordPress. Ce plug-in vous permet de planifier le contenu de votre blog et de passer en revue les posts programmés prévus pour plus tard.

Partagez comme un pro

Un auteur scrupuleux, pour chaque phrase qu'il écrit, se posera au moins quatre questions :
1) Quel message j'essaie de faire passer ?
2) Quels mots utiliser pour l'exprimer ?
3) Quelle image ou quelle tournure le rendront plus clair ?
4) Cette image est-elle assez vivante pour avoir un impact ?

George Orwell

Une fois que vous avez fini avec la création ou la curation de contenus, vous devez les partager sur les comptes de votre entreprise. Voici les principes de base de l'art de partager qui sont généralement considérés comme les bonnes pratiques à adopter (dans la prochaine section, je propose des idées qui, elles, ne le sont pas).

- **SOYEZ CONCIS.** Sur les médias sociaux, la concision l'emporte sur le verbiage. Vous êtes en concurrence avec des millions de posts tous les jours. Les gens se font rapidement un avis et passent à autre chose si vous ne captez pas leur intérêt instantanément. Mon expérience me fait dire que la longueur idéale pour du contenu issu de la curation sur Google+ et Facebook est de deux ou trois phrases et de 100 caractères sur Twitter. Lorsqu'il s'agit de contenu de votre création ou de vos posts de blog, la longueur idéale se situe entre 500 et 1 000 mots.

- **SOYEZ VISUEL.** Tous les posts, sans exception, devraient être accompagnés d'une pépite visuelle, du type photo, graphique ou vidéo. Selon une étude de Skyword, « le nombre total de vues augmente de 94 % si un article publié contient une photo ou une infographie pertinente – en comparaison à des articles sans image dans la même catégorie ».

- **SOYEZ MATINAL.** Pour moi, le meilleur moment pour partager des posts, c'est le matin en Californie parce que c'est le moment où la plus grande partie de mon public est réveillée et devant un ordinateur. Expérimentez et voyez si c'est aussi le bon moment pour vous. Dans la section suivante, vous allez apprendre à automatiser les posts, ce qui facilite la programmation.

- **SOYEZ RECONNAISSANT.** Tout post qui provient d'une curation doit être relié à sa source. Ces liens permettent :
  - aux lecteurs d'en apprendre davantage sur la source ;
  - de créer du trafic vers la source en signe de remerciement ;

– d'augmenter votre visibilité sur les sites Internet et votre popularité vis-à-vis des blogueurs.

Lorsque vous dénicherez du contenu grâce au post de quelqu'un, suivez ce protocole : rédigez et publiez un post incluant un lien qui renvoie vers la source et mentionnez la personne qui vous l'a fait découvrir.

- **SOYEZ STRUCTURÉ.** Si votre post sur Google+, Facebook ou LinkedIn fait plus de quatre paragraphes, utilisez une liste numérotée ou à puces. Cela facilite la lecture car l'information est organisée en de plus petits paragraphes. Je suis peut-être la seule personne au monde à le faire, mais lorsqu'un texte n'est qu'une suite de paragraphes, je lâche l'affaire. Si j'ai envie de lire un roman, j'achète un ebook. Je suis beaucoup plus enclin à lire un post comportant une liste numérotée ou à puces.

- **SOYEZ MALIN.** Il est difficile de résister aux posts dont le titre commence par « Comment... », « Le top ten de... », « Le meilleur de... ». Il y a quelque chose qui vous dit (en tout cas à moi) : « Ça va être pratique et utile. » L'équipe de Twelveskip a publié une liste de 74 titres percutants, alors soyez malins et servez-vous-en. Mes 10 titres préférés sont les suivants :
    – Comment faire un tabac avec...
    – Guide rapide de...
    – Guide complet pour...
    – Les questions à se poser avant de...
    – Les règles pour...
    – Les étapes indispensables pour...

- Les méthodes les plus utilisées pour...
- Conseils pour les gens occupés...
- Les tactiques pour...
- Ce que personne ne vous dit sur...

- **SOYEZ FACILE À TROUVER.** Les hashtags sont une invention merveilleuse. Ils connectent les posts de personnes aux quatre coins du monde et fournissent une structure à un écosystème non structuré. Ajouter un hashtag à un post, c'est dire aux gens que le post est pertinent pour un sujet d'intérêt partagé. Par exemple, le hashtag #socialmediatips sur Google+ relie des posts sur les médias sociaux. Twitter, Instagram, Facebook, Tumblr et Google+ supportent les hashtags, ce qui fait que cette pratique est courante et admise.

  Pensez à ajouter deux ou trois hashtags à vos posts. Cela dit, si vous en utilisez davantage, vous aurez l'air d'un #idiot qui essaie d'#exploiterlesystème. Par ailleurs, n'utilisez pas de hashtags sur Pinterest parce que les gens n'aiment pas en voir – peut-être parce qu'ils interfèrent avec les textes courts que l'on trouve habituellement sur Pinterest.

- **FAITES DE LA PROMO.** Je le fais rarement, pour des raisons de fierté et de principe, mais payer pour promouvoir ses posts sur Pinterest, Facebook et Twitter peut s'avérer efficace. Cette méthode garantit une plus grande visibilité de vos posts. Facebook, notamment, est en train de devenir une plateforme *pay-to-play* (payer pour jouer).

La décision de « payer pour jouer » revient à se poser la question suivante : les revenus générés justifieront-ils l'investissement ? Par exemple, vous pourriez promouvoir un post avec un appel à l'action, comme l'achat de votre produit. Dans ce cas, une augmentation des ventes (et peut-être le gain en notoriété de votre marque) vous dira si l'investissement valait le coup ou non.

Si vous ne voulez pas payer pour promouvoir vos publications (ce que je respecte tout à fait), vous pouvez épingler vos posts en haut de vos pages Facebook et Twitter. Ainsi, le post reste en première ligne de votre Timeline. Ce n'est pas aussi efficace, mais c'est gratuit.

- **UTILISEZ LES FONCTIONS ANALYTIQUES.** Vous pouvez améliorer la pertinence de votre contenu en analysant les caractéristiques des personnes qui vous suivent. Par exemple, la fonctionnalité analytique de Facebook est une source précieuse d'informations pour découvrir qui sont vos fans, et un excellent point de départ pour la programmation de vos posts à venir sur Facebook.

- LikeAlyzer est utile pour l'analyse de votre page Facebook, l'ajustement de votre contenu et des types de posts et le choix du moment où vous publiez.

- Pour Twitter, vous pouvez utiliser des services comme SocialBro. Vous pourrez savoir qui vous suit, trouver de nouvelles personnes à suivre et savoir comment votre contenu est reçu. Vous pouvez obtenir des rapports similaires dans Sprout Social et Hootsuite.

Automatisez vos posts

Utiliser des outils pour automatiser et programmer des posts, ce n'est pas de la triche. C'est ce que font les entreprises intelligentes pour optimiser le partage. Les gens qui s'obstinent à dire que vous devez publier vos posts manuellement sont idiots. La plupart des followers sont incapables de déceler la manière dont un post a été publié ; et si vous avez une vie en dehors des réseaux sociaux, vous ne pouvez pas publier vos posts manuellement tout au long de la journée.

Voici une liste de services qui vous permettront d'automatiser vos posts, et de programmer une journée entière en seulement 30 minutes :

- **BUFFER.** Buffer programme les posts pour les pages Google+, les Pages et profils Facebook ainsi que sur LinkedIn et Twitter. Il vous permet d'ajouter des posts à une heure spécifique ou de les mettre en file d'attente. La gestion d'équipe et des capacités d'analyse sont disponibles si vous achetez le plan « Buffer for Business ». Buffer vous propose des histoires à partager. C'est l'option la plus sympa.

- **DO SHARE.** Si vous n'avez pas de page Google+, c'est le seul service vous permettant de programmer des posts sur un profil personnel. Il s'agit d'une extension de Google Chrome et celui-ci doit être ouvert pour que Do Share fonctionne. Cet outil est génial mais limité en raison de cette condition préalable. Par exemple, si vous voyagez et que votre ordinateur n'est pas allumé, vos posts ne seront pas publiés. Le compte de votre société est probablement une page, et non un profil, ce qui fait que Do Share n'est probablement pas adapté à vos besoins.

- **FRIENDS+ME.** Ce produit vous permet de publier vos posts Google+ sur d'autres plateformes. Il fonctionne actuellement pour Facebook (groupes, profils et Pages), Twitter, LinkedIn (profils, groupes et pages d'entreprise) ainsi que Tumblr. Ce qui me plaît dans cet outil c'est que votre image Google+ apparaît dans vos tweets. En utilisant des hashtags, vous pouvez contrôler où et quand chaque post sera publié ou choisir de les publier uniquement sur Google+.

- **HOOTSUITE.** Ce produit vous permet de programmer du contenu, de suivre les commentaires et d'y répondre. Vous pouvez publier sur les profils et Pages Facebook, les Pages Google+, les profils LinkedIn et sur Twitter. Grâce à l'application Viraltag, vous pouvez programmer des épingles sur Pinterest. Parmi les fonctionnalités utiles, notons la possibilité de programmer des tweets et posts en masse à partir d'un tableur, de glisser-déposer des éléments du calendrier afin de les programmer, et de travailler en équipe pour tweeter.

- **POST PLANNER.** Même si ce produit ne fonctionne qu'avec Facebook, il vous fournit des choses à partager et vous suggère quand le faire. Facilement accessible depuis une application intégrée à Facebook, il vous permet de trouver des photos virales et du contenu tendance, ce qui peut vous donner des idées. Vous pouvez aussi ajouter des flux vers des blogs que vous aimez et les partager à partir de Post Planner. C'est un excellent service pour la gestion des Pages Facebook.

- **SPROUT SOCIAL.** C'est un produit puissant qui marche avec les Pages et les profils Facebook, Twitter, les Pages Google+ et les profils LinkedIn. Il offre aussi une fonctionnalité de gestion d'équipe et une intégration avec Zendesk, la possibilité – très intéressante – de répéter le même tweet avec une image et de créer un calendrier d'équipe. Le coût minimum est de 59 dollars par mois.

- **TAILWIND.** Avec ce produit, vous ne pouvez programmer et faire le suivi de posts que pour Pinterest. Ses puissantes fonctionnalités incluent l'affichage des épingles les plus populaires, des tableaux tendance et les contenus les plus populaires. Tailwind a accès à l'interface de programmation d'application (API) de Pinterest, ce qui laisse présager de nouvelles fonctionnalités d'ici peu.

- **TWEETDECK.** C'est une application indépendante permettant de faire le suivi de l'activité et de programmer des tweets. Elle affiche les résultats de votre recherche dans des colonnes séparées. Par exemple, vous pouvez créer une colonne pour les @Mentions[1] et une autre colonne pour les @Mentions de vos concurrents. La prochaine fois que vous vous rendez à une conférence sur les nouvelles technologies, étudiez la façon dont les gens suivent l'activité sur Twitter et vous vous rendrez compte que la majorité utilise TweetDeck.

---

1. Une @Mention vous informe quand quelqu'un indique votre nom précédé du symbole @.

Répétez vos posts

> Test de QI : préférez-vous obtenir 1 300 clics ou 7 600 clics ?

Nous en venons maintenant aux trucs qui ne sont généralement pas bien perçus. Je partage au total 50 posts par jour sur mes comptes Google+, Facebook, Twitter, LinkedIn et Ello. Beaucoup de ces posts sont la réplique exacte de posts précédents.

Très peu de gens et d'entreprises atteignent ce niveau d'activité, mais mon expérience m'a appris que tant que vos posts sont bons, vous pouvez les partager autant que vous le voulez. J'ai vérifié mon affirmation « plus c'est plus » en partageant quatre tweets identiques à huit heures d'intervalle, à peu près. Chaque tweet renvoyait à la même source. Voici les résultats :

DATE ET HEURE	CLICS	RÉPONSES	RETWEETS	FAVORIS
06/07, 16 H 41	1 300	22	18	41
07/07, 11 H 11	1 300	20	17	43
08/07, 21 H 50	2 300	24	23	26
09/07, 17 H 00	2 700	16	10	15
TOTAL	7 600	82	68	125

Test de QI : préférez-vous obtenir 1 300 clics ou 7 600 clics ? Vous préférez prendre le risque que certains se plaignent de voir ces tweets répétés et vous menacent d'arrêter de vous suivre ou avoir 5,8 fois plus de clics ? Moi, je choisis la seconde option tous les jours de l'année.

Il y a des gens qui vont se plaindre d'un volume plus élevé, mais n'en faites pas une affaire d'État. Ou bien ils s'y habitueront ou bien ils arrêteront de vous suivre. C'est le résultat final qui compte : soit vous êtes en train de construire votre image de marque en ayant de plus en plus de followers et en accumulant le nombre de posts partagés, soit vous n'avez rien de tout cela. Si vous ne contrariez personne sur les réseaux sociaux, c'est que vous ne vous en servez pas avec assez d'agressivité.

Répondez aux commentaires

Ne prenez rien personnellement.
Vous n'êtes en rien responsable de ce que font les autres.
Ce que les autres disent et font n'est qu'une projection de leur propre réalité, de leur rêve.
Lorsque vous êtes immunisé contre cela, vous n'êtes plus victime de souffrances inutiles.

Don Miguel Ruiz

Vous trouverez des commentaires pertinents, drôles et flatteurs en réponse à vos posts, et vous en aurez aussi de stupides, mesquins et insultants. Vous aurez plus de commentaires positifs si vous publiez du contenu de qualité, mais de toutes façons, les commentaires négatifs sont inévitables. Répondre aux commentaires requiert de l'assiduité et des efforts. Les commentaires négatifs, en particulier, demandent du travail, de la patience et de la compréhension. Voici comment transformer la réponse aux commentaires pénibles en un moyen de nourrir l'engagement, de construire sa réputation et de s'amuser :

- **UTILISEZ LES BONS OUTILS.** La première chose est de trouver les commentaires dont il faut s'occuper. Il y a deux scénarios. Le premier consiste à faire le suivi des commentaires de vos posts Google+, Facebook, LinkedIn, Pinterest et

Instagram. C'est facile puisque ces plateformes organisent les fils de discussions ; vous pouvez donc publier un post et y revenir pour voir s'il y a des commentaires. Le deuxième scénario consiste à suivre les commentaires sur Twitter. Comme Twitter n'a pas le même niveau d'organisation des fils de discussion, vous aurez à définir un filtre de recherche pour le nom de votre start-up afin de suivre les commentaires qui sont faits sur vous et les réponses qui vous sont adressées. Vous pouvez sauvegarder cette recherche pour ne pas avoir à la refaire.

> Ce n'est jamais une erreur d'avoir de la classe, car il est plus important de gagner la guerre par l'élégance et la crédibilité que de gagner une bataille contre un commentateur.

Twitter propose également des fonctionnalités de recherche avancées qui permettent de trouver les commentaires plus efficacement. Par exemple, j'utilise une recherche Twitter sauvegardée pour trouver les mentions @GuyKawasaki ou @Canva, mais non les retweets de nos tweets. Vous n'avez pas besoin de répondre aux retweets, et dans le cas idéal, il y en aura tant que vous ne pourriez pas y répondre même si vous le vouliez.

Les gens feront aussi des commentaires sur votre start-up, sans rapport avec vos posts. Vous devez aussi en faire le suivi. Dans un monde parfait, les gens qui mentionnent votre start-up devraient à chaque fois ajouter un « @ » (Twitter et Facebook) ou un « + » (Google+) avant son nom. Dans ce cas, ces plateformes vous le notifieraient par e-mail ou lorsque vous êtes sur votre page. Mais la plupart des gens ne sont pas conscients de cette possibilité.

Cela dit, de nombreux services peuvent faire le suivi de ces mentions et textes dans les commentaires. C'est le cas de Commun.it, Google Alertes, Hootsuite, Social Mention, SocialBro, Sprout Social et Viralheat. Et, comme je l'ai indiqué précédemment, TweetDeck est une super application pour le suivi des @Mentions et mots-clés pour une recherche.

- **PENSEZ À VOTRE PUBLIC DANS SON ENSEMBLE.** Tout le monde verra votre réponse, pas seulement le commentateur. C'est la différence avec l'e-mail où ce qui importe, c'est le destinataire et les personnes à qui celui-ci est susceptible de le transférer.
  Beaucoup de gens rôdent sur les médias sociaux et vous jugent sur le ton de vos réponses. Ces observateurs peuvent être plus importants que le commentateur lui-même parce qu'ils peuvent avoir plus de followers que les trolls – ces petites brutes en ligne qui cherchent la bagarre comme solution à leur existence pathétique. La manière de répondre s'apparente à celle des politiques lors d'une réunion publique : tout est officiel.

- **RESTEZ POSITIF.** Que le commentaire soit banal, irrévérent ou vexant, comme on vous regarde, restez positif et agréable. Ce n'est jamais une erreur d'avoir de la classe, car il est plus important de gagner la guerre par l'élégance et la crédibilité que de gagner une bataille contre un commentateur. Pour tout dire, j'oublie parfois de suivre cette recommandation, donc faites ce que je dis, et non ce que je fais.

- **PARTEZ DU PRINCIPE QUE LES GENS SONT BONS, JUSQU'À PREUVE DU CONTRAIRE.** Comme c'est le cas pour les e-mails, il est facile de mal interpréter des commentaires sur les médias sociaux. Ce que vous croyez être une critique ou une attaque peut être en réalité inoffensif ou simplement sarcastique. Ou peut-être êtes-vous trop susceptible. Cela vaut la peine de donner aux gens le bénéfice du doute.

- **ACCEPTEZ LE DÉSACCORD.** Si vous ne pouvez pas rester positif, vous pouvez au moins accepter la critique. La vie est trop courte pour qu'on la passe en bagarres continues, qui, la plupart du temps, n'en valent pas la peine. De plus, accepter la critique, ça énerve les trolls.

- **POSEZ LA QUESTION PERTINENTE.** Quand une personne exprime une opinion négative avec véhémence, demandez-lui s'il a une connaissance directe du sujet. Par exemple, si vous partagez une histoire sur Android et qu'un fan de l'iOS vous attaque, demandez-lui s'il a jamais utilisé ou été propriétaire d'un téléphone Android. Il est probable que ce ne soit pas le cas et qu'il ne fasse que répéter ce qu'il a entendu dire. Sur les médias sociaux, la combinaison des certitudes et de l'ignorance est chose commune, donc il va falloir vous y faire ! D'ailleurs, il arrive souvent que le dogmatisme des gens soit aussi proportionnel à leur ignorance.

- **OPÉREZ EN TROIS ROUNDS.** Les meilleures interactions (et les pires) se déroulent souvent entre les commentateurs. Il est plaisant de voir des étrangers construire des relations et donner aux posts une direction inattendue et plus profonde. Ça, c'est le côté positif. Le côté négatif, c'est quand les commentateurs se lancent dans des luttes acharnées et se balancent des remarques mesquines qu'ils ne diraient jamais en face.

Je vous conseille d'adopter les règles de la boxe amateur et de ne jouer qu'en trois rounds. La cloche d'ouverture retentit lorsque vous partagez un post : ding-dong. Round 1 : une personne fait un commentaire. Round 2 : vous répondez. Round 3 : la personne répond à votre réponse. Fin du combat.

- **SUPPRIMEZ, BLOQUEZ ET SIGNALEZ.** Si rien ne marche, ignorez, supprimez, bloquez ou signalez les trolls et polluposteurs. Vous n'avez pas l'obligation morale d'interagir avec eux et vous n'avez pas grand-chose à gagner en vous abaissant à leur niveau. Si vous voulez de l'aide pour faire la différence entre un troll et un passionné, lisez l'article « Top 12 Signs You're Dealing with Trolls[1] ».

J'ai une méthode radicale : je supprime les commentaires inappropriés (vulgaires, racistes ou hors sujet) et je signale les trolls et polluposteurs sans hésitation. Encore une fois, la vie est trop courte...

Attirez plus de followers

N'aspirez pas à être populaire, soyez raffiné. Ne cherchez pas à être célèbre, faites-vous aimer. Ne soyez pas fier d'être prévisible ; soyez facilement reconnaissable.

C. JoyBell C.

---

1. « Les 12 preuves que vous avez affaire à des trolls » (NDT).

Il n'existe que deux catégories de personnes et d'organismes sur les réseaux sociaux : celles qui veulent attirer plus de followers et celles qui mentent. En 2014, si vous cherchez sur Google comment attirer plus de followers, vous aurez 284 millions de résultats, ce qui est révélateur. Pour avoir plus de followers, il n'y a que deux solutions :

1. D'abord, partagez du contenu de qualité. C'est comme ça que vous aurez plus de followers. Fin de la discussion.

2. Ensuite, sautez sur les nouvelles plateformes. Il est bien plus facile d'accumuler des followers quand une plateforme est jeune parce qu'il y a moins de gens à suivre et beaucoup moins de mouvement.

En juillet 2014, j'avais 6,4 millions d'abonnés sur Google+. Je me suis jeté sur Google+ dès les premières semaines de son lancement. Si je devais repartir de zéro aujourd'hui sur Google+ ou n'importe quelle autre plateforme existante, je ne pourrais pas rattraper le niveau des personnes qui se sont lancées plus tôt. Chaque nouvelle plateforme crée ses nouveaux groupes d'influenceurs. Je ne peux pas rattraper Joy Cho sur Pinterest maintenant parce qu'elle a déjà plus de 13 millions de followers. En revanche, elle aurait du mal à me rattraper sur Google+, car elle n'a que 140 followers. Moralité : une nouvelle plateforme, c'est un territoire à conquérir. Si vous voulez des quantités de followers sur cette plateforme, il vous faut la rejoindre avant qu'il ne soit évident qu'elle aura du succès.

Évitez d'avoir l'air idiot

> *Tout le problème de ce monde, c'est que les imbéciles et les fanatiques sont toujours si sûrs d'eux alors que les gens plus avisés sont si pleins de doutes.*
>
> Bertrand Russell

Le monde des médias sociaux a ses propres règles sur les comportements acceptables ainsi que les impairs à éviter et les gens s'attendent à ce qu'une entreprise respecte ces subtilités. Cette section vous aidera à faire semblant de ne pas être idiot en attendant le jour où vous ne le serez plus.

- **N'ACHETEZ PAS DE FOLLOWERS, DE LIKES OU DE +1.** Seuls les losers et les charlatans achètent des followers, des likes et des +1. On ne peut pas dire qu'avoir un grand nombre de followers est une preuve sociale de qualité, mais acheter des followers est stupide. Voici comment les grandes entreprises s'engagent sur ce terrain glissant :

    - Le PDG assiste à une conférence et décide que son entreprise doit développer sa présence sur les réseaux sociaux.
    - Il dit au directeur du marketing qu'il veut voir des résultats, à savoir une augmentation du nombre d'abonnés, de likes et de +1.

> *Il est possible que vous ne vous fassiez jamais prendre à acheter votre position sur les médias sociaux, mais ce faisant, vous salissez votre karma, qui pourrait bien prendre sa revanche.*

- Le directeur du marketing se rend compte que personne ne comprend les réseaux sociaux dans l'entreprise (ce qui n'est pas vrai, mais je m'écarte du sujet). Donc l'option facile, sûre, logique consiste à engager un « expert » d'une des agences de l'entreprise, puisque ces agences en regorgent.

- La première chose que fait le responsable fraîchement embauché pour s'occuper des médias sociaux est de s'assurer les services de son précédent cabinet de conseil pour atteindre les objectifs du directeur du marketing.

- L'agence demande et reçoit un budget suffisamment important pour acheter des followers, des likes et des +1 afin d'atteindre les objectifs fixés.

- Le cabinet dépense le budget alloué et – surprise ! – atteint les objectifs. On crie à la victoire et tout le monde est content.

Les followers, les likes et les +1 qui ont été achetés ne produisent pas d'effet durable, puisque personne n'interagit avec votre contenu et ne s'y intéresse. Il est possible que vous ne vous fassiez jamais prendre à acheter votre position sur les médias sociaux, mais ce faisant, vous salissez votre karma, qui pourrait bien prendre sa revanche.

Mon aversion pour l'achat d'une position sur les médias sociaux ne tolère qu'une seule exception : payer pour promouvoir des posts ou Pages Facebook. C'est comme cela que fonctionne Facebook et c'est la même chose que d'acheter de la publicité sur d'autres médias.

- **NE DEMANDEZ PAS AUX GENS DE SUIVRE VOTRE SOCIÉTÉ.** Si vous voulez plus de followers, méritez-les par la qualité de vos posts. Si Groucho Marx vivait encore, il changerait sa fameuse formule et dirait que ceux qui vous demandent de les suivre n'en valent pas la peine. Gardez votre dignité, ne vous mettez pas à plat ventre pour avoir des followers mais partagez plutôt du très bon contenu en grande quantité.

- **NE DEMANDEZ PAS AUX GENS DE PARTAGER VOS POSTS.** Si vos posts sont bons, les choses se feront naturellement. Toutes les techniques que nous avons expliquées conduiront les gens à lire vos posts et, s'ils sont bons, à les partager. C'est aussi simple que cela. La seule occasion où cette demande est acceptable, c'est quand le post est de nature philanthropique.

- **NE JOUEZ PAS AU MAQUEREAU.** Les médias sociaux sont géniaux pour promouvoir son produit, son service ou son site Internet – et c'est pour cela que nous nous donnons tout ce mal. Mais vous aurez l'air d'un idiot si plus de 5 % de vos posts ont un objectif publicitaire. Si vous connaissez les chaînes de médias américaines, vous voulez être NPR, et non QVC[1]. Imaginez que NPR fasse des campagnes de levées de fonds tous les jours de l'année !

- **NE SOUS-TRAITEZ PAS À UNE AGENCE.** Si vous engagez une agence digitale réunissant dix personnes dans un « centre

---

1. QVC est un site de vente en ligne et une chaîne de télévision, NPR, anciennement National Public Radio, est le principal réseau de radiodiffusion non commercial et de service public des États-Unis (NDT).

de crise » pour procéder à l'évaluation de l'opinion des consommateurs envers votre marque et l'esprit de votre marque pour ensuite avoir besoin de 45 jours pour rédiger un tweet, je ne vous ai rien appris. Ne sous-traitez pas la gestion de vos médias sociaux à des « experts » qui ont une dizaine de followers, tweetent une fois par mois et vous demandent une somme plus importante que le PIB d'un petit pays pour leurs services. Voici un principe de base : ne jamais demander les conseils de quelqu'un qui a moins de followers que vous.

Si vous suivez les recommandations de ce chapitre, vous n'avez pas besoin d'une agence. Si vous suivez les recommandations de ce chapitre et que vous êtes une agence, peut-être pouvez-vous désormais justifier vos tarifs.

- **NE DÉLÉGUEZ PAS LA GESTION DE VOS MÉDIAS SOCIAUX À UN STAGIAIRE.** Avoir trouvé un jeune qui utilise Facebook et dont le taux horaire est inférieur à celui d'un employé de fast-food ne signifie pas que vous devriez l'embaucher pour gérer vos médias sociaux. C'est comme penser qu'avoir une voiture fait de vous un mécanicien.

    Ne me faites pas dire ce que je ne dis pas : j'adore les stagiaires. Ils apportent de nouvelles perspectives et sensibilités sur les médias sociaux. Je veux simplement m'assurer que vous prenez les médias sociaux au sérieux et que vous allez confier cette tâche à des personnes qualifiées parce que pour beaucoup de gens, votre société est ce qu'elle partage. Demandez au moins à vos stagiaires de lire ce livre et suivez tous les posts et commentaires qu'ils publient pendant quelques semaines.

Addenda

Mini-chapitre : Comment socialiser des événements

> *J'aime les grandes fêtes. Elles sont si intimes.*
> *Dans les petites fêtes, on n'a aucune intimité.*
>
> F. Scott Fitzgerald, *Gatsby le Magnifique*

Les événements sont un outil clé du marketing et les médias sociaux augmentent leur impact. Je prends la parole au cours d'une cinquantaine d'événements par an, et j'ai remarqué que la plupart des entreprises n'utilisent pas les médias sociaux pour augmenter la visibilité et la portée de ces événements. Elles se concentrent sur la promotion de l'événement pour attirer un maximum de personnes mais ne font pas grand-chose, voire rien, des médias sociaux pendant l'événement lui-même.

En 2013, Peg Fitzpatrick et moi avons fait partie de l'équipe de lancement du téléphone Moto X de Motorola au Mexique, en Argentine, au Brésil, au Pérou, en Colombie et au Chili. J'étais l'invité d'honneur et elle était la Ninja des médias sociaux. Lors de cette tournée, nous avons appris comment booster un événement grâce aux médias sociaux. Voilà ce qu'il faut retenir :

- **CHOISISSEZ UN HASHTAG QUI PUISSE PERDURER.**
  Nous aurions pu choisir des hashtags tels que #MotoXBrasil2013, #MotoXMexico2013 ou #MotoXPeru2013, mais ils n'auraient duré que trois jours, dans le meilleur des cas. Au lieu de cela, nous avons opté pour un hashtag court, générique et durable : MotoX.

  ❛ Sur les médias sociaux, il ne faut pas hésiter à être culoté. ❜

L'objectif est de trouver un hashtag qui va créer une tendance et qui sera visible par tout le monde, qu'il fasse référence à un événement au Brésil, au Mexique, au Pérou ou à de nouveaux produits. Dans ce cas précis, le hashtag #MotoX posait problème car il était également utilisé pour des événements de motocross. Mais si j'avais à choisir entre un hashtag court et un hashtag unique, j'aurais opté (et c'est ce que j'ai fait) pour un hashtag court et géré ensuite les problèmes de confusion.

- **INTÉGREZ LE HASHTAG PARTOUT.** Utilisez votre hashtag dès que vous commencez à promouvoir l'événement. Cela signifie qu'il doit apparaître sur votre site Internet, dans vos publicités et dans votre signature d'e-mail. Il doit figurer sur la couverture du programme de l'événement. Les slides d'introduction doivent le promouvoir dans une taille de caractère de 60 points ; il doit apparaître dans le pied de page de toutes les slides suivantes. Tous les employés, intervenants, fournisseurs ou invités doivent le connaître.

- **DEMANDEZ À TOUT LE MONDE DE L'UTILISER.** Faire connaître votre hashtag n'est pas suffisant, vous devez également demander à tout le monde de l'utiliser. L'hôte de l'événement doit demander aux gens d'ajouter le hashtag à leurs posts. Vers la fin de la tournée Moto X, je commençais mon discours en demandant au public de tweeter leur présence à l'événement et d'y associer notre hashtag et j'attendais jusqu'à ce qu'ils le fassent. Sur les médias sociaux, il ne faut pas hésiter à être culoté.

- **VOYEZ PLUS LOIN QUE L'ÉVÉNEMENT.** Le public d'un événement est composé de tous les gens qui, dans le monde, sont intéressés par votre produit et pas seulement ceux qui sont présents à cet événement. Un tweet comme « Vous n'êtes pas au Brésil ? Regardez ce que Mashable pense du #MotoX : http://mashable.com/2013/08/01/moto-x-hands-on/» est efficace et plein de gens le partageront.

- **DÉSIGNEZ UNE PERSONNE.** Il faut qu'au moins une personne à cet événement ait la responsabilité des médias sociaux et se charge :
    - Avant : de publier des posts promotionnels pour faire connaître l'événement et attirer le public.
    - Pendant : de tweeter ce qui se passe et prendre des photos des intervenants et invités ; de mettre ces photos en ligne pendant les pauses et de partager les posts des gens.
    - Après : de partager des articles sur l'événement ainsi que des photos et vidéos supplémentaires ; d'encourager les participants à partager leurs photos.

Katie Clark, une analyste de marché vous suggère de recruter une personnalité des médias sociaux pour s'occuper de cela si vous n'avez pas d'expert en interne. Cette personne saura comment s'y prendre, amplifiera votre présence grâce ses propres comptes et aura les faveurs des amis qui la suivent. C'est le rôle qu'a joué Peg pour Motorola en Amérique du Sud.

- **DIFFUSEZ L'ÉVÉNEMENT EN DIRECT.** Pensez à ce que vous dépensez pour faire un événement. Pourquoi ne pas en parler en direct ? Avez-vous peur que trop de gens entendent parler de votre produit ? Soyez sérieux. Si vous annoncez un produit à Bogota, vous avez envie qu'un blogueur à Moscou en parle aussi. Vous pouvez aussi l'enregistrer pour que les gens puissent le voir plus tard. Et n'imaginez pas que la diffusion en direct puisse avoir pour effet de faire perdre du public à l'événement lui-même ; si regarder la diffusion de l'événement est aussi bien que d'y assister en personne, le plus gros problème est peut-être que votre événement n'est pas génial.

- **PUBLIEZ DES INFORMATIONS SUR LE DÉROULEMENT DE L'ÉVÉNEMENT.** Si vous ne transmettez pas l'événement en direct, veillez à ce que votre responsable des médias sociaux publie tous les détails de son déroulement. Pour cela, vous pouvez utiliser Twitter, Instagram ou votre blog. The Verge est remarquable pour relayer en temps réel les événements tels que les annonces d'Apple. Inspirez-vous de ce qu'ils font.

- **AFFICHEZ LES FLUX TWITTER.** Utilisez des services qui affichent les tweets contenant votre hashtag et les projettent sur un écran lors de conférences. Afficher ces tweets permet plus d'interaction et une utilisation accrue de votre hashtag. Pour certains, voir un de leurs tweets défiler, c'est comme voir leur photo sur un écran à Times Square. J'utiliserais Twubs et Tchat pour cela.

- **FOURNISSEZ UN ACCÈS WIFI.** Soyons clairs : vous dépensez des milliers de dollars pour organiser cet événement. Vous insistez pour que tout le monde utilise votre hashtag. Mais vous limitez l'accès Wifi. Avez-vous perdu la tête ? Lorsque vous recherchez un lieu pour l'événement, prenez un ordinateur ou un téléphone et lancez Speedtest. Dites au représentant de chaque site que vous vous attendez à ce que des centaines de personnes utilisent simultanément le réseau et que vous choisirez un autre endroit s'il n'y a pas un débit Internet suffisant. En dernier recours, apportez des points d'accès mobiles ou transformez quelques smartphones en points d'accès.

- **NE METTEZ AUCUN MOT DE PASSE.** Les réseaux protégés par des mots de passe sont l'ennemi du buzz sur les médias sociaux. Si vous devez en utiliser un, affichez-le partout ; ce qui signifie, bien sûr, que la sécurité est illusoire et donc que vous pourriez vous passer de ce mot de passe !

> *Dites à vos responsables d'avoir du cran.*

- **PRÉVOYEZ UN ESPACE POUR LES PHOTOS.** Lors de l'événement Moto X, nous avions aménagé un espace pour prendre des photos. Tout ce qu'il nous fallait était un bon éclairage et une toile de fond avec Moto X imprimé sur toute la surface. Les gens voyaient la toile de fond et pensaient qu'il s'agissait de leur quart d'heure de célébrité (« Faisons comme si nous étions des stars hollywoodiennes ! »). Les gens partageront près de 100 % de ces photos, idéalement avec votre hashtag.

- **PRENEZ ET PARTAGEZ DES PHOTOS PRISES SUR LE VIF.** Engagez un photographe professionnel pour prendre des photos sur le vif lors de votre événement. Cela vous coûtera moins cher que des clés USB avec votre logo dont personne ne veut.

Lors des événements Moto X, j'ai posé avec tous ceux qui me l'ont demandé (et je l'ai demandé à tous ceux qui ne me le demandaient pas) devant la toile de fond. Après un événement, nous envoyions un e-mail aux invités leur indiquant où ils pouvaient trouver ces photos et les encouragions à les télécharger et à les partager accompagnées du hashtag MotoX.

- **METTEZ VOS RESPONSABLES À CONTRIBUTION.** Lors de nombreux événements, les dirigeants d'une entreprise prennent la parole, mais ils se sauvent ensuite pour faire une conférence de presse à accès restreint ou pour des interviews. Ensuite, ils font une brève apparition mais ils sont entourés par du personnel chargé de les protéger de je ne sais quoi. C'est une grave erreur. Dites à vos responsables d'avoir du cran. Ils doivent même faire plus qu'accepter de poser avec les gens pour des photos ; ils doivent demander aux gens de poser avec eux.

Personne ne le leur refusera, et à peu près 100 % de ces photos seront partagées.

- **ARROSEZ TOUTE LA PLANÈTE.** Une fois que vous disposerez des photos et vidéos de l'événement, publiez-les sur toutes les plateformes. Pour Motorola, nous l'avons fait sur Google+, Twitter, Facebook et Instagram. L'objectif est que tous ceux qui ont assisté à l'événement voient ces photos et vidéos et les partagent. Avec un peu d'effort et grâce à la magie des médias sociaux, vous pouvez donner l'impression que votre événement était *the place to be*.

FAQ

Q : Nous sommes une petite société. Que devons-nous utiliser ? Le compte de l'entreprise ou un compte personnel ?

R : Vous devriez utiliser un compte d'entreprise parce que sur Google+ et Facebook, les comptes d'entreprise ont plus de fonctionnalités que les comptes personnels. De plus, en cas de départ d'un employé, vous n'avez pas envie de devoir choisir à nouveau la prochaine personne qui sera propriétaire du compte.

Q : Devons-nous faire la curation des posts de nos employés ?

R : Je suppose qu'il y a un compte pour l'entreprise et que vous parlez des comptes personnels des employés. D'une manière générale, ce que les employés font en dehors du travail et sur leur comptes personnels ne vous regarde pas, sauf si ces personnes se positionnent comme des employés/représentants de votre entreprise et font des choses portant atteinte à son image. Dans ce cas, cependant, la solution est de gérer le problème de fond plutôt que de camoufler l'existence de ce problème.

Q : Le contenu doit-il être différent selon les plateformes ?

R : Voici ce que je fais :

- Google+ et Facebook : contenu identique, trois à cinq phrases avec un lien vers la source.
- Pinterest : de jolies images venant de sites Internet.
- Instagram : de jolies images que j'ai prises.
- Twitter : des liens que je trouve intéressants.

Q : Pourquoi aimez-vous tant Google+ ?

A. J'aime Google+ pour son design, et parce qu'il n'y a pas d'approche EdgeRank pour décider de la qualité des commentaires, des personnes qui verront mes posts... C'est un produit Google et c'est de la folie de parier contre Google.

LECTURE RECOMMANDÉE

Guy Kawasaki et Peg Fitzpatrick, *L'Art des médias sociaux. Stratégies gagnantes pour un usage professionnel*, Diateino, 2014.

CHAPITRE 10

L'art de faire des miracles

> *Imaginez que chaque personne que vous rencontrez ait une pancarte autour du cou portant l'inscription « Donnez-moi le sentiment que je suis important ». Vous réussirez non seulement dans la vente, mais aussi dans la vie.*
>
> Mary Kay Ash

L'ESSENTIEL

Le faiseur de pluie chez les Indiens d'Amérique est un sorcier qui fait venir la pluie par des rites et des incantations. Pour les start-up, un faiseur de pluie est une personne qui génère beaucoup de ventes. Comme les sorciers, les bons commerciaux ont créé leurs propres rites et incantations pour « faire venir la pluie », c'est-à-dire faire des miracles. C'est ce que nous allons voir dans ce chapitre.

Les start-up ont du mal à faire des miracles pour deux raisons : premièrement, les entrepreneurs ne savent pas qui va acheter leurs produits et ce pour quoi ils vont être utilisés ; deuxièmement, les produits des start-up sont vendus, et non achetés, parce que peu de clients ont envie de prendre des risques avec le nouveau produit d'une entreprise petite et jeune.

L'ART DE SE LANCER 2.0

En guise d'introduction, voici l'histoire d'une entrepreneuse qui a su déjouer la résistance qu'un détaillant avait à prendre son produit en stock : quand les Galeries Lafayette refusèrent son parfum, Estée Lauder déversa le contenu d'un flacon sur le sol. Tant de clients demandèrent alors quelle était cette fragrance que le magasin fut obligé de le prendre.

Laissez cent fleurs s'épanouir

Même s'il le mit en pratique pendant la Révolution culturelle pour se débarrasser des dissidents, je vole ce concept à Mao Tsé-toung pour en faire l'application suivante : semez beaucoup de graines, voyez ce qui prend et fleurit ensuite et entretenez ces marchés.

> Quand les fleurs s'épanouissent, vous devez savoir où et pourquoi elles le font, puis adapter votre affaire pour tirer parti de cette chance.

Malheureusement, beaucoup d'entreprises paniquent quand des clients inattendus utilisent leur produit de façon inattendue. Elles réagissent en essayant de repositionner le produit pour que les clients s'en servent comme cela était prévu. C'est stupide (et tout d'abord, soyez tactique et prenez l'argent !). Quand les fleurs s'épanouissent, vous devez savoir où et pourquoi elles le font, puis adapter votre affaire pour tirer parti de cette chance. Votre entreprise est une start-up, vous ne pouvez pas vous permettre de faire le difficile ou le fier. Voici trois exemples révélateurs de floraisons développés par le doyen des théoriciens de l'entrepreneuriat, Peter Drucker :

- L'inventeur de la Novocaïne avait l'intention d'offrir une solution de remplacement à l'anesthésie générale. Mais les médecins ont refusé de l'utiliser et se sont cantonnés à leurs méthodes traditionnelles. Les dentistes, en revanche, l'ont adopté très vite et c'est ainsi que l'inventeur s'est fixé sur un marché qu'il n'avait pas envisagé.

- UNIVAC était le premier leader sur le marché de l'ordinateur. Cependant, la société voyait les ordinateurs comme un outil pour les scientifiques et hésitait donc à vendre son produit sur le marché de l'entreprise. IBM, en revanche, qui ne s'était pas concentré sur les scientifiques a laissé ses produits s'épanouir et devenir des ordinateurs pour les entreprises. C'est pour cette raison qu'IBM est une marque connue partout et qu'UNIVAC ne figure que dans les livres d'histoire.

- Une société indienne a acheté la licence de fabrication d'une bicyclette européenne avec un moteur. La bicyclette n'a pas rencontré de succès, mais l'entreprise a constaté un grand nombre de commandes pour le moteur. Après avoir fait des enquêtes, elle a découvert que ce moteur était utilisé pour remplacer les pompes manuelles servant à irriguer les champs. L'entreprise a fini par vendre des millions de pompes pour l'irrigation[1].

Remarquez le gorille

Daniel Simons, de l'université de l'Illinois, et Christopher Chabris, de l'université de Harvard, ont fait une expérience ayant des

---

1. Peter Drucker, *Innovation and Entrepreneurship: Practice and Principles*, Harper & Row, 1985, p. 190-191.

implications sur l'art de « faire des miracles ». Ils ont demandé aux étudiants de regarder la vidéo de deux équipes de joueurs de basket se lançant des ballons. La tâche des étudiants était de compter le nombre de passes entre les coéquipiers.

Après 35 secondes, un acteur déguisé en gorille entrait dans la salle en bombant le torse, s'attardant 9 secondes sur l'écran. Quand on leur a demandé, 50 % des étudiants n'avaient pas remarqué le gorille[1] ! De toute évidence, ils s'attachaient à la tâche qui leur avait été assignée, comptaient les passes, restant aveugles à toute intervention extérieure.

On retrouve le même phénomène dans les start-up : tout le monde est si concentré sur les clients et les usages prévus que personne ne remarque les fleurs qui s'épanouissent de façon inattendue. Voici la morale de l'histoire : laissez une centaine de fleurs s'épanouir et identifiez celles auxquelles vous ne vous attendiez pas – les marchés énormes qui sont « sous votre nez » pour ainsi dire.

Ne prêtez pas attention aux titres

« Data Base Administrator III », c'est un titre improbable pour un décideur. On s'imagine quelqu'un enfoui derrière les manuels techniques qui encombrent son bureau, se nourrissant de sandwichs Subway.

Alors que Lisa Nirell, auteure de *The Mindful Marketer*[2], était une faiseuse de miracles chez BMC Software, l'un de ces « Data Base Administrator III » acheta pour plus de 400 000 dollars de logiciel à sa société. Dans son bureau étroit, avec un téléphone qui

---

[1]. Michael Shermer, « None So Blind », *Scientific American*, mars 2004.
[2]. Lisa Nirell, *The Mindful Marketer: How to Stay Present and Profitable in a Data-Driven World*, Palgrave Macmillan, 2014.

sonnait constamment, cet employé avait beaucoup d'influence sur les décisions d'achats de son entreprise. Quand un dirigeant avait des questions sur des projets ou des fournisseurs, c'était M. Data Base Administrator qu'il allait voir.

Plus vous montez dans la hiérarchie des grandes entreprises, moins il y a d'oxygène ; moins il y a d'oxygène, plus il est difficile de trouver de l'intelligence. L'intelligence se concentre aux échelons intermédiaires et inférieurs, et l'intelligence est nécessaire quand il s'agit d'apprécier les produits innovants.

> « Plus vous montez dans la hiérarchie des grandes entreprises, moins il y a d'oxygène ; moins il y a d'oxygène, plus il est difficile de trouver de l'intelligence. »

J'ai pris des dizaines de décisions concernant des sociétés et des gens en consultant trois personnes influentes fantastiques : Carol Ballard, Holly Lory et Gina Poss, qui ont toutes les trois été mes assistantes à un moment donné. Je leur posais des questions comme « Que penses-tu de ce type ? », « Que penses-tu de cette idée ? ». Si les réponses étaient « Il est désagréable », « C'est un égocentrique » ou « C'est une idée stupide », c'était fini.

Les gens sans titres ronflants peuvent affecter les ventes : cela signifie que vous devriez ignorer les titres et travailler avec quiconque a une influence, qu'il s'agisse de secrétaires, assistantes administratives, assistantes personnelles, directeurs produit, directeurs du support ou administrateurs de bases de données.

Apprenez à caresser les gens dans le sens du poil

Logiquement, les questions qui vous viennent à l'esprit sont les suivantes : « Comment vais-je savoir qui sont ces personnes influentes ? » et « Comment puis-je les contacter ? ». Voici quelques idées pour y répondre :

- **DEMANDEZ À VOS AMIS ET COLLÈGUES.** Il est fort probable que certaines de vos relations soient des fournisseurs de cette société. Elles vous aideront parce que vous avez fait la même chose pour eux, ou que vous le ferez. La réciprocité est l'alliée des bons entrepreneurs.

- **FAITES UN TWEET MENTIONNANT LE COMPTE DE LA SOCIÉTÉ.** Un tweet public demandant le nom de la bonne personne à contacter est efficace parce que les entreprises ont peur d'avoir mauvaise réputation si elles ne répondent pas aux tweets. C'est bien plus efficace que d'appeler la société pour essayer d'avoir les noms des personnes à contacter.

- **ÉTUDIEZ LA COUVERTURE PRESSE DE L'ENTREPRISE.** Essayez ensuite d'envoyer un e-mail, un tweet ou d'appeler les personnes de l'entreprise mentionnées dans ces articles. Parcourez les « À propos » et les sections consacrées aux relations publiques de son site Internet. On ne sait jamais... Vous pouvez arriver à vos fins. Qui ne tente rien n'a rien !

- **PARLEZ AUX ASSISTANTS.** Au lieu de demander à s'adresser au dirigeant lui-même, demandez à la personne avec qui vous êtes en contact le nom de quelqu'un plus à même de répondre à votre demande. Beaucoup d'assistantes seront ravies de vous donner le nom que vous cherchez pour épargner à leur patron l'appel d'un commercial.

- **UTILISEZ TOUTES LES POSSIBILITÉS QU'OFFRE LINKEDIN.** Il est possible que vous ayez travaillé avec quelqu'un qui connaît une personne dans cette société. Peut-être avez-vous fréquenté la même école que des salariés dans cette société. Peut-être le contact d'un contact peut-il vous aider. LinkedIn peut faire des merveilles.

Nombre de ces idées impliquent que vous soyez capables d'influencer ou persuader des gens dont vous avez besoin – plus qu'eux ont besoin de vous. Cela signifie qu'il faut que vous appreniez à caresser les gens dans le sens du poil, parce que ce sont eux qui font barrage entre vous et les décideurs que vous voulez atteindre. Pour reprendre la métaphore des faiseurs de pluie, voyez-les comme des parapluies. Voici comment travailler avec des parapluies :

- **COMPRENEZ-LES.** Vous pouvez penser que leur tâche est de vous empêcher de faire votre job. Ne soyez pas présomptueux. Vous n'êtes pas si important. Vous n'êtes qu'un e-mail, un appel téléphonique, donc ne prenez pas comme une offense personnelle le fait que les gens ne sautent pas sur l'occasion pour vous aider.

- **N'ESSAYEZ PAS DE LES ACHETER.** Personne n'aime être acheté – ou plus précisément, être perçu comme quelqu'un qu'on peut acheter – donc n'envoyez pas de cadeaux pour les soudoyer. La clé d'accès est une introduction de qualité et une proposition solide comme le roc et, ensuite, l'art de traiter les gens avec respect et civilité.

- **AYEZ DE LA SYMPATHIE POUR EUX.** Bien des gens que vous contacterez ne gagnent pas beaucoup d'argent

– probablement une misère par rapport au salaire d'un dirigeant. Ne croyez pas qu'ils ont l'obligation de supporter vos insultes. Vous devez avoir de la sympathie pour la difficulté de leur travail.

- **NE VOUS PLAIGNEZ PAS.** Ne vous plaignez jamais des subalternes. Voici ce qui se passerait immédiatement : la plainte leur reviendrait et il se peut qu'ils s'assurent personnellement que vous ne réussissiez jamais à obtenir ce que vous voulez.

Quand vous vous retrouvez face aux parapluies, posez-leur ces questions :
- Qui est le décideur ?
- Quels sont ses critères de décision ?
- Quels sont les gens qui ne doivent pas être tenus à l'écart du processus de décision ?

Ces questions peuvent sembler redondantes, mais n'oubliez pas que vous êtes là pour chercher des pépites d'or. Votre objectif est d'avoir le nom de la personne influente et cette personne peut être un fils, une fille, un copain de classe ou un investisseur – et aucun d'eux n'est dans l'organigramme.

Éduquez les gens

L'une des façons les plus efficaces de faire tomber la pluie est d'éduquer les gens sur l'usage de votre produit. Autrefois, cela voulait dire que les gens devaient se déplacer. De nos jours, vous pouvez faire facilement des webinaires à peu de frais, en utilisant des services tels que GoToWebinar, WebEx ou les Google Hangouts.

Permettrez-moi d'expliquer comment Canva le fait. Voici d'abord le contexte : Canva est un service de design en ligne qui permet aux gens de créer de très belles illustrations. Les utilisateurs s'en servent pour poster sur les réseaux sociaux, sur leurs boutique eBay ou Etsy, pour leur couvertures d'ebooks sur Kindle, leurs flyers pour des offres de biens immobiliers et leurs présentations. Dans le passé, la création de ce genre d'illustrations supposait l'achat d'un logiciel comme Photoshop et aussi un temps d'apprentissage.

Nous avons produit des webinaires pour des entreprises et des associations sur des marchés de niche. Par exemple, nous avons organisé un webinaire sur la création de couvertures pour ebooks sur Kindle pour le compte d'un magazine intitulé *Kirkus Reviews* et un autre pour Intero, une agence immobilière qui réalise des brochures publicitaires. *Kirkus* a fait la promotion du webinaire auprès de ses abonnés et Intero auprès de ses agents et courtiers.

Des centaines de personnes ont assisté à ces webinaires pour apprendre à utiliser Canva. J'ai fait cette formation de chez moi, en Californie. L'investissement, en un sens, a été nul ; puisque je suis un employé, il n'y avait pas de frais de transport, et *Kirkus* et Intero ont fait la majeure partie du travail de promotion. Pour eux aussi, le coût était modique. Tout le monde y a gagné : *Kirkus* et Intero offraient une ressource à leurs abonnés et employés qui avaient accès à une formation gratuite et Canva a attiré de nouveaux utilisateurs. Bref, c'était gagnant-gagnant.

Pour qu'un webinaire fonctionne bien, il faut que son contenu soit à 90 % éducatif et que le reste soit promotionnel. En l'occurrence, les gens assistaient à la fois à un webinaire Canva et à une formation sur la manière de créer des couvertures de livres et des brochures publicitaires dans le domaine de l'immobilier.

> **EXERCICE**
>
> Quels sont les sujets sur lesquels vous pouvez former vos clients tout en aidant votre entreprise ?
> Faites la cour aux agnostiques, et non aux fanatiques.

Même Jésus n'a pas essayé de convertir les deux voleurs crucifiés à ses côtés ; il a attendu que l'un d'eux se tourne vers lui.

Dietrich Bonhoeffer

Ceux qu'il était difficile de convertir au Macintosh étaient les fanatiques de MS-DOS. Ils vénéraient un autre dieu (une fausse divinité selon moi). Les gens faciles à convertir étaient ceux qui n'avaient jamais utilisé d'ordinateur personnel. Leur manque de familiarité avec ce à quoi un ordinateur devait ressembler, ce qu'il était censé faire et le type de magasin où on pouvait l'acheter a joué en faveur d'Apple, qui n'avait pas à corriger les préjugés et encore moins à bousculer les standards de l'informatique d'entreprise.

Au début, cependant, nous avions pour cible le marché de l'équipement informatique des Fortune 500 dans le but de remplacer le PC IBM dans ces grandes entreprises. Nous avons échoué et nous avons appris à ignorer les fanatiques. Les agnostiques, ceux qui ne nient pas la validité de votre religion et sont au

> *Les agnostiques, ceux qui ne nient pas la validité de votre religion et sont au moins ouverts à considérer l'existence de votre dieu, sont un bien meilleur marché.*

moins ouverts à considérer l'existence de votre dieu, sont un bien meilleur marché. Ils sont plus faciles à satisfaire que les fanatiques parce que vous leur permettez d'entrer dans le meilleur des mondes – ce qui est différent d'essayer de remettre en question un monde établi. Apple a rarement réussi à ce que les gens abandonnent Windows, mais le Macintosh a changé la vie de personnes qui n'avaient jamais utilisé d'ordinateur et leur a donné du pouvoir.

Faites parler les prospects

La nature, qui nous a donné deux yeux pour voir et deux oreilles pour entendre, ne nous a donné qu'une langue pour parler.

Jonathan Swift

L'expérience m'a appris que les prospects qui sont prêts à acheter votre produit vous diront souvent ce qui vous permettra de conclure l'affaire. Tout ce que vous avez à faire, c'est la fermer et écouter. Cela paraît simple, mais ça ne veut pas dire que les gens qui ne comprennent pas l'art de faire des miracles sont idiots.

Le processus est simple : (1) créez un environnement favorable en demandant la permission de poser des questions ; (2) posez les questions ; (3) écoutez les réponses ; (4) prenez des notes ; (5) expliquez comment votre produit satisfait leurs besoins (seulement si c'est le cas). Beaucoup de commerciaux ne réussissent pas à suivre ce processus. En voici les raisons :

- Ils ne sont pas préparés à poser les bonnes questions. Il faut faire des recherches pour comprendre les prospects et comment votre produit peut leur apporter quelque chose. De plus, les commerciaux ont peur que poser des questions ne les fasse passer pour des personnes qui connaissent déjà la réponse.

- Ils ne savent pas se taire parce qu'ils sont formés à l'école de la vente, où on apprend à matraquer (« Je continue à parler jusqu'à ce que le client cède et accepte d'acheter »). Ou s'ils sont capables de se taire, ils n'écoutent pas. (Écouter est une démarche volontaire, à l'inverse d'entendre.)

- Ils ne prennent pas de notes parce qu'ils sont paresseux et n'ont pas conscience de l'importance de l'information. Prendre des notes est une bonne idée – comme je l'ai mentionné au chapitre 5. Premièrement, c'est un aide-mémoire. Deuxièmement, cela montrera aux prospects que vous êtes intéressé au point de prendre des notes.

- Ils ne connaissent pas assez bien leur produit pour l'adapter aux besoins des clients. Ce qui est inexcusable.

Mettons que votre produit fournisse plusieurs sortes d'avantages (je ne parle pas de fonctionnalités !), comme ceux de réduire les coûts, d'ouvrir de nouveaux marchés ou de réduire l'impact sur l'environnement. Commencez par mentionner ces trois atouts et laissez vos futurs clients réagir. Généralement, ils vous diront ce qui fait écho pour eux.

Si rien de ce que vous dites ne les fait réagir, demandez aux prospects ce qu'ils aimeraient. Prêtez attention à leur langage corporel et pas seulement à ce qu'ils disent. Ils vont vous offrir des indices précieux (« C'est comme cela que vous pouvez me convaincre »). Souvenez-vous de ceci : vous êtes en train de vendre mais ils ne sont pas nécessairement en train d'acheter. Donc vous devez un peu jouer au détective.

Donnez la possibilité d'essayer votre produit

Les principaux obstacles pour les start-up sont l'inertie et l'acceptation du statu quo. Les gens pensent que les produits actuels leur suffisent : « Je peux faire tout ce que je veux avec ce que j'ai. » Voire pire : « Mes employés peuvent faire tout ce qu'ils ont besoin de faire avec ce qu'ils ont. »

Cela ne veut pas dire qu'un produit largement utilisé est suffisant ou optimal, mais simplement que les clients ont accepté de faire avec. Ainsi, la tâche d'un entrepreneur est souvent de leur montrer pourquoi ils ont besoin de quelque chose de nouveau. La méthode traditionnelle est de les matraquer avec de la publicité et des offres promotionnelles.

Cela dit, beaucoup de sociétés inondent le marché des mêmes promesses : mieux, plus rapide, moins cher ! De plus, comme vous êtes une start-up, vous n'avez probablement pas assez d'argent pour atteindre beaucoup de personnes via la publicité et les offres promotionnelles. Heureusement, il y a un excellent moyen d'attirer les clients : leur permettre de faire un essai. Ce faisant, voici ce que vous affirmez :

- « Nous pensons que vous êtes intelligent » (cela vous fait déjà sortir du lot).

- « Nous n'allons pas vous faire du matraquage pour que vous deveniez notre client » (cela vous fait aussi sortir du lot).

- « S'il vous plaît, essayez notre produit. »

- « Après vous déciderez par vous-même. Et n'hésitez pas à nous poser des questions. »

Ces essais diffèrent selon les industries, comme on peut le voir à travers ces quelques exemples célèbres :

- H. J. Heinz donna des échantillons de ses pickles lors de l'Exposition internationale de Chicago de 1893. Son stand était à l'écart et il y avait peu de passage. Il engagea donc des gamins pour distribuer des prospectus promettant un souvenir gratuit à ceux qui viendraient sur le stand pour goûter un pickle[1].

- Apple autorisa l'essai du Macintosh pendant un week-end dans les années 1980. À ce jour, les utilisateurs d'Apple ont le droit de retourner ou d'échanger leur produit sans avoir à fournir d'explication durant les deux semaines suivant l'achat.

- Salesforce.com permet à ses clients de gérer leurs données commerciales gratuitement pendant 30 jours. L'ingéniosité de cet essai est qu'une fois que vous avez stocké ce type d'information, vous êtes moins enclin à aller voir ailleurs parce que vous avez déjà entré des données.

Cessez de dépendre des méthodes de marketing traditionnelles et donnez la possibilité à vos clients d'essayer votre produit. C'est un excellent moyen de surmonter les hésitations d'un client potentiel.

---

1. Maggie Overfelt, « A World (Fair) of Invention », *Fortune Small Business*, avril 2003, p. 31.

Sachez tirer des leçons des refus

> *Si vous ne faites pas partie de la solution,
> vous faites partie du précipité.*
>
> Henry J. Tillman

On rejette souvent les faiseurs de pluie. Les meilleurs d'entre eux se font probablement plus souvent rejeter parce qu'ils font un plus grand nombre de pitchs. Mais les bons faiseurs de pluie apprennent deux choses de ces rejets : premièrement, comment améliorer leur art de faire tomber la pluie ; deuxièmement, quels prospects éviter. Voici la liste des refus les plus courants et ce qu'ils vous enseignent :

- « **VOUS NOUS DEMANDEZ DE CHANGER ET CE N'EST PAS CE QUE NOUS VOULONS ENTENDRE.** » C'est la réponse courante lorsque vous vous adressez à un groupe qui a réussi, qui vit la belle vie et ne voit pas de raison de changer. Vous devez comprendre que vous êtes sur le bon marché, mais que vous ne parlez pas aux bons clients, donc cherchez des clients qui ont un problème.

- « **VOUS N'ÊTES PAS AU POINT.** » Voici ce qui s'est passé : soit vous (ou votre start-up) n'étiez effectivement pas prêt, soit vous avez marché sur les plates-bandes de quelqu'un. Forcez-vous à revoir votre pitch et votre type d'interaction avec les gens pour déterminer si c'est la première hypothèse. Si vous avez marché sur les plates-bandes de quelqu'un, trouvez le moyen de réparer cette erreur.

- « **VOUS ÊTES INCOMPRÉHENSIBLE.** » C'est généralement ce que vous entendez quand, en réalité, vous l'êtes. Reprenez les choses à la base : supprimez le jargon, refaites votre pitch intégralement et exercez-vous. C'est votre responsabilité. Si vous devez trouver un client « assez intelligent pour comprendre » pourquoi il a besoin de votre produit, vous allez échouer.

- **« VOUS PROPOSEZ UNE SOLUTION À UN PROBLÈME QUI N'EXISTE PAS. »** Cela veut dire que vous voyez toujours la valeur de votre proposition de votre point de vue. Il faut continuer à travailler votre proposition jusqu'à ce que vous ayez suffisamment de recul pour vous mettre à la place des clients.

- **« NOUS AVONS DÉCIDÉ D'ADOPTER UN AUTRE PRODUIT (OU SERVICE) COMME STANDARD. »** Si votre produit est véritablement meilleur, preuve à l'appui, vous êtes probablement en train d'essayer de vendre à la mauvaise personne. Faites tout ce que vous pouvez pour accéder aux personnes ayant une véritable influence. Si votre produit n'est pas vraiment meilleur, améliorez-le.

Maniez l'art de faire tomber la pluie

Vous ne pouvez pas laisser l'art de faire des miracles à des « commerciaux » ou à la chance. C'est un processus et non un événement ponctuel ou un acte de Dieu. Vous devez le gérer comme tous les autres processus dans votre start-up. Voici quelques conseils sur la manière de faire :

- **ENCOURAGEZ CHAQUE EMPLOYÉ À FAIRE TOMBER LA PLUIE.** Vous arriverez sans doute un jour au point où vos ingénieurs et créateurs pourront lancer leur nouveau produit par-dessus le mur de leur bureau pour que les commerciaux le récupèrent et le vendent. Mais vous n'en êtes pas encore là.

> « Il est facile de savoir ce que vous avez fait, il est plus difficile et plus utile de savoir où vous allez. »

- **FIXEZ DES OBJECTIFS.** Ces objectifs indiquent vos attentes et ce que les ventes doivent rapporter sur une base hebdomadaire, mensuelle ou trimestrielle. Les bons faiseurs de pluie font partie d'une espèce différente : ils ont besoin d'objectifs et veulent être évalués. Vous ne pouvez pas vous contenter de leur dire : « Mettez le nez dehors et faites du mieux que vous pouvez. »

- **SUIVEZ LES PRINCIPAUX INDICATEURS.** Chacun a ses indicateurs à suivre, telles que les ventes mensuelles ou trimestrielles. Le nombre d'idées nouvelles pour enrichir un produit et le nombre d'appels directs ou de prospects sont également de bons indicateurs. Il est facile de savoir ce que vous avez fait, il est plus difficile et plus utile de savoir où vous allez.

- **RECONNAISSEZ ET RÉCOMPENSEZ LES RÉUSSITES.** Ne permettez pas aux faiseurs de pluie de fixer des objectifs simples pour pouvoir les dépasser facilement. Bien sûr, ne reconnaissez pas et ne récompensez pas les idées, car il est facile d'en avoir, tandis que faire des miracles est difficile. Ne manquez donc pas de reconnaître et de récompenser les exploits.

Si vous ne gérez pas ce processus, vous commencerez en disant : « Nos prévisions sont prudentes. » Et, six mois plus tard, vous direz :

« Nos ventes sont plus lentes que prévu. » Rien n'est plus triste ni déconcertant et cela peut conduire les investisseurs à vous remplacer.

Addenda

FAQ

Q : Où puis-je trouver des adeptes de la première heure et des preneurs de risques dans les grandes sociétés ?

R : Il est difficile de donner une réponse générale à cette question. Il est plus facile de vous dire où vous ne trouverez pas ce genre de personne : aux niveaux les plus élevés. Donc permettez à la centaine de fleurs d'éclore à l'intérieur de ces sociétés ; n'ayez pas d'idée préconçue sur ceux qui sont susceptibles de devenir les adeptes de la première heure.

Q : Devons-nous nous tourner vers les fruits faciles à cueillir ou vers des ventes stratégiques ?

R : D'abord, d'un point de vue biologique, les fruits en haut d'un arbre ont plus de lumière et mûrissent en premier. Les fruits qui sont plus à portée de la main sont donc peut-être plus faciles à cueillir mais ne sont pas si bons. L'expérience m'a appris que vendre ces fruits quand on est une start-up est si difficile que cette question est en réalité rhétorique et qu'il est improbable que vous ayez le choix entre des fruits faciles à cueillir et des fruits en haut de l'arbre. Il est plus probable que vous deviez essayer les deux pour réaliser vos premiers succès commerciaux.

Q : Nous avons la possibilité d'engager un faiseur de pluie, mais il veut un nombre significatif de parts, plus de 150 000 dollars par an et un budget de 75 000 dollars. Il a une bonne réputation, ayant réalisé 16 millions de dollars de ventes dans son poste précédent, et il dit qu'en nous rejoignant il sacrifie une partie de son salaire. Pourquoi devrions-nous le prendre, lui, plutôt qu'un commercial ?

R : Un faiseur de miracles coûte cher, mais quand il tient ses promesses, ça vaut le coup. S'il veut la lune, ce qui semble être le cas dans ce scénario, veillez à ce qu'il la mérite en établissant un plan de rémunération en fonction des résultats. Je ne lui donnerais pas tout ce qu'il veut dès le départ. Attendez de mieux le connaître.

LECTURE RECOMMANDÉE

Robert Cialdini, *Influence: The Psychology of Persuasion*, Harper Business, 2007.

CHAPITRE 11

L'art des partenariats

Alliance n. f. : En politique internationale, union de deux voleurs qui ont leurs mains si profondément enfoncées dans les poches l'un de l'autre qu'il leur est difficile de s'en prendre séparément à un tiers.

Ambrose Bierce

L'ESSENTIEL

La plupart des entreprises impliquées dans la « révolution Internet » des années 1990 développaient des partenariats. Il y avait des partenariats pour la recherche, le marketing, des partenariats de distribution et des partenariats commerciaux. Avec le recul, on peut dire qu'il y avait plus de partenariats que de revenus.

Ces entreprises apprirent rapidement que constituer des partenariats n'était pas chose facile. Les deux parties désiraient que 2 + 2 fassent 5, mais la plupart du temps, elles n'arrivaient qu'à faire 3. Le problème était que le prestige qu'il y avait à créer ces partenariats poussait les entreprises à mettre en place des collaborations absurdes.

Les bons partenariats doivent accélérer la création de trésorerie, augmenter les revenus et réduire les coûts. Les partenariats construits sur des bases solides comme celles-ci ont une bien plus grande probabilité de succès. Ce chapitre vous explique comment créer des partenariats qui font sens et qui durent.

L'ART DE SE LANCER 2.0

Faites des partenariats pour faire du chiffre

« La leçon est claire : si vos chiffres ne changent pas, votre partenariat est sans valeur. » Les partenariats efficaces peuvent accélérer la présence dans une nouvelle zone géographique ou dans un nouveau segment de marché, ouvrir des canaux de distribution supplémentaires, stimuler le développement d'un nouveau produit et réduire des coûts.

Je parle de « chiffre » car les partenariats changent nécessairement vos prévisions financières. Malheureusement, bien des sociétés forment des partenariats pour des raisons qui n'augmentent en rien leurs revenus et le font pour faire comme tout le monde ou parce que c'est excitant.

Par exemple, Apple et Digital Equipment Corporation formèrent un partenariat à la fin des années 1980 pour répondre aux critiques de la presse : Apple n'avait pas de passé en matière de gestion de données et Digital dans le domaine des ordinateurs personnels.

L'alliance ne donna pas grand-chose – certainement pas de produits propulsant la légitimité d'Apple dans les grandes entreprises ou celle de DEC dans l'univers *cool* des ordinateurs personnels. Je doute que cela ait eu une incidence sur leurs chiffres, si ce n'est pour augmenter les coûts. C'était pour les deux, dans le meilleur des cas, un artifice de relations publiques destiné à ce que la presse leur fiche la paix.

Cette expérience m'a appris une chose précieuse : il ne faut jamais former de partenariat pour la presse.

Apple créa aussi un partenariat bien plus réussi avec une start-up qui s'appelait Aldus Corporation, l'éditeur de PageMaker. À l'époque, la société piétinait parce que les grandes entreprises voyaient le Macintosh comme un gentil joujou graphique, et non

L'art des partenariats

comme un ordinateur professionnel. Apple avait besoin d'une application d'enfer pour faire démarrer la vente de Macintosh. Au même moment, Aldus avait besoin d'aide pour vendre son logiciel en accédant aux canaux de distribution, en formant la force de vente chez les revendeurs, en ouvrant des comptes majeurs et en formant les utilisateurs finaux.

Chacune des deux entreprises avait besoin de l'autre pour accroître ses revenus. Avec sa force de vente, sa capacité à faire de la publicité et son influence sur le marché, Apple pouvait aider Aldus à atteindre une masse critique. Aldus joua son rôle en fournissant aux clients une raison convaincante de préférer Macintosh à Windows. Le partenariat Apple-Aldus créa un nouveau marché, celui de la publication assistée par ordinateur, ce qui sauva Apple et installa Aldus dans le marché.

> **EXERCICE**
>
> Retournez aux prévisions ascendantes faites au chapitre 4. Le partenariat auquel vous pensez fait-il bouger vos chiffres ?

Définissez les objectifs

Si vous êtes d'accord avec le fait que les chiffres sont le fondement des bons partenariats, vous comprendrez que la prochaine étape est de définir ce qu'il faut créer. Voici quelques objectifs :

- Créer des revenus supplémentaires.

- Réduire les coûts.

- Inventer de nouveaux produits.
- Dénicher de nouveaux clients.
- S'installer dans de nouvelles zones géographiques.
- Créer de nouveaux programmes de support client.
- Avoir de nouveaux programmes formation et marketing.

Peu d'entreprises se fixent ces objectifs et ces missions. Deux raisons à cela. Premièrement, le partenariat est construit sur du battage publicitaire ; donc il est difficile de définir ce qui devra être fait et pour quand. Ce n'est pas de bon augure. Deuxièmement, et c'est moins déprimant, les gens ne sont pas disciplinés, parce qu'ils sont trop occupés, désorganisés ou paresseux – ou ils ont tout simplement peur de fixer des objectifs.

Voici une check-list des sujets que les parties doivent définir :

- Que fournira chaque entreprise ?
- À quelle date ?
- Quelles sont les étapes intermédiaires que chaque organisation devra franchir ?

Vous verrez qu'en basant un partenariat sur les chiffres, et en définissant qui fait quoi et pour quand, vous triplerez les chances de succès d'un partenariat.

Assurez-vous que le partenariat soit apprécié par tous les niveaux hiérarchiques

La deuxième principale lacune dans le partenariat entre Apple et Digital était que, dans les deux organisations, les salariés situés à un niveau intermédiaire et ceux situés en bas de l'échelle hiérarchique (c'est-à-dire ceux qui font vraiment le travail) n'y croyaient pas.

En tant qu'employé d'Apple à l'époque, je me souviens m'être dit : « Qu'est qu'une bande de gens travaillant sur les mini-ordinateurs sur la côte Est peut nous apporter ? » On peut tout à fait supposer que les employés de DEC pensaient de leur côté : « Pourquoi faisons-nous un partenariat avec une société d'écervelés en Californie qui fait un joli jouet pour faire du graphisme ? »

> *Les meilleurs partenariats démarrent souvent quand les niveaux intermédiaires et la base ont commencé à travailler ensemble et avant même l'implication des dirigeants eux-mêmes.*

Si vous voulez qu'un partenariat fonctionne, ne concentrez pas vos efforts sur un communiqué de presse et la présence des PDG à la conférence de presse. Assurez-vous d'abord que les salariés intermédiaires et la base comprennent les raisons du partenariat, qu'ils en souhaitent la réussite et qu'ils apprécient la contribution de leurs homologues. Toute annonce, s'il y en a, ne doit venir que lorsqu'on sait que le partenariat fonctionne bien. En vérité, les meilleurs partenariats démarrent souvent quand les niveaux intermédiaires et la base ont commencé à travailler ensemble, et avant même l'implication des dirigeants eux-mêmes.

Trouvez des champions en interne

Pour que les partenariats fonctionnent, il faut des champions en interne. Les PDG sont rarement efficaces dans cette tâche, parce que la plupart sont trop occupés ou ont un problème de concentration – ou les deux. Les champions sont idéalement une personne ou un petit groupe croyant dur comme fer au partenariat et sont prêts à tout pour sa réussite. Nombreux sont ceux qui ont entendu parler de John Sculley, l'ex PDG d'Apple. Beaucoup moins ont entendu parler de John Scull, un champion de la PAO chez Apple qui, en 1985, a fortement contribué à la montée d'Apple dans le marché.

C'est lui qui a convaincu les ingénieurs, et ceux qui s'occupaient de la vente, de la formation, du marketing et des relations presse chez Apple d'aider Aldus. En même temps, il travaillait avec Aldus pour répondre aux besoins qu'avait Apple d'informations sur le produit, de copies du logiciel et d'analyse des besoins en ordinateur des clients en entreprise. De surcroît, il s'employait à convertir les journalistes et les experts à la PAO. Pour les employés en interne et les gens à l'extérieur, John était monsieur PAO.

Si la PAO avait échoué, John en aurait été responsable. Comme elle a réussi, c'est devenu l'idée de beaucoup de gens. (Ainsi en va-t-il de la vie d'un champion.) Voici les leçons à retenir du succès de John :

- **IDENTIFIEZ UNE SEULE PERSONNE DANS CHAQUE SOCIÉTÉ.** On ne peut pas construire le succès d'un partenariat si chaque personne n'y contribue qu'à temps partiel. Une personne au moins et deux personnes au plus, et cela dans chacune des organisations, seront désignées comme « champions » du partenariat.

- **FAITES DU SUCCÈS DU PARTENARIAT L'OBJECTIF EXCLUSIF DE CES CHAMPIONS.** La seule mission des champions est de s'occuper du partenariat. Ainsi, les champions sont rarement des dirigeants, car ceux-ci ont toujours quelque chose d'autre à faire.

- **DONNEZ DU POUVOIR AUX CHAMPIONS.** Pour faire fonctionner un partenariat, on ne peut pas tenir compte des priorités et des prérogatives de chacun des services. Il faudra peut-être marcher sur les plates-bandes de certains ou faire des choses dont ils n'ont pas envie. C'est pour cela que le champion doit avoir du pouvoir et que les gens doivent savoir qu'il en a. Il est aussi utile qu'il ait un nom qui ressemble à celui du PDG.

Mettez l'accent sur les points forts ; ne masquez pas les faiblesses

Le troisième défaut de l'alliance entre Apple et DEC était de vouloir compenser des faiblesses : les deux entreprises essayaient de compenser des manques graves dans leur offre. La philosophie était celle-ci : « Vous masquez notre faiblesse et nous masquerons la vôtre. À nous deux, nous allons mystifier tout le monde. » Une bien meilleure philosophie est de mettre l'accent sur les points forts des deux partenaires, comme dans le cas du partenariat Apple-Aldus. Aldus possédait un produit d'enfer. Apple avait un matériel d'enfer, des ressources marketing, des commerciaux sur le terrain, des formateurs et des connexions.

Faites des partenariats dans lesquels tout le monde est gagnant

Comme il y a beaucoup de partenariats entre des sociétés de tailles très différentes, la tentation pour la société la plus importante est de créer un déséquilibre à son profit. Pourtant, faire fonctionner le flux de produits, de clients et d'argent nécessite que les deux parties soient gagnantes.

En 1990, United Parcel Service (UPS) et Mail Boxes Etc. signèrent un accord avantageux pour les deux parties : Mail Boxes Etc. fournissait des services d'emballage, d'envoi, de réception, de secrétariat, de fax et de photocopie dans ses boutiques ; UPS investissait environ 11 millions de dollars dans la société. Voici comment les deux parties ont été gagnantes :

- UPS a bénéficié de ce fait d'une couverture instantanée dans tout le pays permettant aux clients de déposer ou de récupérer des paquets. UPS n'avait pas à investir de temps ni d'argent pour avoir ses propres bureaux.

- Mail Boxes Etc. s'est garanti le marché d'UPS tout en évitant de l'avoir comme concurrent, ce qui aurait été le cas si UPS avait décidé d'ouvrir des bureaux, et a augmenté ses affaires grâce aux clients apportés par UPS dans ses boutiques.

Le déséquilibre de nombreux partenariats n'est pas une fatalité. Il a lieu *seulement* parce que l'entité la plus grande a la possibilité de contraindre la plus petite à accepter un arrangement défavorable. C'est une mauvaise idée pour les deux partenaires, ceci pour trois raisons :

- Un système gagnant/perdant ne dure pas. L'oppression n'a jamais été une solution viable.

- Si vous voulez que tous les échelons hiérarchiques soutiennent le partenariat, il faut que les deux parties y trouvent leur bénéfice.

- C'est du mauvais karma, et le karma est un point essentiel pour un partenariat.

Si vous êtes une start-up, méfiez-vous des partenariats gagnant/perdant, quel que soit leur attrait. Ils aboutissent rarement à de bons résultats. Si vous êtes une grosse société, ne cédez pas à la tentation et construisez des partenariats gagnant/gagnant, les seuls viables.

Attendez avant de légiférer

> *Chez certaines personnes, passé 50 ans, les litiges sont un substitut à l'activité sexuelle.*
>
> Gore Vidal

Voici une question qui n'est pas théorique. Qu'est-ce qui doit venir en premier : des échanges ou un contrat décrivant les termes du partenariat ?

Beaucoup d'entreprises ébauchent un document pour lancer la discussion. La logique sous-jacente est que celui qui prépare la première ébauche a l'avantage. Dans la pratique, c'est une méthode très risquée pour deux raisons. Premièrement, si vous demandez conseil à un avocat ou voulez sa permission tôt dans le processus, vous verrez que les raisons de ne pas signer le contrat l'emportent sur celles de le faire. Les avocats voient souvent leur rôle comme celui de « l'adulte qui supervise » et évitent les accords qui ne font pas sens. Ils partent du principe qu'un accord est mauvais tant qu'on n'a pas la preuve qu'il est bon. La meilleure chose à faire est de se mettre d'accord sur les termes de l'engagement avant de confier la chose aux avocats ; de trouver ensuite, pour le cadre juridique, un avocat qui facilite ces accords, au lieu de chercher à les éviter ; d'envisager, enfin, la bonne perspective : « Voici ce que je veux faire. Maintenant, faites en sorte que je n'aille pas en prison. » Soit le contraire de : « Puis-je faire cela ? »

La seconde raison pour laquelle il ne faut pas signer de contrat trop tôt est que ce document pourrait être amené à changer. Il pourrait, par exemple, être communiqué à un dirigeant qui ne sait pas qu'il s'agit simplement d'un premier jet. Cela pourrait alors déclencher des craintes au niveau de la direction, ce qui pourrait mener à la fin du partenariat.

Voici donc une meilleure approche :

1. Ayez des réunions en tête-à-tête. Débattez les points principaux du contrat. Cela peut nécessiter plusieurs réunions.

2. Quand vous commencez à être d'accord, écrivez sur un tableau les points d'accord.

3. Rédigez ensuite un e-mail d'une ou deux pages définissant le cadre général du partenariat.

4. Arrivez à un accord sur tous les détails du contrat par e-mail, par téléphone et lors des réunions de suivi.

5. Rédigez le projet de contrat.

Bien des gens essaient de passer directement de la phase 1 à la phase 5. Ce n'est pas judicieux. Un document doit suivre une discussion, jamais la contrôler.

Prévoyez une clause de sortie

Comme le disent les Japonais[1], « Mazel Tov[2] ! », vous êtes à deux doigts d'un accord. Comme tout le monde doit être gagnant, il y a une chose dont vous ne voulez pas, c'est que votre partenaire ait la possibilité de mettre un terme à cet arrangement, n'est-ce pas ?

Aussi contre-intuitif que cela puisse paraître, vous devez inclure une clause de sortie au contrat. Quelque chose comme : « Chaque partie peut mettre un terme à cet accord sous un préavis de 30 jours. » En effet, une issue facile assure la longévité d'un accord car les deux parties n'ont pas l'impression d'avoir les pieds et poings liés. Une soupape de sécurité permet à chacun de garder la tête froide et de travailler main dans la main pour faire fonctionner le partenariat. De surcroît, il est plus probable que les gens prennent davantage le risque d'être innovants ensemble quand le partenariat n'est pas coulé dans du béton. Ne vous méprenez pas sur ce que je dis : je ne fais pas l'éloge de partenariats dont il est facile de se défaire. Mon point de vue est qu'il faut que ce soit difficile de se défaire de partenariats parce que ceux-ci ont de la valeur, et non pas parce qu'ils sont imposés par un acte juridique.

> Une soupape de sécurité permet à chacun de garder la tête froide et de travailler main dans la main pour faire fonctionner le partenariat.

---

1. Guy Kawasaki est Hawaiien, Japonais de troisième génération (NDT).
2. Pourrait se traduire par « Bonne chance ! » (NDT).

L'ART DE SE LANCER 2.0

Sortez du ventre du serpent

Pour reprendre l'expression de Heidi Mason, co-auteur de *The Venture Imperative*[1], essayer de faire un partenariat avec une entreprise plus grande, c'est comme « être enfermé dans le ventre d'un serpent ». C'est faisable, mais au final il ne restera de vous que les os mal digérés. C'est pourquoi il est très important de savoir identifier et interpréter les douze principaux mensonges relatifs aux partenariats (trop difficile de limiter leur nombre à dix).

Je n'aime pas terminer un chapitre sur une note négative, mais avant que l'on vous dévore tout cru, prêtez attention à ces mensonges, manipulations et exagérations.

CE QUE DIT LA GRANDE ENTREPRISE	CE QUE CELA SIGNIFIE
« Nous voulons faire cela pour des raisons stratégiques. »	Ils ne savent pas pourquoi ce partenariat est important.
« Notre direction veut vraiment le faire. »	Un directeur a entendu parler du projet pendant 30 secondes et il n'a pas encore dit non.
« Nous pouvons avancer rapidement. »	Personne n'a encore pris contact avec le service juridique.
« Notre service juridique ne s'y opposera pas. »	Le service juridique fera obstacle.
« Nous voulons annoncer notre partenariat en même temps que la sortie d'une nouvelle version de notre produit. »	Nous sommes très en retard sur notre planning.

---

1. Heidi Mason, *The Venture Imperative,* Harvard Business Review Press, 2002.

L'art des partenariats

CE QUE DIT LA GRANDE ENTREPRISE	CE QUE CELA SIGNIFIE
« L'équipe d'ingénierie est vraiment séduite. »	L'équipe marketing va tuer le projet.
« L'équipe de marketing est vraiment emballée. »	L'équipe d'ingénierie va tuer le projet.
« Les équipes d'ingénierie et du marketing adorent vraiment. »	Le service juridique va tuer le projet.
« Les équipes de l'ingénierie, du marketing et le service juridique aiment vraiment. »	C'est trop beau pour être vrai.
« Notre souci principal est de savoir si vous pouvez vous développer. »	Vous êtes plus intelligents que nous le pensions.
« Nous formons une équipe plurifonctionnelle pour assurer le succès de ce projet. »	Personne n'est en charge de ce projet.
« Je vais bientôt partir, mais j'ai trouvé quelqu'un de très bien pour me remplacer sur ce projet. »	Nous sommes foutus.

FAQ

Q : Puisque les partenariats sont censés être gagnant-gagnant pour tout le monde, l'autre partie ne devrait-elle pas jouer son rôle en organisant les réunions, en faisant avancer le processus, en veillant à ce que ses employés coopèrent, et ainsi de suite ?

R : « Devrait » et « devra » sont deux choses différentes. Vous avez raison de penser que l'autre partie doit faire la moitié du travail, mais ce ne sera pas le cas. Si vous voulez qu'un partenariat, qu'une vente ou, d'une manière générale, qu'une transaction marche, il faut que vous vous bougiez. L'autre partie doit peut-être vous rappeler ou vous donner une réponse, mais n'attendez pas que cela arrive, rappelez. Il est probable que vous ferez 80 % des efforts, donc mettez de côté votre amour-propre.

Q : Comment puis-je éviter d'être malmené par mes partenaires s'ils sont plus grands, plus établis et mieux financés que moi ?

R : Ne croyez pas que la puissance donne des droits, ou du moins ne vous comportez pas comme si vous le croyiez. Pour autant que vous le sachiez, le monstre a besoin de votre produit autant que vous avez besoin du monstre. Négociez en espérant gagner mais n'ayez pas peur de laisser tomber si l'accord n'est pas bénéfique pour vous.

Q : Nous sommes engagés dans certains partenariats qui ne mènent nulle part. Devons-nous investir du temps et de l'argent pour qu'ils marchent ou simplement les ignorer ?

R : Il y a un vieux proverbe médical qui dit quelque chose comme ceci : « Rien n'est plus héroïque que d'éviter qu'un cadavre n'empeste et pourtant rien n'est aussi futile[1]. » Mettez votre énergie dans les partenariats qui marchent et de nouveaux partenariats plus prometteurs. Mais avant de vous engager dans de nouveaux partenariats, tâchez de comprendre pourquoi les partenariats antérieurs n'ont pas réussi.

---

1. Peter Drucker, *Innovation and Entrepreneurship: Practice and Principles*, Harper & Row, 1985, p. 52.

LECTURES RECOMMANDÉES

Darcy Rezac, *The Frog and Prince: Secrets of Positive Networking to Change Your Life*, Frog and Prince Networking Corporation, 2003.

Susan RoAne, *The Secrets of Savvy Networking: How to Make the Best Connections for Business and Personal Success*, Warner Books, 1993.

CHAPITRE 12

L'art de l'endurance

> *Gagner n'est pas le tout, c'est la volonté de se préparer pour gagner qui l'est.*
>
> Vince Lombardi

L'ESSENTIEL

L'entrepreneuriat n'est pas un sprint parce que pour gagner, il faut des années. Ce n'est pas un marathon parce qu'il y a de multiples événements. Il n'y a pas d'analogie sportive qui fonctionne vraiment pour l'entrepreneuriat. Le décathlon s'en approcherait plus, mais ce n'est pas un sport d'équipe. L'entrepreneuriat exige une équipe qui fait dix choses à la fois. Voici un point commun entre le décathlon et l'entrepreneuriat : il s'agit d'un concours d'endurance. Dans les deux cas, le gagnant est celui qui a maîtrisé l'art de l'endurance. Comment faire en sorte que votre start-up ait de l'endurance ? C'est ce qu'explique ce chapitre.

Faites tout pour que les gens intériorisent votre produit

Pour créer cette intériorisation, les gens doivent croire à votre produit et à sa façon de faire les choses. Par exemple, les gens qui ont intériorisé le Macintosh croient à une approche transparente (« Ce que vous voyez est ce que vous obtenez ») et à l'efficacité des individus. L'assimilation de la manière dont votre produit fait les choses est un moyen puissant de créer l'endurance de ce même produit. Pour illustrer ce concept, voici l'exemple de six sociétés dont les clients ont intériorisé les produits.

SOCIÉTÉ	CAUSE
Chez Panisse	Utiliser des produits locaux qui vont directement de la ferme à la table
Etsy	Célébrer l'artisanat (féminin) et l'entrepreneuriat
Harley-Davidson	Se rebeller et mettre une pâtée à quelqu'un
Maker Faire	Apprendre en faisant
Philz Coffee	Améliorer votre journée
Zappos	Faire confiance aux gens d'emblée

L'intériorisation est difficile à obtenir, mais une fois qu'elle est là, elle dure longtemps. J'ai intériosé le Macintosh en 1983 et alors que je ne travaille plus chez Apple depuis plusieurs années, j'en suis encore l'évangéliste (j'utilise des ordinateurs depuis 32 ans et je n'ai acheté qu'un seul ordinateur Windows que j'ai donné à Goodwill il y a longtemps).

L'exécution commence à la base

> Le vrai boulot est fait par la base et les échelons intermédiaires.

S'assurer que les gens au bas de l'échelle mettent les changements en pratique est une autre façon d'entretenir l'endurance. Par exemple, la vision traditionnelle du règlement d'un conflit armé consiste à faire se rencontrer les leaders des deux forces qui s'opposent. Le présupposé est que ces leaders ont la capacité de garantir le soutien et l'accord de leurs populations.

Celia McKeon de Conciliation Resources, un organisme caritatif qui agit pour la paix, n'est pas d'accord avec cette vision :

> Les approches de la diplomatie traditionnelle et de résolution de conflits partent d'une définition limitée du processus de paix – à savoir que la tâche essentielle est d'amener les leaders politiques et militaires des groupes opposés à un processus de dialogue et de négociation pour explorer et obtenir un accord, mettre en place des mesures destinées à mettre un terme à un conflit violent et à créer les conditions d'une coexistence pacifique. Cette approche repose sur la croyance que les leaders ont le pouvoir de prendre des décisions et d'obtenir le soutien de leurs électeurs dans les accords conclus.
>
> Cela dit, le cas des guerres civiles modernes offre des arguments solides en faveur d'une approche globale pour comprendre le processus de paix. Les négociations entre leaders de groupes opposés n'ont pas lieu dans un vide social ou politique. Elles sont parfois incapables de refléter les interactions complexes et dynamiques entre ces acteurs et d'autres groupes concernés et impliqués dans le conflit armé, notamment les électeurs, le public en général et même des forces régionales ou internationales plus étendues. Les initiatives indépendantes des individus dans leurs villes ou villages, comme aux niveaux régional, national et international, sont donc potentiellement des composantes clés pour un processus de paix plus large, susceptible de prendre en compte cette complexité[1].

---

1. http://academia.edu/7855213/Hostilities_must_stop_democracy_and_respect_to_its_principles_must_be_anhenced_in_Mozambique_Annual_Report_2013

En d'autres termes, pour parvenir à la paix il faut commencer aux niveaux inférieur et intermédiaire de la population, non au sommet. Par exemple, ce sont des civils qui ont contribué à l'accord sur un conflit frontalier entre le Pérou et l'Équateur en 1998, en constituant un groupe de travail à l'université du Maryland intitulé « Équateur-Pérou : vers une initiative démocratique et coopérative à la résolution d'un conflit ».

La première réunion de travail avait eu lieu en 1997. Vingt représentants des populations civiles de l'Équateur et du Pérou avaient formé le Grupo Maryland et ils avaient travaillé ensemble pour trouver un terrain d'entente permettant la résolution du conflit armé. Ces représentants étaient des universitaires, des industriels, des éducateurs, des journalistes et des écologistes qui avaient des points communs – et non des leaders politiques ou militaires.

Pour que votre start-up perdure, faites en sorte de ne pas dépendre des gens au sommet. Ceux-ci ont leur agenda personnel – au même titre que le pouvoir, l'argent et le souci de leur image – qui ne reflète pas nécessairement celui de la population entière, et encore moins l'intérêt général. Le vrai travail est fait par la base et les échelons intermédiaires.

Ayez recours à des méthodes intrinsèques

Kathleen Vohs, professeur à l'université du Minnesota a dirigé une série d'expériences visant à étudier l'influence de l'argent sur les comportements. Voici une présentation rapide de trois d'entre elles :

- Les chercheurs ont donné aux sujets 4 000 dollars, 200 dollars ou 0 dollars en billets de Monopoly pour jouer le jeu. Au moment où ils quittaient le laboratoire, un complice des expérimentateurs a laissé tomber des crayons et les expérimentateurs ont calculé le nombre de crayons spontanément ramassés par les sujets. Ceux qui avaient reçu 4 000 dollars étaient les moins serviables ; ceux qui n'avaient pas reçu d'argent l'étaient le plus et ceux qui avaient eu 200 dollars étaient entre les deux.

> « Si vous avez lancé une super société, vous n'avez pas besoin d'utiliser l'argent pour motiver, cela peut même saper vos efforts. »

- Les chercheurs ont donné aux sujets huit pièces de 25 cents pour qu'ils transforment des expressions désordonnées en phrases. Certaines de ces phrases avaient trait à l'argent et d'autres pas. Au terme de l'expérience, on leur demandait de faire un don pour un fonds étudiant. Les sujets qui avaient remis de l'ordre dans des expressions parlant d'argent donnaient moins que ceux qui avaient travaillé sur les expressions qui n'avaient rien à voir avec l'argent.

- Les chercheurs ont placé les sujets dans une pièce, certains avec un ordinateur sans fond d'écran, d'autres avec un poisson en fond d'écran, le troisième groupe avec un fond d'écran représentant de l'argent. Les chercheurs ont ensuite demandé aux sujets d'installer deux chaises pour qu'ils puissent rencontrer les autres sujets. Ceux qui avaient vu l'économiseur d'écran avec de l'argent avaient davantage éloigné ces chaises que les autres.

Vous pouvez être tenté de ne pas prendre ces études en considération, estimer qu'il s'agit d'étudiants impliqués dans les projets de recherche et que cela ne reflète en rien la manière dont le monde fonctionne. C'est juste, mais ces études peuvent indiquer que faire entrer en jeu de l'argent affecte le comportement des individus et que les récompenses extérieures ne sont pas des outils efficaces pour assurer la durabilité de votre start-up.

Wikipédia en est l'exemple le plus évident. Des bénévoles et amateurs ont créé le plus vaste réservoir d'informations du monde. Personne n'y a contribué pour de l'argent. À l'inverse, Microsoft a mis des millions de dollars dans Encarta, et pourtant, le projet a échoué.

Bien des organismes essaient d'encourager l'aide de leurs évangélistes et de leurs clients en leur offrant des commissions et des commissions d'affiliation, mais ces avantages provoquent souvent des soupçons chez les clients potentiels (*Répandez-vous la bonne parole parce que vous êtes payé ?*) et altèrent la nature de la relation entre la société et ses clients (*Est-ce que je répands la bonne parole parce que je suis payé ?*).

Si vous avez lancé une entreprise médiocre, l'argent n'aidera pas. Si vous avez lancé une super société, vous n'avez pas besoin d'utiliser l'argent pour motiver, cela peut même saper vos efforts.

Invoquez la réciprocité

Invoquer la réciprocité est un moyen puissant de vous aider à durer. Par exemple, en 1935, après que l'Italie a envahi l'Éthiopie, le Mexique a non seulement condamné l'agression, mais a envoyé de l'argent à l'Éthiopie pour le financement de sa défense. Aucun autre pays n'a aidé l'Éthiopie comme l'a fait le Mexique. En 1985, un tremblement de terre majeur a touché le Mexique, à la suite duquel l'Éthiopie a envoyé 5 000 dollars au Mexique, en réponse à ce qu'avait fait ce pays pour lui 50 ans plus tôt. Cette somme peut paraître dérisoire mais c'était à un moment où l'Éthiopie souffrait de la pire famine de son histoire.

Une autre histoire de réciprocité : des enfants du collège de la White Knoll Middle School à Columbia en Caroline du Sud ont présenté un chèque d'un montant de 447 265 dollars au maire de New York, Rudy Giuliani, lors de la parade de Thanksgiving de Macy's en 2001. Les élèves avaient collecté cet argent pour permettre à New York de remplacer l'une des voitures de pompiers détruite dans l'attaque du 11 septembre. (Il est vrai que le montant incluait un don très important d'un riche contributeur.)

Ces enfants de Caroline du Sud rendaient la pareille à New York car 134 ans plus tôt, les New-Yorkais avaient fait une collecte pour acheter une voiture aux pompiers de Columbia après avoir appris que la ville employait des brigades de porteurs de seaux pour combattre les incendies. La première voiture sombra lors du voyage vers Columbia et les habitants de New York levèrent plus d'argent pour en acheter une seconde.

La générosité des New-Yorkais, qui avaient été, pour beaucoup, des soldats de l'Union, impressionna Samuel Melton, un ancien colonel de la Confédération. Au nom de la ville de Columbia, il promit de rendre cette faveur « si un malheur venait à frapper l'Empire City ».

Si vous donnez beaucoup, vous recevrez beaucoup.

Voici les clés pour invoquer la réciprocité pour votre produit :

- **DONNEZ TÔT.** Rendez des services avant d'en avoir besoin. C'est évident et moins puissant quand il y a un lien clair entre ce que vous faites et ce que vous espérez en retour. C'est une transaction. Ce que vous voulez c'est rendre des services.

- **DONNEZ AVEC JOIE.** La forme la plus pure du don consiste à faire ce don à ceux qui ne peuvent pas vous aider (par exemple, Columbia juste après la guerre de Sécession) et à le faire sans espérer de retour. L'ironie fait que ces dons catalysent souvent les actes de réciprocité les plus remarquables.

- **DONNEZ SOUVENT ET GÉNÉREUSEMENT.** « Un jour vous moissonnerez ce que vous avez semé. » Si vous donnez beaucoup, vous recevrez aussi beaucoup. Si vous rendez des services de grande qualité, vous recevrez en retour des services de grande qualité. Donc mettez de côté le mantra commercial « toujours conclure » et pensez « toujours donner ».

- **DONNEZ DE FAÇON INATTENDUE.** Richard Branson, le président du groupe Virgin, m'a demandé un jour, lors d'une conférence à Moscou, si j'avais déjà volé sur Virgin. Je lui ai dit que non. Il s'est agenouillé et s'est mis à me cirer les chaussures avec son manteau. Depuis, je vole avec Virgin America. Des années plus tard, je lui ai rendu la pareille.

- **DITES AUX GENS COMMENT ILS PEUVENT VOUS RENDRE LA PAREILLE.** N'hésitez pas à demander une faveur en retour quand vous en avez besoin. C'est une bonne pratique car elle libère le bénéficiaire ; vous lui donnez un moyen de rembourser sa dette. Ça permet aussi au bénéficiaire d'accepter des faveurs supplémentaires, et à vos relations de s'approfondir. Ce sont des leçons que je tiens de Robert Cialdini, l'auteur de *Influence*[1], et il serait hypocrite et ironique de ne pas vous dire de lire ce livre génial si vous souhaitez avoir du succès en tant qu'entrepreneur.

Invoquez la cohérence

Une quarantaine de jeunes gens qui aimaient la culture et le style de vie de Hawaii ont lancé une organisation dénommée Kanu

---

1. Robert Cialdini, *Influence: The Psychology of Persuasion*, Harper Business, 2006.

Hawaii. Ils l'ont fait à cause des changements dans l'environnement, du déclin de la courtoisie, de l'accroissement du coût de la vie et de la diminution des offres d'emploi qui menaçaient ce qu'ils aimaient.

Kanu Hawaii demande à ses membres de prendre des engagements personnels, comme celui d'acheter des produits locaux et de nettoyer les plages. L'organisation aide ensuite ses membres à communiquer sur ces engagements avec leurs amis et leur famille via Facebook, Twitter et par e-mail, ce qui les encourage à respecter cet engagement parce que les gens aiment voir une cohérence dans ce qu'ils font et ce qu'ils disent qu'ils vont faire.

Invoquer la cohérence peut aider votre start-up à perdurer parce que cela vous évite d'avoir à choisir entre différentes options et à remettre en cause des décisions antérieures. Cela permet aussi d'éviter des contradictions entre les croyances et les actes (« Je suis une personne honorable ; si je ne fais pas ce sur quoi je me suis engagé, cela veut dire que je n'ai pas de parole »).

Invoquer la cohérence est un moyen puissant de faire perdurer votre start-up si vous êtes capable d'encourager les gens à prendre ces initiatives :

- **S'ENGAGER DE FAÇON CONCRÈTE.** Quand les organismes à but non lucratif lèvent des fonds, ils essaient de faire en sorte que les gens s'engagent pour un montant précis. C'est plus efficace que de les laisser dire « Oui, je vais donner quelque chose ». Un engagement écrit est même plus solide ; donc ne sous-estimez pas le pouvoir d'une promesse !

- **COMMUNIQUER L'ENGAGEMENT AUX AUTRES.** Quand on parle aux autres de son engagement, on a tendance à s'acquitter de cet engagement. Si on ne le fait pas, on sent qu'on ne respecte pas des qualités comme l'honnêteté et la persévérance.

- **S'IDENTIFIER AUX MÊMES VALEURS ET OBJECTIFS.** Quand vous aidez les gens à s'identifier aux valeurs de votre start-up, ils expriment habituellement leur soutien par leur attitude. Par exemple, si les gens sont favorables aux économies d'énergie, ils ont davantage tendance à soutenir les produits verts.

Cela dit, il y a quelque chose d'effrayant à invoquer la cohérence. C'est une façon de jouer avec le mental des gens. La cohérence a pu faire faire à certaines personnes des choses allant contre leurs propres intérêts, et même des choses carrément abominables. Donc consultez votre boussole morale quand vous avez recours à cette technique car il y a des fins qui ne justifient pas les moyens.

Invoquez la preuve sociale

Les fils blancs des écouteurs sont l'une des raisons du succès de l'iPod. À l'époque, les écouteurs de la plupart des appareils étaient noirs. Les gens ont vite associé « écouteurs blancs » et « iPod ».

> « La preuve sociale ne marche pas pour les mauvais produits – en fait, elle peut (et devrait) les tuer. »

Ces écouteurs blancs ont fonctionné comme la preuve sociale de la qualité de l'iPod et ont poussé les gens à l'acheter. Ensuite, plus les gens en achetaient, plus ils contribuaient à la preuve de son adoption. Ceci a encouragé encore plus de gens à se procurer un iPod, ce qui a créé une spirale ascendante, de celle qui ne peut que faire chaud au cœur de tout entrepreneur.

La preuve sociale est un moyen puissant de faire perdurer votre produit. Voici les éléments clés nécessaires pour que cela fonctionne :

- **LE SUPER PRODUIT.** C'est un thème récurrent de ce livre. La preuve sociale ne marche pas pour les mauvais produits – en fait, elle peut (et devrait) les tuer.

- **LA PEUR DE MANQUER QUELQUE CHOSE.** La peur de manquer quelque chose aide (« Si je n'achète pas un iPod, je vais manquer une super expérience musicale »). Les gens ne veulent pas être dans la position de regarder les choses de l'extérieur quand il s'agit d'un phénomène cool.

- **LE COMPORTEMENT INVOLONTAIRE.** Le choix pour les écouteurs était : blanc ou... blanc. C'était incontournable. Vous devriez essayer de fournir une preuve sociale par défaut – par exemple, un e-mail envoyé d'un portable Apple contient le texte « envoyé depuis mon iPhone ». Les gens peuvent enlever ce texte, mais peu le font.

- **LA MASSE CRITIQUE.** Il existe plusieurs indicateurs de la preuve sociale : les experts (Marques Brownlee), les gens influents (William Shatner), les utilisateurs (Yelp) et la multitude (« servant un milliard de gens »). Donc cherchez quelle forme de preuve sociale a le plus d'impact pour votre marché spécifique et tirez parti de tous les outils disponibles. (Lisez l'article *Social Proof Is the New Marketing* écrit par Aileen Lee.)

EXERCICE

Comment pouvez-vous invoquer la preuve sociale pour votre produit ?

Construisez un écosystème

À Sunnyvale en Californie, une société qui s'appelle Pley fournit un service par abonnement pour des kits de pièces de LEGO. Vous créez votre *wishlist* et quand vous avez rendu l'un de ces kits, Pley vous envoie le suivant. Ce modèle est semblable à celui de Netflix il y a quelques années – vous receviez un nouveau DVD lorsque vous aviez rendu celui que vous aviez.

Pley fait partie de l'écosystème de LEGO et fournit un service séduisant pour ceux qui aiment utiliser de nouveaux kits sans forcément les conserver. La présence d'acteurs comme Pley dans l'écosystème augmente la satisfaction des clients. Des milliers de développeurs Android, pour prendre un autre exemple, rendent plus satisfaisant le fait de posséder un téléphone Android.

De plus, un écosystème est le signe que votre produit a suffisamment de succès pour en avoir un. Il faut que votre produit soit bon pour que des sociétés créent quelque chose à partir de ce produit. Contre-exemple : l'absence d'apps sur les smartphones utilisant Windows montre qu'ils ne rencontrent pas le succès (et ils ne seront pas populaires tant qu'il n'y aura pas plus d'apps !).

Voici les composantes majeures d'un écosystème :

- **DES CONSULTANTS.** Ils ont l'expertise pour aider les autres à installer et utiliser les produits. Ils augmentent la satisfaction des clients et s'intéressent personnellement à votre succès parce qu'ils ne peuvent fournir ces services qu'aussi longtemps que le produit continue à se vendre.

- **DES DÉVELOPPEURS.** Que ce soit une console de jeux comme Xbox, le système d'exploitation d'un ordinateur comme Macintosh ou un service en ligne comme

Twitter, les développeurs contribuent énormément au succès et à la survie d'une plateforme : ils créent des jeux, des applications et des services qui en augmentent la valeur.

- **DES REVENDEURS.** Les revendeurs et détaillants offrent un moyen commode d'essayer, puis d'acheter, votre produit. Ils répandent la bonne parole à votre place et vous fournissent de la crédibilité (« Best Buy ne va pas garder en stock de la camelote »).

- **DES GROUPES D'UTILISATEURS.** Dans les années 1980 et 1990, à l'époque la plus sombre du combat d'Apple pour faire du Macintosh un succès, des centaines de fanatiques du Macintosh se sont portés volontaires pour animer des groupes d'utilisateurs. Ces groupes dispensaient de l'information, du support et de l'enthousiasme pour faire vivre le Macintosh à un moment où Apple ne pouvait pas ou ne voulait pas le faire.

- **DES SITES INTERNET ET BLOGS.** Les enthousiastes, souvent des consultants et des développeurs, gèrent des sites et des blogs consacrés à un produit particulier pendant leur temps libre. Tapez sur Google « WordPress blog » pour voir comment l'écosystème de WordPress a amélioré l'outil. L'existence de ces sites assiste les clients existants et potentiels et les rassure.

- **DES GROUPES D'INTÉRÊT ET COMMUNAUTÉS EN LIGNE.** Les fans de sociétés ou de produits forment des groupes d'intérêt spécial sur Internet – par exemple, le groupe autour de Bluetooth. Sur ces sites, les gens échangent des idées, cherchent du soutien ou en fournissent, et se défoulent. Si votre produit touche beaucoup de gens, il y a des chances pour que ceux-ci forment des groupes autour de ce que vous faites.

- **DES CONFÉRENCES.** Vous savez que votre produit marche quand vous êtes assez important pour organiser une conférence autour de lui. Et cette conférence va contribuer à votre croissance parce que les gens pensent que seuls les produits qui ont atteint une masse critique sont capables de susciter de tels rassemblements.

Maintenant que vous savez quels sont les acteurs clés dans les écosystèmes, regardons quels sont les principes essentiels dans la construction d'un écosystème (assez semblables à ceux de la création d'une communauté, analysés au chapitre 8).

- **CRÉEZ QUELQUE CHOSE QUI JUSTIFIE UN ÉCOSYSTÈME.** Une fois de plus, l'élément clé pour l'évangélisme, les ventes, les présentations et, maintenant, la construction d'un écosystème, c'est un excellent produit. En fait, si vous avez un excellent produit, il se peut que vous ne puissiez pas empêcher la formation de l'écosystème. En revanche, il est difficile de construire un écosystème autour d'une foutaise.

- **CHOISISSEZ UN CHAMPION POUR CONSTRUIRE L'ÉCOSYSTÈME.** Il se peut que beaucoup d'employés aient envie d'aider à construire cet écosystème, mais qui se réveille chaque matin avec cette tâche comme première priorité ? Une autre façon de voir la chose est de se dire : « Qui sera viré s'il n'y a pas d'écosystème ? » Les écosystèmes ont besoin d'un champion dans la société – un héros identifiable – qui porte le drapeau de la communauté.

- **NE FAITES PAS CONCURRENCE À VOTRE ÉCOSYSTEME.** Si vous voulez que des gens ou des organisations fassent partie de votre écosystème, vous ne devez pas leur faire d'ombre. Par exemple, si vous voulez que les gens créent des apps pour votre produit, ne vendez pas (ou ne donnez pas) des apps qui font la même chose. Il était difficile de convaincre les sociétés de créer un traitement de texte sur Macintosh alors qu'Apple proposait gratuitement MacWrite.

- **CRÉEZ UN SYSTÈME OUVERT.** Un « système ouvert » consiste en la réduction au minimum des conditions et des contrôles que vous imposerez pour la participation à cet écosystème. Un « système fermé » est un système où vous contrôlez qui participe et ce que les gens peuvent faire. Les deux fonctionnent, mais je suis pour un système ouvert parce que c'est ce qui correspond à ma personnalité : j'aime l'anarchie et je fais confiance. Cela veut dire que les membres de votre écosystème pourront créer des apps, accéder aux données et interagir avec votre produit ; bref il s'agit de permettre de personnaliser et d'adapter votre produit.

- **PUBLIEZ DES INFORMATIONS.** Le complément naturel d'un système ouvert est la publication de livres et d'articles sur le produit. C'est un moyen de diffuser l'information à ceux qui se trouvent en périphérie du produit. Les publications font aussi passer le message que votre organisation est ouverte et désireuse d'aider des tiers.

- **ENCOURAGEZ LA CONVERSATION.** Une conversation est un échange. Le mot-clé est « échange ». Toute entreprise qui veut un écosystème doit aussi s'impliquer dans l'échange d'idées et d'opinions. Votre site Internet doit donc fournir un forum sur lequel les gens peuvent parler entre eux et avec vos employés. Cela ne veut pas dire que vous devez laisser l'écosystème diriger votre entreprise, mais vous devez écouter ce que ses membres ont à dire.

- **ACCEPTEZ LA CRITIQUE.** La plupart des organisations se sentent à l'aise avec leur écosystème aussi longtemps qu'on y dit des choses bienveillantes, qu'on achète les produits et qu'on ne se plaint pas. Mais dès que l'écosystème dit quoi que ce soit de négatif, les organisations paniquent et se mettent sur la défensive. C'est stupide. Un écosystème sain est une relation sur le long terme, et une organisation ne doit pas demander le divorce au premier signe de discorde. En réalité, plus une organisation accepte la critique – voire la valorise –, plus sa relation avec son écosystème se renforce.

- **CRÉEZ UN SYSTÈME DE RÉCOMPENSE NON MONÉTAIRE.** Vous savez déjà ce que je pense de l'idée de payer les gens pour qu'ils vous aident, mais cela ne veut pas dire que vous ne devez pas les récompenser d'une autre façon. Des choses simples comme la reconnaissance publique, des insignes, des points et des crédits ont plus d'impact que quelques dollars. Nombreux sont les gens qui ne participent pas à un écosystème pour l'argent. Donc ne les insultez pas en le récompensant de cette façon.

Au final, faites tout pour entretenir un écosystème autour de votre produit. C'est un outil puissant pour augmenter la satisfaction de ceux qui croient en vous et attirer plus facilement davantage de croyants ; en bref, pour assurer la longévité de votre produit.

Diversifiez l'équipe

Une équipe diversifiée peut aider à faire perdurer une start-up, parce que des personnes avec des antécédents, des perspectives et des talents différents permettent d'en maintenir la jeunesse et la valeur sur le marché. Dans une start-up qui serait dirigée par un empereur régnant sur des laquais et des clones, le produit se détériorerait.

> Construire une équipe avec des personnalités et des talents divers est un moyen puissant de faire perdurer sa start-up.

Dans le meilleur des cas, votre équipe est constituée de personnes diverses par l'âge, le sexe, le niveau socio-économique et la formation. En plus de ces différences évidentes, vous voulez aussi que les gens aient des rôles différents. Construire une équipe avec des personnalités et des talents divers est un moyen puissant de faire perdurer sa start-up. Il n'y a jamais trop de diversité dans une start-up qui veut s'inscrire dans la durée.

L'ART DE SE LANCER 2.0

Prenez soin de vos amis

> *Tout le monde peut être extraordinaire...*
> *parce que tout le monde peut aider.*
> *Vous n'avez pas besoin d'un diplôme*
> *universitaire pour aider.*
> *Vous n'avez pas besoin de savoir accorder*
> *un sujet et un verbe pour aider.*
> *Vous n'avez besoin que d'un cœur rempli par la grâce.*
> *Une âme animée par l'amour.*
>
> Martin Luther King

Prendre soin de ses amis en fournissant un support client remarquable peut faire perdurer votre société : les clients restent fidèles aux produits qui ne sont pas forcément les plus récents ou les plus extraordinaires s'ils sont bien soutenus. Par exemple, selon Derek Sivers, sa société, CD Baby, n'a pas réussi grâce à ses fonctionnalités, son design, ses prix ou ses partenariats mais grâce à la qualité de son support client – et particulièrement grâce au fait que les clients pouvaient communiquer avec une personne réelle chez CD Baby.

Voici les éléments clés pour créer un support client remarquable :

- **SOYEZ GÉNÉREUX ET FAITES CONFIANCE.** Un super support client, selon Sivers, provient d'un état d'esprit fait de générosité et d'abondance, alors qu'un mauvais support provient d'un état d'esprit associé à la pénurie. Un état d'esprit qui met l'accent sur la générosité et l'abondance favorise un support téléphonique humain, autorise les personnes à utiliser les toilettes du magasin sans obligation d'achat et fournit un accès Wifi gratuit.

Il ne fait pas de doute qu'un gratte-papier vous dira que si tous les clients appelaient le service technique, utilisaient les toilettes et obtenaient le remplacement gratuit d'un produit défectueux, la société ferait faillite. Ce qui est probablement vrai si tout le monde faisait vraiment cela, mais ce n'est pas le cas. Donc soyez généreux en support client et voyez si le bénéfice d'une réputation d'enfer l'emporte sur les inconvénients d'un coût de support plus élevé.

- **DONNEZ LE CONTRÔLE AU CLIENT.** Avez-vous déjà fait des achats chez Nordstrom ? Si vous voulez apprendre comment fournir une excellente assistance client, faites-le. Quand vous achetez chez Nordstrom, c'est vous qui avez le contrôle : vous pouvez acheter des articles dans un rayon et payer ailleurs. Si vous voulez un emballage cadeau, on ne vous envoie pas faire la queue derrière les toilettes pour hommes ; quelqu'un vous fait l'emballage, avec le sourire, au comptoir.

> « Promettez moins et donnez plus à travers une excellente assistance client. »

La plupart des entreprises ont des règles contre les remboursements et les échanges, l'envoi d'échantillons gratuits et les appels gratuits. La façon correcte de traiter les clients est de faire ce qui est bon pour eux, et non de respecter des règles. Par conséquent, donnez le contrôle aux clients et laissez vos employés faire ce qu'il faut.

- **ASSUMEZ LA RESPONSABILITÉ DE VOS DÉFAILLANCES.** Un mauvais service d'assistance client consiste à refuser d'assumer la responsabilité des défaillances de la société. Un bon service fait l'inverse. Un fantastique service prend sous sa responsabilité les défaillances de ses clients.

Permettez-moi de vous raconter une histoire. Un jour que je me faisais ajuster un smoking chez Nordstrom, j'ai perdu deux boutons de manchettes que j'avais achetés ailleurs. Nous avons cherché pendant une heure et ne les avons pas trouvés. Le directeur m'a assuré que le tailleur était un employé de longue date et fiable. Au bout de quelques semaines et alors que les boutons de manchettes n'avaient toujours pas refait surface, Nordstrom me les a remboursés, alors que je ne les avais pas achetés chez eux. Ce qui est remarquable, c'est que Nordstrom avait pris la responsabilité de la perte, alors même que la faute ne lui incombait pas. Plus tard, je les ai retrouvés et j'ai rendu l'argent à Nordstrom.

- **PROMETTEZ MOINS ET DONNEZ PLUS.** Si vous arrivez dans un parc de Disney quelques minutes avant l'ouverture officielle, les employés vous laissent entrer au lieu de vous faire attendre. La règle officielle de Disney est que les enfants de plus de trois ans doivent payer pour entrer, mais on ne vous demande jamais l'âge de vos jeunes enfants. Il y a des pancartes annonçant le temps d'attente pour chaque attraction, mais les temps d'attente sont surestimés pour vous donner l'impression que l'attente n'était pas si terrible. Disney dit qu'en cas de mauvais temps, les billets ne sont pas échangés mais si vous le demandez, on vous l'accorde. Disney a son règlement et aussi sa manière de le mettre en pratique. La pratique l'emporte sur le règlement et enchante le client. Promettez moins et donnez plus à travers une excellente assistance client.

- **EMBAUCHEZ LES BONNES PERSONNES.** Même si tous les employés d'une entreprise devraient aider les clients, tout le monde n'est pas doué pour ça. Ceux qui sont en première ligne devraient incarner trois qualités :
  1. **L'EMPATHIE.** Le personnel du service après-vente devrait éprouver de la peine lorsque les clients ne sont pas satisfaits. Les problèmes non résolus devraient les contrarier. C'est la qualité indispensable pour ce travail.
  2. **L'ATTENTION.** Il y a des employés qui veulent faire du design de produit. D'autres veulent vendre. D'autres veulent aider les clients. Ceux qui sont au service assistance technique doivent tirer leur satisfaction de l'aide qu'ils procurent aux autres. Ceux qui voient leur travail dans ce service comme un objectif et non comme un moyen d'atteindre un objectif sont ceux qu'il vous faut.
  3. **LE SAVOIR.** Les gens au service client doivent connaître et aimer votre produit. C'est la raison pour laquelle pour trouver des gens au service client, le mieux est d'aller chercher dans votre base de clients. Les meilleurs employés d'Apple étaient des gens qui utilisaient déjà un Macintosh avant de débuter dans la société.

> Les meilleurs employés d'Apple étaient des personnes qui utilisaient déjà un Macintosh avant de débuter dans la société.

- **EXPOSEZ TOUT LE MONDE AU SERVICE CLIENT.** Beaucoup d'entreprises branchent tous les employés sur la ligne du service client pour leur faire comprendre les problèmes des clients. Au lieu d'avoir des employés qui passent en revue des chiffres et des graphiques décrivant le niveau de satisfaction des clients, faites-leur passer quelques heures au service client. Par exemple, chez Go Daddy, tout nouvel employé, quel que soit son poste, assiste à une formation sur la fonction du service au client et passe par ce service pour écouter les appels.

- **INTÉGREZ LE SERVICE CLIENT AU QUOTIDIEN DE L'ENTREPRISE.** Ce service ne doit pas être la derrière roue du carrosse de l'entreprise. Malheureusement, beaucoup d'entreprises voient le service après-vente comme un mal nécessaire et choisissent le personnel sur cette base. Ce service devrait être au contraire une entité dont la valeur est proclamée et reconnue, et non une section inévitable dans les frais généraux, car il a autant d'influence sur les ventes que le packaging, la publicité et les relations publiques. En plus, il est moins coûteux de retenir un client que d'en gagner un.

L'OBLIGATION

CHAPITRE 13

L'art d'être un mensch

La vraie valeur d'un homme se trouve dans sa manière de traiter quelqu'un qui ne peut lui faire absolument aucun bien.

Samuel Johnson

L'ESSENTIEL

« Mensch » désigne l'état atteint lorsque les personnes qui importent vous reconnaissent comme quelqu'un d'éthique, d'aimable et d'admirable. C'est le plus bel éloge et l'apogée d'une carrière.

J'aimerais que vous aspiriez à un but plus élevé que celui de faire beaucoup d'argent et de construire une grande entreprise. Ce chapitre vous explique comment devenir un mensch.

> Un mensch fait ce qui est bien, non pas ce qui est facile, économique, ou ce qui lui permet de s'en tirer à bon compte.

Aidez des gens qui ne peuvent pas vous aider

Un mensch aide des gens qui ne peuvent pas donner en retour. Peu lui importe que le destinataire soit pauvre ou sans pouvoir. Cela ne veut pas dire que vous ne devriez pas aider ceux qui sont riches, célèbres et puissants (en fait, il est possible que ce soit eux qui aient le plus besoin d'aide), mais vous ne devez pas aider seulement ces personnes-là.

Aidez sans attendre de retour

Un mensch aide sans espérer de retour – du moins dans cette vie. Quel est le bénéfice ? Je ne dis pas qu'il devrait y en avoir, mais le bénéfice est la joie pure et simple d'aider les autres – rien de plus, rien de moins.

Aidez beaucoup de gens

Le fait d'être un mensch est lié à la quantité de l'aide prodiguée : un mensch aide beaucoup de gens. C'est son système d'exploitation. Il ne peut s'empêcher d'aider (mais bien sûr, même un mensch ne peut pas aider tout le monde).

Faites ce qui est bien

Un mensch fait ce qui est bien. Cela signifie qu'il choisit la voie noble, même si la route est parfois difficile. Pour un mensch, la notion de « morale de situation » est un oxymore. Le bien est le bien et le mal est le mal. Un mensch fait ce qui est bien, non pas ce qui est facile, économique, ou ce qui lui permet de s'en tirer à bon compte.

Rendez à la société

Un mensch a conscience de sa bonne fortune. Avec cette bonne fortune vient l'obligation de rendre à la société. Au bout du compte, vous devez quelque chose à la société, et vous ne lui faites pas une *faveur* en la payant de retour.

> **EXERCICE**
>
> C'est le dernier exercice de ce livre. Imaginez que ce soit la fin de votre vie. Quelles sont les trois choses dont vous voulez que les autres se souviennent à votre sujet ?
> **1.**
> **2.**
> **3.**

Addenda

FAQ

Q : Comment puis-je éviter que le succès ne me monte à la tête ?

R : Toutes les richesses, la célébrité et le pouvoir sont sans importance si vous êtes malade ou mort. Donc lorsque vous vous sentez particulièrement invincible, rappelez-vous simplement qu'en un clin d'œil vous pourriez disparaître, et que devenir « la personne la plus riche de l'hôpital » ou « la personne la plus riche du cimetière » sont des messages de positionnement nuls.

Q : Comment puis-je faire une visite commerciale ou conclure une affaire sans avoir le sentiment « d'avoir bien eu » le client ?

R : Si vous vendez quelque chose dont le client a besoin, ce n'est jamais ce que vous devriez éprouver. Si c'est ce que vous éprouvez, cessez de vendre ce produit – ou vendez-le à des gens qui en ont besoin.

Q : Un investisseur potentiel ne considèrera-t-il pas le fait d'être charitable comme un signe de faiblesse ou quelque chose qui n'est pas en accord avec l'entrepreneuriat ?

R : Si c'est ce que pense un investisseur potentiel, cela en dit plus sur lui que sur vous. Faire le bien et bien réussir ne sont pas incompatibles, et ne sont pas non plus la même chose. Mais ne croyez pas qu'un investisseur vous financera parce que vous voulez faire le bien ; les investisseurs veulent principalement faire de l'argent.

Q : Et si moi, qui suis par ailleurs une personne serviable et positive, j'ai vraiment envie de me défouler sur quelqu'un ?

R : C'est pour cela que le hockey existe – même si on m'a déjà vu me déchaîner en dehors de la patinoire (ce qui a empiré à chaque fois le problème). En prenant de l'âge, j'ai appris à me taire (ou à ne pas envoyer l'e-mail) et à m'éloigner.

Q : Les gens me demandent toujours mes conseils d'expert, mais cela interfère avec mon travail. Que dois-je faire ?

R : C'est mon problème tous les jours et j'ai trouvé deux solutions. Parfois j'explique que je n'ai pas le temps en raison de mes engagements (professionnels et familiaux), et comme les gens sont stupéfaits que j'ai même pris la peine de répondre, ils sont compréhensifs. Parfois je leur dis que je vais revoir leur pitch ou leur business plan (c'est ce que les gens me demandent principalement) s'ils font une donation de 500 dollars à l'équipe de hockey sur glace de UC Berkeley dans laquelle joue mon fils. C'est efficace : les entrepreneurs qui sont d'accord pour payer sont vraiment sérieux et l'équipe reçoit des donations.

LECTURE RECOMMANDÉE

Joshua Halberstam, *Everyday Ethics: Inspired Solutions to Real-Life Dilemmas*, Viking, 1993.

POSTFACE

Les livres sont bien à leur façon, mais ils sont un substitut sacrément exsangue à la vie.

Robert Louis Stevenson

Je vous remercie d'avoir lu mon livre, et peut-être même les deux éditions de ce livre ! C'était un investissement à la fois en temps et en argent. En échange, j'espère que vous en avez retiré des idées pour créer du sens et changer le monde.

Il y a bien des façons de décrire le flux et le reflux, le yin et le yang, les phases de gonflement et d'éclatement des bulles qui expriment les cycles de la vie d'une entreprise. En voici une autre : les microscopes et les télescopes.

- Lors de la phase microscope, on recherche la pondération, le retour à l'essentiel, et à se concentrer sur les résultats financiers à court terme. Des experts amplifient chaque détail, chaque point, chaque dépense et réclament des prévisions, des études de marché et une analyse de la concurrence.

- Lors de la phase télescope, les entrepreneurs rapprochent l'avenir. Ils rêvent au prochain truc génial, ils changent le monde et les suiveurs s'en mordent les doigts. On gaspille des sommes insensées, mais des idées folles prennent corps et le monde va de l'avant.

Quand les télescopes sont au travail, tout le monde est astronome et le monde est plein d'étoiles. Quand ils ne le sont pas, on ressort les microscopes et le monde est plein de défauts. La réalité est que les entrepreneurs ont besoin à la fois des microscopes et des télescopes pour réussir. J'espère que ce livre vous aidera dans vos tâches microscopiques et télescopiques.

Une dernière histoire : bien après la date butoir de remise de ce livre, j'ai écouté un discours de Lewis Pugh. C'est la première personne à avoir gagné le pôle Nord à la nage – un kilomètre pour être exact. Il l'a fait pour attirer l'attention sur le changement climatique ; on aurait pu croire que le pôle Nord, surtout à cet endroit, était gelé. Après quelques minutes dans l'eau à -1,7 °C, n'importe qui tombe dans le coma. Lewis Pugh a nagé pendant 18 minutes avec un Speedo, même pas une combinaison de plongée.

Il a utilisé un artifice psychologique pour accomplir cette mission : plaçant le drapeau national de chaque membre de son équipe tous les 100 mètres, il a ainsi découpé le kilomètre en dix segments plus accessibles. L'avant-dernier drapeau était celui de l'Australie, car étant britannique, il n'allait pas abandonner à la onzième heure devant l'Australie – les rivalités dans le Commonwealth sont ce qu'elles sont.

Lors de vos journées sombres, rébarbatives et déprimantes (croyez-moi, il y en aura quelques-unes), rappelez-vous l'histoire de Lewis et segmentez l'impossible en dix possibles. Une entreprise d'1 milliard de dollars, c'est dix segments de 100 millions. Une entreprise d'1 million de dollars, c'est dix segments de 100 000 dollars. Apple vend des Macintoshs, des iPhones, des iPads et des iPods mais a commencé par quelques centaines d'Apple I.

Pour finir, j'espère vous rencontrer un jour. Si vous avez ce livre avec vous, vous pouvez me montrer où vous avez écrit des notes, quelles pages vous avez cornées et quels passages vous avez soulignés. Rien n'est plus flatteur que de voir que vous avez réduit mon livre en miettes.

Mais je vous ai retenu trop longtemps. Maintenant allez de l'avant, parce que l'essence de l'entrepreneuriat est de faire, non d'apprendre à faire.

Guy Kawasaki
Silicon Valley, Californie
GuyKawasaki@gmail.com

POST POSTFACE

Êtes-vous Jackie Chan ?

Une adolescente anonyme

Il y a 25 ans, j'avais une Porsche 911 Cabriolet. Un jour je me suis arrêté à un feu sur El Camino Real à Menlo Park en Californie. J'ai regardé sur le côté et j'ai vu une voiture avec quatre adolescentes. Elles me regardaient, souriaient et rigolaient.

Je pensais avoir vraiment réussi : même des adolescentes savaient qui j'étais. L'une d'elles me fit signe de baisser la fenêtre – de toute évidence, elle n'avait pas de 911 parce qu'elle aurait su que les 911 ont des vitres automatiques. J'ouvris la vitre, m'attendant à ce qu'elle me dise combien elle aimait mes livres et mes conférences, et peut-être mon look, au lieu de quoi elle me demanda : « Êtes-vous Jackie Chan ? »

Qu'est-ce que cette histoire a à voir avec les start-up ? Pas grand-chose, mais le signe distinctif d'un bon auteur est de rester dans le sujet. Cela dit, le signe distinctif d'un *excellent* auteur est de pouvoir faire des digressions pour ensuite revenir à ses propos. Je vais vous montrer comment cela fonctionne.

Aller aussi loin dans un livre, c'est comme regarder tout le générique d'un film de Jackie Chan pour voir les chutes. Je vais récompenser votre persévérance avec, comme Steve Jobs aurait dit, « une chose de plus ».

L'ART DE SE LANCER 2.0

Le top 10 des erreurs faites par les entrepreneurs

Les entrepreneurs font dix erreurs majeures. Les voici compilées en une seule liste pour vous aider à les éviter autant que possible. Si vous tenez à faire des erreurs, essayez, s'il vous plaît, d'en faire de nouvelles.

1. **PRENDRE 1 % D'UN GRAND NOMBRE.** Les entrepreneurs adorent viser un marché potentiel énorme (comme celui de la sécurité sur Internet), faire le calcul que même 1 % de part de marché sera immense et facile à atteindre, pour ensuite imaginer le chiffre d'affaires qu'ils vont atteindre.

   CONSEIL : CALCULER DE FAÇON ASCENDANTE. Faites plutôt un calcul ascendant. Vous verrez combien il est difficile d'arriver à même 1 % de part de marché quand on part de zéro. Une fois que vous aurez lancé votre produit, vous apprendrez que les résultats des premières années sont plus près de zéro dollars que d'1 % d'un gros chiffre.

2. **SE DÉPLOYER TROP RAPIDEMENT.** Une des conséquences qu'il y a à prendre 1 % d'un grand nombre est de conclure que vous devez déployer votre infrastructure et recruter dans la perspective d'un succès énorme, inévitable et imminent. Donc vous augmentez vos dépenses, ce qui épuise votre capital, et vous vaut éventuellement le licenciement.

> L'un de mes objectifs, c'est qu'un jour une adolescente demande à Jackie Chan s'il est Guy Kawasaki.

CONSEIL : NE MANGER QUE CE QU'ON TUE. Prenez le risque de rester ce que vous êtes sur la base de vos ventes passées et ne vous agrandissez pas tant que vous ne maîtrisez pas les ventes. Je n'ai jamais vu une entreprise échouer parce qu'elle ne s'était pas développée assez vite et je n'ai jamais vu une société commercialiser un produit en temps et en heure. Vous êtes peut-être le premier dans ce cas, mais la tendance ne va pas dans votre sens.

3. **FORMER DES PARTENARIATS.** Les entrepreneurs adorent la lettre P du mot « partenariat » – particulièrement quand ils ne peuvent pas utiliser le V du mot « vente ». Si un partenariat ne vous permet pas de modifier vos chiffres, c'est du pipeau. La plupart des partenariats sont des exercices de relations publiques et une perte de temps.

CONSEIL : SE CONCENTRER SUR LES VENTES. Au lieu de vous embourber dans les partenariats, concentrez-vous sur les ventes. Tatouez ceci sur votre avant-bras : « Les ventes résolvent tous les problèmes. » Si une image vaut mille mots, une vente vaut mille partenariats. Vous pouvez essayer de retarder ces ventes en utilisant la lettre P pendant trois à six mois. Ensuite vous entendrez la lettre R, pour « renvoyé ».

4. **SE CONCENTRER SUR LA LEVÉE DE FONDS.** Le succès ne consiste pas à lever de l'argent. Le succès, c'est construire une superbe entreprise. Beaucoup d'entrepreneurs oublient que lever de l'argent est un moyen au service d'une fin, non une fin en soi, ce qui leur fait passer des semaines sur leur pitch et leur business plan, et tenter de rencontrer un investisseur au plus vite.

   CONSEIL : SE CONCENTRER SUR LE PROTOTYPAGE. La création d'un prototype est l'objectif le plus important des premiers temps de votre start-up. Un prototype vous permet d'avoir le feedback du monde réel et, Dieu vous en garde, des ventes. Bootstrappez, empruntez et faites du crowdfunding – juste ce qu'il vous faut pour survivre –, et mettez toute votre énergie dans la création d'un produit.

5. **CRÉER TROP DE SLIDES.** Quand vous devez faire un pitch, n'utilisez pas 50 ou 60 slides. Je sais que vous savez qu'en principe « moins, c'est plus » et que vous serez tenté de penser que vous êtes une exception à cette règle. Vous n'en êtes pas une. Si vous avez 50 slides pour présenter votre idée, c'est que votre idée pose problème.

   CONSEIL : SUIVRE LA RÈGLE DU 10/20/30. Le nombre de slides optimal est dix. Vous devez être capable de faire votre présentation en vingt minutes. La taille idéale de caractère est de 30 points. Mieux encore, essayez d'éviter les slides et faites une démo... Une raison de plus pour laquelle nous avez besoin d'un prototype.

6. **PROCÉDER SÉQUENTIELLEMENT.** Les entrepreneurs essaient de faire les choses de façon séquentielle : lever de l'argent, puis engager des gens, puis créer un produit, puis boucler des ventes, puis lever plus d'argent. Ils veulent faire une chose à la fois et la faire bien. Les start-up ne fonctionnent pas comme ça.
CONSEIL : FAIRE LES CHOSES EN PARALLÈLE. L'existence des entrepreneurs est faite de plusieurs vies parallèles. Intégrez cela, comprenez-le et vivez comme ça. Il vous faut faire plusieurs choses assez bien. Vous n'avez pas le temps de faire une seule chose à la fois.

7. **RETENIR UN POURCENTAGE DE CONTRÔLE.** Les fondateurs adorent garder le contrôle ; ils essaient donc de maximiser la valorisation et de vendre aussi peu de parts que possible. Ils croient que tant qu'ils contrôlent au moins 51 % des votes, ils dirigent l'entreprise.
CONSEIL : FAIRE UN PLUS GRAND GÂTEAU. La façon de gagner de l'argent est d'augmenter la taille du gâteau, non d'en avoir la plus grande part possible. Il vaut mieux posséder 0,1 % de Google que 51 % de *Technologie Médiocre & Co.* Le contrôle est une illusion ; à partir du moment où vous prenez de l'argent à l'extérieur, vous travaillez pour les investisseurs.

8. **UTILISER DES BREVETS POUR SE PROTÉGER.** Les entrepreneurs lisent des histoires de poursuites juridiques de

plusieurs millions de dollars contre ceux qui empiètent sur des brevets et ils se disent que des brevets peuvent protéger leur propriété intellectuelle. C'est comme lire qu'un cambrioleur a été arrêté et en déduire que vous n'avez plus besoin de fermer votre porte à clef.

CONSEIL : UTILISER LE SUCCÈS POUR SE PROTÉGER. La protection par des brevets est un sport pour les grandes entreprises qui ont beaucoup d'avocats et beaucoup d'argent. Est-ce le cas de votre start-up ? La seule chose qui protège une start-up, c'est sa croissance, sa réussite et sa capacité à absorber l'oxygène du marché. Vous n'aurez ni assez de temps ni assez d'argent pour gagner un procès.

9. **EMBAUCHER DES GENS À SON IMAGE.** Beaucoup d'entrepreneurs embauchent des personnes assorties au reste de l'entreprise. Les ingénieurs embauchent des ingénieurs. Ceux qui ont un MBA embauchent des gens avec un MBA. Les hommes embauchent des hommes. Rentrer dans le moule est une chose, mais on va vraiment trop loin si tout le monde doit être jeune, mâle, geek ou avoir le même type de profil.

CONSEIL : EMBAUCHER POUR AVOIR DES PROFILS COMPLÉMENTAIRES. Pour réussir, une start-up a besoin de diversité dans les talents, les perspectives et les antécédents. Plutôt que d'embaucher des personnes à votre image, embauchez des profils qui se complètent. Les deux talents complémentaires les plus importants sont l'art de faire et l'art de vendre, donc couvrez ces deux besoins immédiatement.

10. **SE LIER D'AMITIÉ AVEC SES INVESTISSEURS.** Pendant la lune de miel, soit dans la période de 90 jours après votre première date de lancement manquée, il est possible que vous ayez l'envie débile de vous lier d'amitié avec vos investisseurs, parce qu'ils sont sympas et ne vont jamais vous virer puisqu'ils ont investi dans la start-up grâce à vous. C'est comme croire au père Noël.
CONSEIL : DÉPASSER LES ATTENTES. Si vous voulez des relations intimes, utilisez Tinder ou eHarmony le week-end. Votre boulot c'est de trouver de l'argent auprès d'investisseurs, de l'utiliser sagement et d'assurer un retour sur investissement dix fois plus grand que le montant investi. Peu importe que vous et votre investisseur vous haïssiez si vous livrez vos projets à temps et dépassez vos projections commerciales.

Si vous voulez me voir en action, j'ai fait un discours sur ce sujet à la Haas School of Business qui est en ligne sur YouTube. Je suis drôle – pas drôle comme Jackie Chan, mais assez drôle. L'un de mes objectifs, c'est qu'un jour une adolescente demande à Jackie Chan s'il est Guy Kawasaki.

Dépôt légal : juin 2015
Correction : Juliette Dablanc
Mise en pages : Nord Compo

IMPRIMÉ EN FRANCE